南方传媒绿皮书

年度音视频
经典案例选粹

（2014年）

王玉玮　主编

暨南大学出版社
JINAN UNIVERSITY PRESS

中国·广州

图书在版编目（CIP）数据

年度音视频经典案例选粹（2014年）/ 王玉玮主编. —广州：暨南大学
出版社，2015.5
（南方传媒绿皮书）
ISBN 978 – 7 – 5668 – 1251 – 3

Ⅰ．①年…　Ⅱ．①王…　Ⅲ．①新闻学—传播学—研究　Ⅳ．①G210

中国版本图书馆 CIP 数据核字（2014）第 248456 号

⋯⋯

年度音视频经典案例选粹（2014 年）
主　　编：王玉玮

出 版 人：徐义雄
策划编辑：杜小陆　史学英
责任编辑：史学英　曹　军
责任校对：曾　栩

地　　址：中国广州暨南大学
电　　话：总编室（8620）85221601
　　　　　营销部（8620）85225284　85228291　85228292（邮购）
传　　真：（8620）85221583（办公室）　85223774（营销部）
邮　　编：510630
网　　址：http：//www. jnupress. com　http：//press. jnu. edu. cn
排　　版：广州良弓广告有限公司
印　　刷：佛山市浩文彩色印刷有限公司
开　　本：787mm×1092mm　1/16
印　　张：16
字　　数：323 千
版　　次：2015 年 5 月第 1 版
印　　次：2015 年 5 月第 1 次
定　　价：35. 80 元

（暨大版图书如有印装质量问题，请与出版社总编室联系调换）

序

杨兴锋

　　新媒体技术引发了传播生态的深刻变迁，促使媒体格局发生了剧烈变化。当前，传统媒体面临巨大冲击，正在摸索转型之路；新兴媒体发展迅猛，仍在探索盈利模式。而推进传统媒体和新兴媒体的融合发展，则成了国家战略。

　　在这个大背景下，暨南大学新闻与传播学院、暨南大学南方传媒研究院的老师和研究生们，基于冷静的观察和潜心的研究，精心推出了新的"南方传媒绿皮书"，内容涉及年度报道与年度记者、年度音视频、年度广告、年度文化产业等。这是他们在初试啼声推出 2012 年"南方传媒绿皮书"之后又一次阵容整齐的成果展现。南方传媒绿皮书的出版，为媒体融合发展的盛宴奉上了一道道精美的大餐！

　　任何事物的发展都有它的规律，媒体的发展演变也是如此。推进传统媒体和新兴媒体融合发展，其主线应该是"技术驱动、用户需求"。这就是说，媒体除了要以先进技术为支撑来一场技术革命的转型，形成全媒体生产能力之外，还必须始终重视内容建设。在新的传播时代，无论传播介质如何迭代，无论媒体格局如何演变，内容建设都是媒体不可或缺的。因为内容是媒体的根本，是媒体的品质属性，优质的内容生产则是优秀媒体的灵魂和基石。媒体只有着力于挖掘新闻信息的深度和高度、提供精品化的内容，才能拥有权威性和公信力，才能提高社会影响力和综合竞争力。南方传媒绿皮书向读者提供内容建设方面的经典案例，正是缘于这方面的考虑。

　　当然，我们说在网络时代内容仍然为王，并不是说可以固守传统的报道方式。传播技术的发展，既扩大了新闻内容的生产和传播渠道，也要求媒体的内容生产方式也必须来一场彻底的革命。无论是依旧以纸为介质的纸媒，还是以网为介质的网媒，或是通过移动终端发布信息的自媒，都必须以互联网思维为引领，努力创新传播方式，并形成整合传播的合力，最大限度地满足用户的需求。南方传媒绿皮书选取的年度报道与年度记者、年度音视频、年度广告的经典案例，基本上都是新的传播方式的产物，可供媒体从业者参考。推进传统媒体与新兴媒体的融合发展，一个必须解决的难题是如何提升全媒体的经营能力，增强媒体的公共服务功能。作为面向公众传播的公共文化产品，媒体只有强化用户意识，为用户提供更便捷、更精细的服务，才能达到既争取受众，又发展壮大自己的目的。在新的传播时代，决定媒体市场价值的，不仅是内容质量，而且是服务质量。这就要求媒体更新经营理念，探索全媒体经营模式，不断提供用户所需要的产品。在这方面，南方传媒绿皮书筛选出来的广告和文化产业的经典案例，或许能为业界提供有益的借鉴。

　　传统媒体和新兴媒体能否融合发展，需要做的工作很多，比如创新体制机制，加强品牌建设，推进资本运营等等，但关键还是在人，在于那些既坚持新闻理想、恪守职业道德，又具有互联网思维、勇于改革创新的媒体从业者。南方传媒绿皮书向大家推介的年度记者，感人至深，令人肃然起敬。他们努力当好社会航船的瞭望者、社会肌体的啄木鸟、社会和谐的促进者、社会正义的守望者、中华文明的传播者，向社会大众提供了具有速度、信度、高度、深度、温度和互动度的新闻作品。他们在新闻的路上播种希望，也激励着更多的后来人，更让人们对媒体融合发展的未来充满憧憬！

　　（作者系暨南大学南方传媒研究院院长，广东省新闻工作者协会主席，原南方报业传媒集团社长）

目 录

第一部分　年度视频

拾忆与青春有关的日子

——《致青春》的怀旧与营销

【摘　要】2013 年 4 月 26 日，赵薇首部导演作品，由关锦鹏担任监制，李樯编剧，改编自辛夷坞同名小说的中国大陆电影《致我们终将逝去的青春》（以下简称《致青春》）在毕业季的氛围下上映。本片主打青春校园爱情故事，青春的"甜"与青春的"伤"是成长道路上不可避免的两道调味剂，影片通过青春强大的吸引力和怀旧的感召力，一下子将观众拉回到那段与青春有关的日子，真实地展现了蓬勃绽放的年青一代人的青春感情和青春蜕变。上映第一天，《致青春》全国票房高达 4 700 万元（包含零点场），创下 2D 华语片有史以来的最快卖座纪录，总票房 7.15 亿元。老调重弹的青春主题装饰上不同的故事情节，总能一次次触动人心、引起共鸣。影片抓住了一个人一生中最难忘的青葱华年，将不同年代的人们带回那段时光。中国电影市场上一股延续至今的"青春热"带来的全民怀旧狂欢引起了我们的注意；国产商业电影从大制作转向小成本、从视觉性转向怀旧符号引起了我们的思考。

【关键词】致青春；青春电影；怀旧；营销

一、案例简介及背景阐述

（一）《致青春》简介——青春是用来怀念的

2013 年，全民搭乘青春的列车，一起致敬那段美好的时光。其中，由赵薇导演的《致我们终将逝去的青春》拉开了追忆的序幕，缅怀那些年播种的爱情；陈可辛驾驶的《中国合伙人》专列，驶向了我们每个人都为之奋斗的梦想；郭敬明也将其畅销小说《小时代》搬上荧屏，展现了青春的奢华与疼痛。纵观 2013 年中国大陆三部青春电影，《致青春》将"青春"和"怀旧"展现得深入人心，使各个年龄段观众都能找到自己青春的影子和印迹。青春怀旧成为当下不可忽视的文化想象和流行因素。

该片改编自辛夷坞的同名小说，于 2013 年 4 月 26 日上映，投资 4 000 万元，首映日票房高达 4 700 万元。不仅打破了《泰囧》的首日票房纪录，而且刷新了 2D 华语片首日票房纪录（3D 华语片《西游·降魔篇》首日票房达 7 650 万元）。《致青春》上映第 4 天票房攀升到 2 亿元；第 6 天，票房便上涨到 3 亿元；第 16 天，票房突破了 6 亿元大关；第 26 天，该片在内地已经取得了 7 亿元的票房佳绩。2013 年 6 月 19 日，《致青春》的投资方之一，华视影视在其官方微博宣布，《致青春》在第 16 届上海电影节荣获"2012—2013 年度创新营销影片"大奖。5 月 1 日后，尽管有好莱坞大片《钢铁侠 3》的凶猛来袭，但《致青春》仍不改其吸金态势，五一期间全国上座率平均保持在 50% 左右，放映时间从 4 月延长到 6 月的毕业季，最后以总票房 7.15 亿元收官。

单是影片的名字就能引起我们无限的遐想、勾起我们无尽的怀念。从影片中特定的时代符号可以看出该剧是以 20 世纪 90 年代的校园生活为背景。以南京几所大学作为取景地，设计了几个性格不同的平凡人物，戏中的他们实际上就是生活中的我们。

女一号"玉面小飞龙"郑微，性格率真可爱，与青梅竹马的林静约定后考上了同一个城市的大学，结果却换来林静的杳无音讯。生性豁达的她选择在大学中为爱勇往直前，无意中由讨厌到爱慕，爱上了同校建筑系的陈孝正，两人拥有了短暂的爱情，但在毕业季，陈孝正选择出国深造而放弃了他们之间的爱情，历经物是人非后的郑微逐渐成熟，变得理性干练；女二号是清新美丽、端庄成熟的阮莞，在众多追求者面前用自己独有的清冷坚守呵护着自己的爱情，她原谅男友的过失，包容男友的懦弱，最后却在去看 Suede 乐队演唱会的途中意外车祸身亡，剧中这样形容她，"只有她的青春定格在最美的年华，永不腐朽"；小镇姑娘黎维娟，洁癖、八卦，一心想进入上层社会，过富裕的生活，最后做了两个孩子的后妈；假小子朱小北，家境贫困，为了维护自尊，砸了超市，最后被学校开除；出身贫寒、高傲冷漠的建筑系男一号陈孝正，为了摆脱贫困刻苦努力，最终为了前途功名放弃了爱情。

电影真实反映了现实问题，强调了成长途中的得与失，用共同的青春情感"通吃"了各个年龄段的观众。影片中没有大牌明星的面孔，没有华丽的视觉场面，也没有著名导演。作为赵薇导演的处女作，她启用了新的面孔，在听觉、视觉上带我们一起缅怀青春。

（二）背景阐述——青春现象级电影

《致青春》从影片名到剧情设计，再到场景的选择，无处不流露出青春的气息，给当代节奏快、压力大的社会群体带来了休憩的避风港，引来人们对青春岁月的怀念和追忆。由于呈现出现代社会流行文化与人们心理需求的对应性，大众文化一经传播便能够引起人们的共鸣和回应。

追溯青春电影，以美国的校园电影为开端，20 世纪 60 年代传入日本，70 年代末"青春片"的概念由日本影评家首次提出。① 目前在中国关于青春题材的电影还没有非常清晰的脉络和完整的体系，还不能算一个电影类别，但它在当下是一种极其普遍的电影现象和文化想象，它因时代的不同而运用不同的表现手法展现着不同的内容。

20 世纪 80 年代受启蒙思想的影响，侧重描写青春的生命力；20 世纪 90 年代受后现代主义的影响，特别是意大利新现实主义和法国"新浪潮"运动的影响，侧重描写边缘青春人物的无奈和青春的残酷；21 世纪受大众文化的影响，侧重描写对青春的回忆和多元化，满足大众对日常审美的需求。②

随着新时期的到来，社会主流群体的年轻化推动了青春电影的发展，年轻群体成为主要观影者。特别是第六代导演③，以新的价值观和叩响青春记忆的画面带来了一大批以书写青春、反思青春为重点的青春电影，从此中国青春电影开始走向繁荣。

自 21 世纪以来，青春电影慢慢淡化和退去了法国"新浪潮"时期的辉煌风采，成为一股文化艺术潮流，并逐渐深入到人们的日常生活中。《致青春》中对校园生活的回归，将青春的留恋和回忆表现得多元化，充满丰富的色彩，正契合了青春多姿多彩的主题。剧情以童话故事为开篇，梦幻奇妙；故事主人公青春、张扬、悸动、敢作敢为，可最终还是逃不过现实的无奈和遗憾。

良辰美景奈何天，为谁辛苦为谁甜，这年华青涩逝去，却别有洞天。《致青春》能够赢得大多数观众的认同，究其原因，可以归结为创作者带领观众进行了一次有关青春的集体记忆与缅怀。青春是用来怀念的，青春岁月是人生中最美好与最值得追忆的岁月，《致青春》正好抓住了这种情感的触发点，以怀旧的影像唤起了观众曾经经历或正在经历的青春时光。

《致青春》的另一个成功点在于，影片播出后能够引起人们对影片、主题，甚至对导演等的大规模讨论，在当下形成一种火热的社会现象，并且在全民中再次掀起了致敬青春的风潮。

---

① 颜文娟，杨君. 80 年代、90 年代及 21 世纪以来的青春电影之比较——以青春电影《红高粱》《小武》《致青春》为例. 大众文艺，2013（18）：183~184.

② 颜文娟，杨君. 80 年代、90 年代及 21 世纪以来的青春电影之比较——以青春电影《红高粱》《小武》《致青春》为例. 大众文艺，2013（18）：183~184.

③ 第六代导演一般是指 20 世纪 80 年代中后期进入北京电影学院导演系，90 年代后开始执导电影的一批年轻的导演。

从近年来中国大陆上映的青春电影可以看出，其不再是含蓄地表达青春的情绪，而是呈现现实主义，主题大多与人们的生活息息相关，表现现实生活中的故事，并且是大多数人必会经历的情节：校园爱情的纯真或虚幻、友谊的忠贞或背叛、为梦想的奋斗或放弃、职场的现实或残酷、对生活的选择或坚守……将生活中深刻的点点滴滴搬入荧幕，不仅与当下人们的社会心理相扣，在某种意义上也是对当代社会文化和人生追求的一种记录，是一场对青春的致敬，是一场对过往生活状态的留恋。我们不是《致青春》中的郑微、阮莞，也不是陈孝正或者林静，但是我们或多或少可以从他们的经历中看到自己的影子。正是影片中的这些相似之处使人们产生了对青春的集体怀念，共同的社会背景下形成共同的审美需求，达成文化共识。《致青春》最具优势的，不单单是勾起一代人的回忆，而是几代人。

综上所述，本文以电影《致我们终将逝去的青春》为案例，从而探索和思考中国大陆青春电影所带来的文化传播价值和在新媒体环境下的营销方式。

二、案例过程记叙——电影的宣传与营销

电影《致青春》于 2012 年 2 月 27 日在北京举行了媒体见面会，由演员转型成为导演的赵薇与影片监制关锦鹏、编剧李樯以及《致青春》原著小说作者辛夷坞共同亮相。发布会上，首次以导演身份现身的赵薇与大家分享了影片的筹备历程和心得，并且宣布电影《致青春》将于 3 月份"开学报到"。2012 年 3 月 3 日，《致青春》剧组在南京医科大学五台山校区篮球场举行了开机仪式，宣告这部致敬青春的电影正式开拍。直到 2013 年 4 月 26 日，万众期盼已久的《致青春》终于上映。电影从开镜到播出，一直都受到了媒体和观众的极大关注，这与电影制作方的宣传是

图 1　《致青春》电影海报

分不开的。电影孕育出炉的这些日子仿佛也是观众小心呵护青春成长的日子。该片除了票房上收获不小的成绩，刷新了 2D 华语片首日票房纪录外，还赢得第 16 届上海电影节 "2012—2013 年度创新营销影片" 大奖。在金鸡百花电影节上，女主角杨子珊获得影后提名；编剧李樯获得最佳改编剧本提名；音乐创作者窦鹏获得最佳音乐提名。《致青春》还获得台湾金马奖最佳新导演、最佳电影原创歌曲、最佳改编剧本、最佳艺术设计四项提名。最终，该电影荣获第 22 届上海影评人协会奖导演新人奖和第 29 届中国电影金鸡奖最佳导演处女作奖，还被第 57 届伦敦电影节选为 Official Se-lection 的 LOVE 单元展映影片。

（一）上映时间点的选择

上映时间点，避开热门档期，紧贴网络热点。

时下，看电影成了人们休闲娱乐的方式之一，特别是恰逢节日时。例如传统意义上的 "情人节"、"暑期档"、"贺岁档" 等热门档期，还有 6 月 1 日的儿童节，11 月 11 日的 "光棍节" 等。节日期间，观众如果能看上一场与节日主题相关的电影，就能更大地满足他们的现实和精神需求。《致青春》便顺应了时代的潮流，迎合了当下的电影市场，避开了与欧美大片相撞的热门档期，选择与电影主题相关的 4 月上映。此时正值大学校园的毕业季，顺应了大学生毕业、怀念青春这一热点话题，在这个阶段把很具有话题性的《致青春》投放市场，形成了星星之火燎原的趋势，增加了话题论点和情感触发点，给正值毕业季的同学带来一份青春的纪念礼物。

（二）微博运营

官方微博的运营不仅增加了与网民的互动，而且扩大了电影的影响力和传播渠道。

电影虽然于 2013 年 4 月上映，但《致青春》的官方微博在开机前一天的 2012 年 3 月 2 日就已经开通了。在电影宣传期间，迅速赢得 18 万粉丝的关注，截至 2014 年 3 月底，电影上映已一年，仍拥有 13 万粉丝，共发微博两千六百多条。微博及时跟进电影的进度，几乎记录了电影筹拍、开机、制作、上映的全过程，并且发起和制造了许多与电影相关的活动和话题，例如：发起互动投票，选出心目中适合演林静的演员；发起电影海报设计活动，网友用图画致敬青春。发起的话题有毕业季（讨论有关毕业的话题）、舌尖上的青春（回忆 70、80、90 后童年的零食）、音乐季（分享有关青春的歌)、青春物语(抒写有关青春的话语)、青春正能量(为奥运健儿加油)、经典台词等。微博中还不时曝光电影的剧照、台词,跟进电影的宣传活动,吊足了观众的胃口,给电影进行了充分的预热。

影片和主创人员以及演员的最近消息也能在微博中看到。根据数据统计,《致青春》日均发微博 5.3 条,自从进入推广期后,微博的数量急剧上升,公映这天达到了最多的 50 条,公映期间,《致青春》多次成为新闻头条(见表 1、图 2)。同时,电影及主创人员成了微博热门搜索人物(见图 3),《致青春》成为同时期电影热度榜首(见图 4)。

表 1 2013 年《致青春》提及度与搜索数(数据来源:新浪微博数据中心)

	提及与搜索数
4. 26—5. 31 提及数	1 722 万
4. 26—5. 31 搜索数	75 万
上映当天提及数	29 万
上映当天搜索数	2.6 万

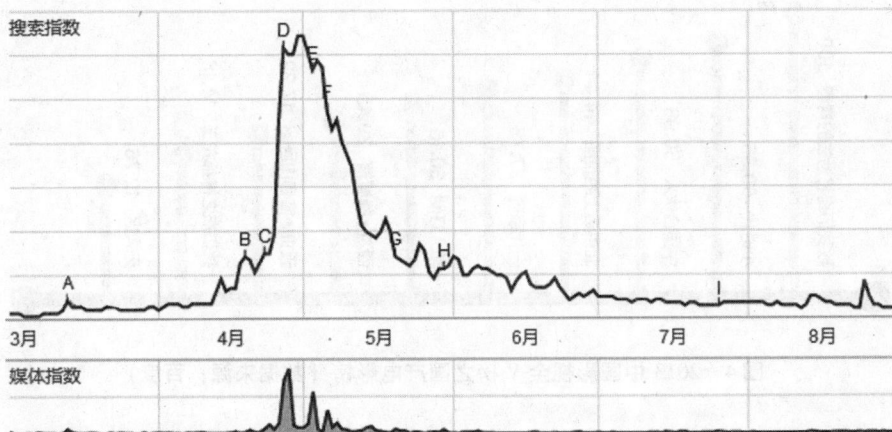

注:字母 A—I 表示《致青春》上新闻头条

图 2 《致青春》搜索趋势图(数据来源:百度指数)

图3　《致青春》相关人物搜索数据（数据来源：新浪微博数据中心）

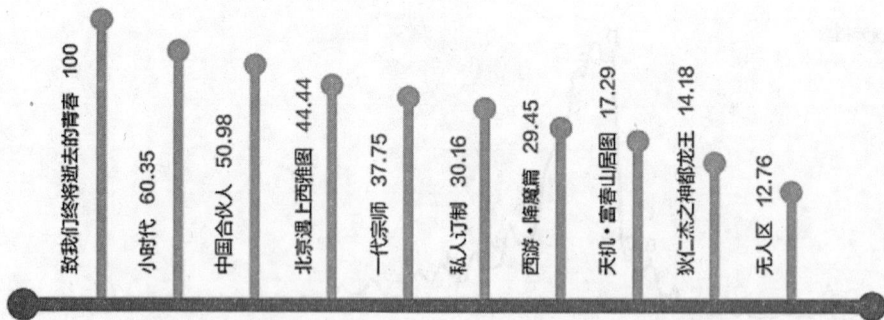

全 V 最热提及榜

致我们终将逝去的青春 100
小时代 60.35
中国合伙人 50.98
北京遇上西雅图 44.44
一代宗师 37.75
私人订制 30.16
西游·降魔篇 29.45
天机·富春山居图 17.29
狄仁杰之神都龙王 14.18
无人区 12.76

图4　2013 中国影视全 V 榜之国产电影榜（数据来源：百度）

（三）粉丝及明星效应

《致青春》从电影开拍起就注定拥有观众，因为它改编自早已有粉丝基础、销量逾300万册的畅销同名小说，此类电影一般被称为"粉丝定制电影"。一篇名为"致青春：一场引爆社交网络的周密策划"的文章写道："赵薇的圈内好友纷纷前来助阵不足为奇，让大家始料不及的是连商业圈

的史玉柱、草根圈的天才小熊猫、文化界的张小娴、宗教界的延参法师都
参与了微博营销。我不完全统计了几个参与转发的微博大 V，区区 24 个账
号，粉丝总数已经接近 3.7 亿（见图 5），在没有去重的情况下已经占了微
博总用户量的 80%。"① 圈内好友、商业圈、宗教界、文化界、传媒界形成
一条扩散式的影响链，广而告之。加上导演赵薇的人脉：王菲、黄晓明、
舒淇、姚晨、林心如，光线系的徐铮、王长田等都在微博上不遗余力地推
荐这部电影。《致青春》上映期间，圈内好友纷纷在微博上晒票根或感怀
青春，再加上主演们的粉丝数目和影响力以及演员的好友、好友的好友，
这样层层延伸的人脉关系，使电影在微博上成为热门搜索词。天后王菲用
她天籁般的声音演唱《致青春》主题曲、杨澜的首次触电秀更为电影增光
增彩。

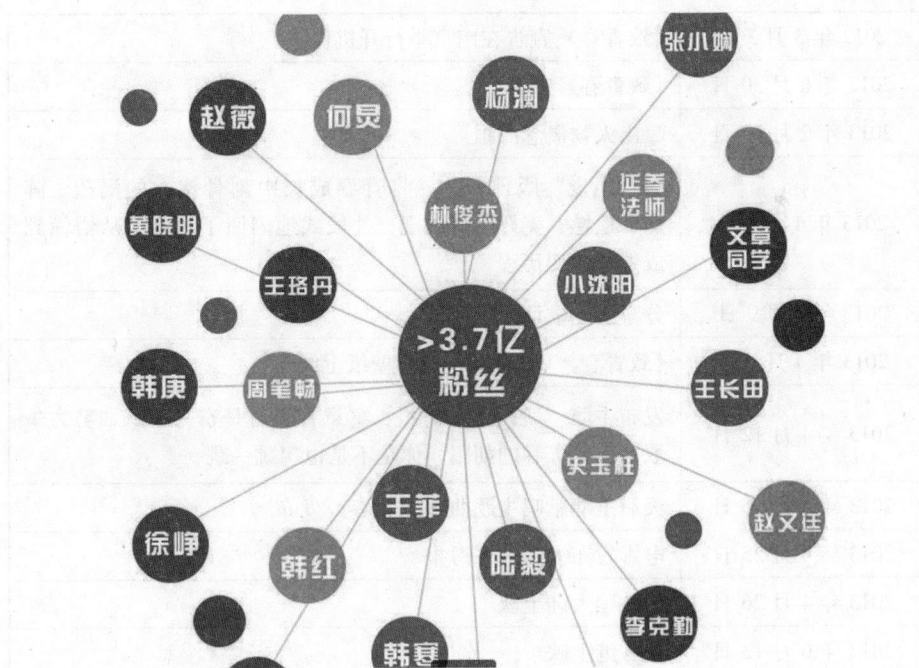

图 5　在微博中互动宣传《致青春》的明星（数据来源：新浪微博数据中心）

----

① 张俊良.《致青春》：一场引爆社交网络的周密策划. 记者观察，2013（6）：118～119.

（四）全媒体营销

电影《致青春》的宣传可谓无孔不入。从传统媒体到新媒体的运用，再到跨媒介的合作，让青春的气息温暖2013年的毕业季。青春是一张不老的脸，充满活力；青春离不开友谊、也离不开爱情；青春充满想象和挑战；青春是奔腾不息的大海，你永远看不到它的尽头；青春是逝去的河流，我们都随它一起流向未知的渡口。《致青春》恰当地抓住了有关青春的关键词，进行精准营销。

它适应新媒体的大环境，运用网络进行层层递进式的宣传，似破蛹的蝴蝶，慢慢蜕变成美丽的成品。

表2　《致青春》重要事件宣传表

2012 年 3 月 3 日	《致青春》宣告在南京举行开机仪式
2012 年 6 月 30 日	《致青春》杀青
2013 年 2 月 27 日	曝出人物概念海报
2013 年 4 月 8 日	曝"至爱"版预告片，将青春成长中刻骨铭心的渴望、阵痛、遗憾、美好逐一展现，片段式地闪回了主人公从懵懂到成熟的蜕变历程
2013 年 4 月 9 日	分享主题歌词
2013 年 4 月 9 日	《致青春》QQ 主题和电影壁纸上线
2013 年 4 月 12 日	发布主演"跳跃版"海报，寓意青春就是奋力一跃，努力争取；迎着青春的朝阳，你是不是也想跳一跳
2013 年 4 月 16 日	天后王菲献唱主题曲《致青春》发布
2013 年 4 月 25 日	电影发布人物关系海报
2013 年 4 月 26 日	在中国大陆上映
2013 年 6 月 13 日	在香港上映
2013 年 6 月 6 日	在新加坡上映
2013 年 6 月 14 日	在美国、加拿大上映
2013 年 7 月 9 日	在台北电影节首映

《致青春》先导预告片发布仅3天，在新浪的播放量就达230万，是电影类预告片播放量最高的电影。所发布的微博话题"致我们终将逝去的

青春"也占据榜首位置，预告片仅在新浪娱乐的转发即达 10 万次之多。

虽然现在身处新媒体时代，但《致青春》做到在社交网络上"呼风唤雨"之余，还能善于利用传统媒体的传播力。

首先是电视营销。2013 年 4 月 13 日，《致青春》剧组做客《快乐大本营》，几位主演在节目中分享了自己的青春故事，也借实力雄厚的湖南卫视王牌节目为电影提前预热；4 月 19 日赵薇做客《天下女人》畅谈青春；引起最火话题的要数 4 月 17 日，赵薇首次以导演身份做客安徽卫视《说出你的故事》。赵薇、黄晓明聚首引发青春话题"有一种蓝颜知己叫赵薇、黄晓明"。此句话在微博上疯转，被转发次数高达 20 万。在访谈现场，节目组安排黄晓明给赵薇送上"惊喜"，黄晓明拄着拐杖在节目上为赵薇庆生，两人回忆学生时代的青春年华。看似不经意地与老同学缅怀了一下青春，回忆了共同的大学生活，实际上这是一次精心策划的关于影片《致青春》的社会化营销。

其次是纸媒。《人民日报》和《中国青年报》都大篇幅报道了《致青春》，并且都是不吝褒奖之词。同时《致青春》还成功地搭上了"五四青年节"的顺风车，将传播范围最大化。

电影宣传上还注重公益事业，《致青春》剧组原定于 4 月 21 号举行的发布会、正式首映礼和绿地毯仪式因"雅安地震"取消。赵薇及片方在第一时间为灾区捐款 100 万元，并一起为雅安灾区祈祷。

《致青春》的软广告也无处不在，电影跨行业营销植入了当下流行的手机游戏——《找你妹》，推出《致青春》关卡，增设了电影中几位主角的漫画头像，立刻成为热门游戏。手机游戏在当今时代是年轻人重要的休闲方式之一，电影宣传锁定了特定观众群进行娱乐互动式的精准营销是《致青春》的创新点。除此之外，《致青春》还大打怀旧青春牌，与传统商家、网站合作，制造青春话题，推出怀旧产品。

三、案例分析及评价

（一）影片中的"记忆符号"

问及人们心中最怀念的时光，想必大部分人的回答是"那些回不去的青葱岁月"，无论在青春的那些年做过什么，它都是你人生中最好、最难忘的几年。青春，对于我们每一个人来说都是最为珍贵的记忆，它包含着激情、欢笑、痛苦、成长、蜕变……不同的人有不同的定义，但每个时代都有青春的专属符号。

2012 年 12 月 11 日，导演赵薇微博首曝新作《致青春》主海报，风格怀旧、文艺、小清新（见图 6）。海报泛黄的色调将我们带回大学寝室的那段时光。木质的桌子和书架上生活用品摆放得满满当当。老式电视机里放着经典爱情之作《泰坦尼克号》，还有暖水壶、饭盒、看了一半打开的书、建筑模型、篮球、老式磁带播放器、寝室里晾晒的衣服、啤酒等，都是曾经大学寝室里最熟悉的物品。这正是青春系列电影惯用的方式，它唤起了我们每个人心中的美好记忆。

2013 年 2 月 27 日，片方又公布了首款人物概念海报（见图 7）。海报中，四位主演人物造型青春靓丽：女生或扎马尾，或长发披肩，男生着干净的衬衣、白色帆布鞋，背景颜色明亮活泼，最抢眼的应属四位主角手中与各自角色性格特质紧密契合的专属青春道具。

郑微内心的那份耿直、开朗弥足珍贵，失去的敢于放弃、拥有的努力珍惜，在经历青春的疼痛后小宇宙爆发，寓意成长的理性和成熟；陈孝正，生活的艰辛让他为自己筑起了一

图6 《致青春》电影海报

道硬壳，坚持着自己的原则，无奈选择现实的他把青春、爱情扔向大地；阮莞的爱情是易碎品，千般呵护却终将逝去，她外表娇弱但内心强大，为爱情可以奋不顾身、无怨无悔；林静怀揣着生活的秘密，内心陷入了激烈的爱情与家庭的条条框框的挣扎中，表面似一台运转正常的机器，实际早已伤痕累累。海报的上、下版面形成鲜明的对比，上方的完整和下方的碎裂寓意青春中的拥有和逝去，完整展示了青春必须经历的转换过程。

图 7　《致青春》电影人物概念海报

青春的美好就在于它所承载的想象和记忆，也在于它的不可重复性，我们一次次重拾记忆，也是在找寻自我和审视自我：年轻时候的梦想都实现了吗？年轻时的选择后悔了吗？年轻时陪伴的那些人都还在身边吗？致敬青春，实际上是青春年华逝去后的审视和回味、失去后的遗憾和洒脱、成熟后的变化和现实⋯⋯

电影中，那些有关青春的记忆符号无处不在：陈旧拥挤的楼道、四处晾挂的衣裤、满屋张贴的明星海报、高低床铺、电磁炉、热水瓶、台式电扇、随身听、任天堂插卡游戏机、BP 机、床帘、走廊尽头整栋楼仅有的固定电话和宿舍楼门外的磁卡公用电话、吸烟喝酒打牌看片的学生、黑脸不近人情的宿舍管理员、排队打饭的大食堂和大锅的饭菜、深夜收听的电台情感热线、手写情书、背带裤、条纹 T 恤、白色帆布鞋、健美操、迎新社团、散伙饭⋯⋯结尾处，绿皮火车在怀旧回忆中添上了色彩斑斓的一笔。绿皮火车载着我们驶向大学的象牙塔，在一个熟悉的城市和另一个陌生的城市之间来回，这段经历是我们一生中极为珍贵的。聪明的赵薇将她的经历与我们共同的经历勾连在一起，细腻地描摹着，影片中虽然无一处文字说明却点滴昭示着那个年代，用熟悉的记忆和符号致敬青春。

除了生活习惯和场景的记忆外，音乐也能体现一代人的记忆。摇滚乐几乎是第六代导演青春影片不约而同的选择，《致青春》也不例外。影片中专门买下了《So Young》的版权，女主角也在影片中唱响了励志粤语歌曲《红日》，细心的设计是对青春记忆的悉心保存，很好地表达了影片的主题。

（二）全民怀旧的集体狂欢

《致青春》成功的因素有明星导演的指导、监制编剧的保障、青春故事的题材、畅销小说的基础、电影话题的营销……它很好地选择了"怀旧"这张王牌，并且将其展现得淋漓尽致。我们都曾年轻过、冲动过、疯狂过、迷失过、珍惜过、放弃过……我们每个人都将会有、正在有或曾经有过青春年华，青春的话题辐射了所有年龄层。怀旧是一种丧失和位移，怀旧不是主题，电影中描写的"青春物语"才是主题。青春类型片是对电影的定位，而"怀旧"是电影的营销定位。

"怀旧"是指个体对过去的渴望，这种渴望的对象也许是一件事、一个人或一个地方，它能更多地与过去温暖的时光、快乐的童年等相联系。这种情绪状态可以是正面的，如对过去温暖的感觉、充满快乐的回忆；也可以是负面的，如对个人过去的失落、悲伤和痛苦；还可以是苦乐参半的情绪，既让人伤感又令人向往，通常这种既快乐又悲伤的矛盾情绪是将糟糕的现在和满意的过去进行对比所产生的。从更深的心理学层面分析，怀旧隐含着人的退行（regress）心理。退行是一种心理防御机制。人之所以怀旧，是因为冲突，这种冲突可以是内心的（如自己的本能与道德、良心之间的冲突），也可以是外界的（如自我和现实的冲突）。有冲突就会寻求安全保护，这是人的本能反应。而怀旧通过退行到过去，替代性地满足了人的本能欲求。它所造成的时空错觉，正好能以一种象征的方式带给人安全和爱。①

怀旧电影一方面最大限度地"询唤"了一种个人的历史记忆，怀旧由此也成为本土意识的一种有力的表现方式。另一方面，正如美国学者弗雷德里克·詹姆逊（Fredric Jameson）所认为的，在消费社会中怀旧成为一种重要的文化生产方式，怀旧的情感和情绪也都同时成为消费对象，它满足了一种神神秘秘的重温它们的期望，它通过给予人们想象性返乡的体验，满足了当下电影观众的消费需求。因此，这些借"怀旧"而顺应市场的商业化操作大过了它本身价值。正如电影史学家托马斯·莎兹（Thomas Schatz）所说："不论它的商业动机和美学要求是什么，电影的主要魅力和社会文化功能基本上是属于意识形态的，电影实际上在协助公众去界定那迅速演变的社会现实并找到它的意义。"②

《致青春》在宣传时以"舌尖上的青春"唤起我们的记忆。70 后舌尖上的青春——一个老头推着一口葫芦样儿的黑锅，走街串巷，不时传来"轰"的一声巨响，便将大米变成了白白的爆米花，这是当时最受欢迎的

① 近几年为何主打怀旧主题的校园电影容易走入大众. 知乎精选，http：//www. zhihujingxuan.com/16108. html，2013 - 11 - 20.

② 黄望莉，黄帆顺. 文化新政下的当代青春怀旧电影. 电影新作，2014（1）：35 ~ 40.

"魔术表演"；80 后舌尖上的青春——一个小小的白色袋子，上边印着"无花果"三个字，大白兔奶糖、搅糖稀、炸米花、酸梅粉、果丹皮、棉花糖、动物饼干、济公开味丹……那些儿时的甜蜜包裹着青春所有的忧伤、犯傻、彷徨，找回儿时那份最初的勇敢；90 后舌尖上的青春——我们从舌尖到舌苔都蔓延着旺旺雪饼、旺旺仙贝、徐福记酥心糖、品客薯片、奥利奥、喜之郎果冻……的味道，这些香甜的零食连同我们的童年一起打包，留在回忆中。

"失去才懂得珍惜"是人类的通病。青春就是那段悄悄逝去的时光，我们总会忍不住回想，当年的我们、从前的我们、那时的我们做了些什么。怀旧成了填充现实的一种方式，怀旧也是在寻找一种安慰，怀旧能给人舒适、亲切等情感，成为人们内心的庇护。怀旧的消费群体会由于接触共同的情感记忆和记忆符号，而带来群体性集合和认同，在这种群体集合中，共同的怀旧就能够迅速形成集体回忆。《致青春》打破了年龄和性别的界限，它完成了好几代人一起坐在电影院集体怀旧的梦想。每一个场景、每一句话语都闪现着青春的影子；每一个细节、每一个动作都投射着对时光的追忆。笔者在影院观看《致青春》时，有一幕画面至今难忘，两位白发苍苍的老人，相约去影院看《致青春》，有夕阳怀念朝阳的意境。这就是青春无限的号召力，它是人生最无法回避的主题。

（三）怀旧情绪下的消费文化

正如故乡是用来怀念的一样，青春是用来追忆的，当你怀揣着它时，它一文不值，只有将它耗尽后，再回过头看，一切才有了意义。《致青春》孕育的浓厚怀旧情绪，最终将会回归日常生活，形成文化消费。人们愿意为具有纪念价值、被赋予特定意义的消费品埋单。青春的美好在于它承载的想象，也因为它的不可逆，我们重拾记忆，也是在找寻自我、致敬青春。

电影《致青春》，通过大学校园场景和毕业后的工作生活来演绎青春从稚嫩到成熟的故事。剧中的场景和物品让观众过目不忘，引起了商品营销的怀旧基调。许多怀旧主题的餐厅，饰品店，海魂衫，回力鞋还有女主角一袭活泼动感的复古牛仔背带连体裤成了大热门，在淘宝网上，"致青春同款"成为热门搜索词。回力鞋除了原来的红白、蓝白、黑红款经典配色之外，还出现了亮丽黄、青春绿、活泼粉等，价格也有所提高。

原著小说《致我们终将逝去的青春》在书店被摆在极为显眼的位置。该书有两个版本，一个是一直在销售的老版本，还有一个是配合电影的纪念版，精装封面，内附电影海报。此书在电影上映之后，再一次成为畅销书，网络的电子版本也被火热下载。同时，与青春主题相关的《被窝是青春的坟墓》《那些年，我们一起追的女孩》《谁的青春不迷茫》等也搭上了顺风车，销售走俏。连环画、小人书等复古商品成了收藏的对象。

四、结　语

2013 年，青春电影的大丰收带来了怀旧文化之风。它预示着以导演为中心的电影市场，以视觉场面为吸引点的大制作电影时代已经过去，以《致青春》为典型代表的中国"青春怀旧"电影正在一步步走向成熟。我们正处于新媒体的环境下，传播的作用更加突显，要善于充分运用网络的力量，进行全媒体、跨媒介、正能量的话题传播，抓住当代人们的心理需求，最好能通吃各个年龄段观众。《致青春》是一个将"青春怀旧和营销"结合的例子，它不仅勾起了我们对美好时光的回忆，而且形成了全民狂欢、全民消费的社会风潮。此时的电影不单单是电影，它成了人们心理的美好慰藉和追忆。回顾电影一系列的成功，它得益于：触动人心的电影主题、优良的制作团队和观众基础、全方位的宣传和互动、上映之后持续不断的社会文化效应。那些与青春有关的日子将会永远存在我们内心深处最小心呵护和温存的地方，就像电影里所说："青春是用来怀念的。"《致青春》为我们每个人留下了难忘的青春纪念册。

（撰稿：王怡晗）

让父爱回归本位

——《爸爸去哪儿》成功要素探析

【摘　要】2013 年 10 月开播的《爸爸去哪儿》，让亲子真人秀节目重获新生。收视率与口碑双赢的原因，不仅在于节目类型的创新，更在于其所蕴含的丰富文化内涵及审美价值。本文试从节目背景、创作特征以及节目营销三个维度探讨这档节目的成功因素，同时也对节目的原创性、道德底线以及产业化运作等问题进行进一步思考。

【关键词】《爸爸去哪儿》；真人秀；节目营销；原创性；产业化运作

一、节目简介

《爸爸去哪儿》是湖南卫视在 2013 年 10 月推出的一档明星亲子互动真人秀节目，原版模式购自韩国 MBC 电视台。节目为季播，共 12 期，第一季参演家庭为林志颖父子、田亮父女、郭涛父子、王岳伦父女以及张亮父子。每期节目中，这 5 对父子（女）离开繁华的大都市，在乡野农村共同度过 72 小时，明星爸爸们要肩负起照顾孩子饮食起居的重担，孩子们则要配合爸爸完成一系列亲子任务，父子（女）俩在不熟悉的环境下状况百出，笑果不断。首季《爸爸去哪儿》由制作《变形记》的谢涤葵团队打造，监制为《我是歌手》的金牌制作人洪涛，节目播出后收视率与口碑齐飞。

（一）节目收视率

收视率方面，《爸爸去哪儿》屡屡创造收视神话，首播当天两网收视均列第一，其中全国网收视率 1.1，收视份额 7.67；城市网收视率 1.46，收视份额 6.45，力压同时段其他综艺节目。节目仅播到第二期，收视率已经超越年初湖南卫视另一档王牌节目《我是歌手》前十二期的单期收视率，此后的十期节目，《爸爸去哪儿》都以超高收视率夺得同时段排名第一（如表 1）。收视率喜人的同时，《爸爸去哪儿》也收获了零差评、高口碑的观众反应。据媒体报道，10 月 11 日当天晚上近 4 000 万人收看了这档节目，百度指数显示当晚《爸爸去哪儿》的用户关注度和媒体关注度指数直接从 30 000 飙升到 80 000，热门话题、分类热词搜索量第一。特别值得一提的是，考虑到错过首播的观众，湖南卫视紧急调整节目编排，在第二期节目开播前安排了 8 次重播。在此之前《我是歌手》也只重播了 6 次，《爸爸去哪儿》由此创下了湖南卫视非戏剧类节目重播次数之最。

表 1 《爸爸去哪儿》收视率统计

播出日期	CSM48 城市网		同时段排名
	收视率	收视份额	
第一期 10 月 11 日	1.423	6.74%	1
第二期 10 月 18 日	2.588	11.53%	1
第三期 10 月 25 日	3.116	14.43%	1
第四期 11 月 1 日	3.471	15.26%	1
第五期 11 月 8 日	3.851	16.73%	1
第六期 11 月 15 日	4.024	18.16%	1
第七期 11 月 22 日	4.748	20.68%	1
第八期 11 月 29 日	4.760	21.10%	1
第九期 12 月 6 日	4.980	22.12%	1
第十期 12 月 13 日	5.3	23.22%	1
第十一期 12 月 20 日	5.008	22.16%	1
第十二期 12 月 27 日	4.916	22.06%	1

注：数据由央视索福瑞提供，调查范围为四岁以上收看电视的观众。

（二）社会口碑

社会口碑方面，《人民日报》先后发表两篇专题评论，呼唤亲情，追问父爱。11 月 28 日，《人民日报》发表时评《爸爸，请别走得太远》，文章指出这档节目让观众开始关注父爱在孩子成长中的重要作用："'爸爸'这个神秘角色，在儿童成长中，经常成了醒目的缺席者。一档《爸爸去哪儿》电视节目的火爆，将这个习以为常的社会现象，一下子推向了公众的聚焦点。这个节目出人意料飙升的收视率，其意义不仅仅在于明星宝贝们在野外、沙漠、海岛的笨拙天真等萌点让人倍觉温暖，更让公众开始关注父亲在孩子成长中的地位与作用。否则，仅仅是把家庭亲子关系、把儿童教育变成一场流行的表演秀，就太得不偿失了。现在，很多中国妈妈都想上演一出现实版的'爸爸去哪儿'，让时常缺席的爸爸和孩子一起走向野外、走向远方，让他们美好地独处，当然，前提是没收爸爸们的手机……" 12 月 26 日，最后一期节目播出前天，人民日报再次发表专题评论，指出《爸爸去哪儿》所带来的社会意义："即使各大卫视的选秀节目铺天盖地，也没能遮蔽一档亲子节目的光芒。毫无疑问，湖南卫视的《爸爸去哪儿》不仅成了 2013 年所有电视节目的收视冠军，也是全年最具话题效应的综艺节目。《爸爸去哪儿》之所以会火，是因为节目对父子生活和情感交流的呈现，恰到好处地触及现代人内心的温柔所在，唤起了繁忙的都市人对家庭温暖的渴求。如此一来，这个节目也为 2013 年的秋冬带来了一股暖意。"此外，《中国青年报》《扬子晚报》《法制晚报》、中国新闻网、新华网、中国广播网等多家媒体、网站都发表了专题评论，节目不仅获得了喜人的收视成绩，更在全社会范围内引发了一场关于父爱的大讨论。

1. 媒体评论摘要

《中国青年报》评论：中韩家庭共同面对的责任分工困境：

其实，《爸爸去哪儿》此前在韩国已大获成功，湖南卫视引进后也产生了热烈反响，这源于韩国与中国相似的文化土壤，以及共同面临的家庭责任分工困境……在当代家庭伦理和家庭责任的建构中，父亲必须积极参与且全过程在场。父亲不能只是威严和让子女敬而远之的形象，而应该与孩子经常性互动，既勇于表达爱又善于表达爱，应该是可亲可敬的坚毅自信的楷模。在一个理想类型的父亲的日程表中，孩子与职业具有同等重要的地位，做一个好父亲是男人事业的最重要组成部分。

《法制晚报》评论：《爸爸去哪儿》是一把"温柔剑"：

如果说之前歌唱类真人秀节目打的是"震撼"牌，那《爸爸去哪儿》亮的则是"温柔"剑。也许喜欢跟风、善于模仿的中国电视人很快就会产出一系列同类节目，让原本稀缺的明星亲子资源在一窝蜂的挖掘下，迅速枯竭。但这并不重要。美国金牌制作人、《周六夜现场》节目创始人洛恩·迈克尔斯有句名言："运营好一个电视节目的秘诀就是，永远保持观众的新鲜感。"《爸爸去哪儿》给了我们最好的启示，一定有人懂。

中国广播网评论：回归自然，将作秀降到最低：

虽然，《爸爸去哪儿》是一档真人秀栏目，但是，它带给观众的感觉并不是在"秀"。在 90 分钟的节目中，都是父亲和孩子感情和生活的真实体现。长期从事模式节目引进的世熙传媒总裁刘熙晨说道："做电视节目的本质和最高境界，就是要打动观众，但现在很多大型节目包括音乐选秀都已经变成了秀，很难再感动观众。"

除去媒体评论，《爸爸去哪儿》首播当天即登上新浪微博热门话题榜，其热度经久不衰，一直持续到节目最后一期（如图 1）。每逢周五节目播出时，无论是微博还是微信朋友圈都出现刷屏式的话题讨论，让人不得不惊叹节目的影响力之大。

爸爸去哪儿

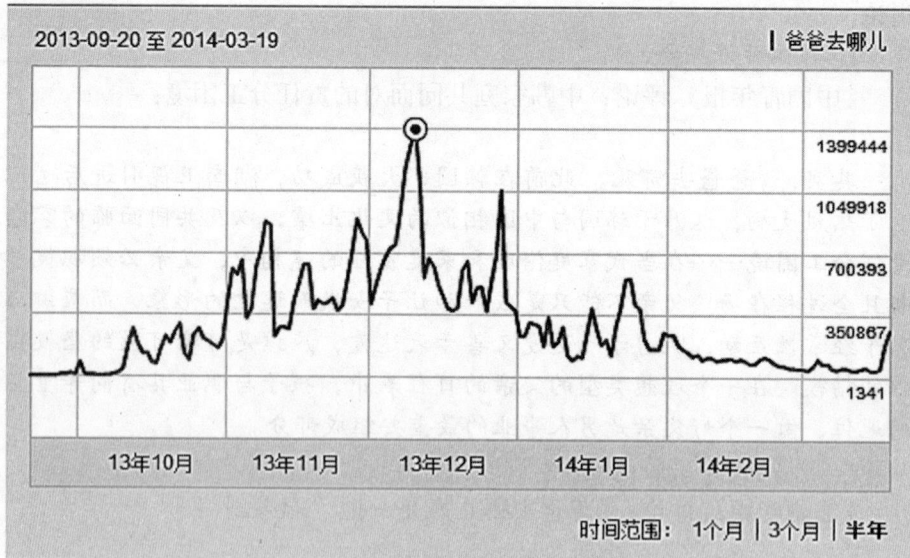

图 1 《爸爸去哪儿》新浪微指数

2. 热门讨论话题
以"爸爸去哪儿"为话题，全部讨论人数为 85 607 831：

湖南卫视 2013 亲子温情户外成长真人秀《爸爸去哪儿》10 月 11 日起

每周五晚 22 点，林志颖、田亮、郭涛、王岳伦、张亮与孩子共赴 72 小时乡村体验，一次没有妈妈的旅行！

以"寇静一定拯救了银河系"为话题，全部讨论人数为 252 150：

寇静一定拯救了银河系，才嫁了这么一个有责任、很帅气、身材好、会做饭、能赚钱、会养家，而且是异性恋的男人；才会有这么一个卖得了萌、撒得了娇，还懂事听话、有礼貌的帅儿子。千万女性的目标是：找个张亮生个张天天！

以"暖男天天"为话题，全部讨论人数为 3 679 115：

《爸爸去哪儿》让我们认识了张悦轩，一个阳光的男孩，一个懂事的男孩，一个细心温暖的天天！

3. 网友讨论摘要
举例如下：

好久没有带儿子一起出去共度家庭时光，明天一定要陪陪家人。

做了 10 年爸爸了，好像今天才懂得，儿子是这么需要我，儿子到底在想什么。

明天，我会成为更好的爸爸。

小时候我也会缠着爸爸闹，一转眼爸爸已经白了头发，花了眼睛，我爱你爸爸！

二、节目创作特征

（一）节目热播原因探析

1. 节目母题迎合中国传统文化心理
中国自古重视家庭文化，古人认为"家和万事兴"，能"齐家"才能

"治国、平天下"。家庭的稳固与否，往往直接关系着社会的发展与稳定，家庭伦理同样也是社会伦理的重要组成部分。家庭文化的重要性不言而喻，而《爸爸去哪儿》的节目母题，正是家庭文化的核心命题：孩子的成长和教育问题。我国国民教育的平台，是由家庭教育、学校教育、社会教育三大支柱组成的，孩子的成长与教育问题，是全社会关注的焦点。正如《爸爸去哪儿》打出的宣传语——"是爸爸的要看，不是爸爸的更要看"一样，亲子节目将80%的中国人都设定为自己的目标受众。从整个中国社会来看，比起个人奋斗，电视受众更加关注的还是家庭伦理的理顺和归位。所以说，《爸爸去哪儿》这档节目很好地迎合了中国文化的核心问题，这也是节目红火的文化基因。

2. 节目诉求契合亲子教育热点问题

在中国的家庭教育中，父亲与母亲的地位总是不平等的，母亲常常承担起教育孩子的主要责任，而父亲只负责提供物质、生活条件，中国式家庭教育中父爱教育严重缺失。与《爸爸去哪儿》同期播出的亲子真人秀节目《好爸爸坏爸爸》以及前一段时间热播的电视剧《小爸爸》，都不约而同地将视角专注于父子（女）关系。对此，《爸爸去哪儿》总导演谢涤葵表示："现在很多家庭，老爸的角色就是赚钱，为家庭出去打拼，却忽视和小孩的相处与成长，这个节目算是对父子间人生关系和价值观重新进行了梳理和强调。"在父爱逐渐缺失的今天，父亲被期待能更多地承担起传统社会所定义的母职，陪伴子女一同成长。节目以此为突破点，通过强调节目中的亲子互动关系，记录点滴真情，让父爱回归本位。

3. 节目价值创新符合受众审美期待

2013年的夏天，歌唱类节目史无前例地集体扎堆。国际上流行的三大主要音乐节目模式都被引入中国，浙江卫视的《中国好声音》、湖南卫视的《中国最强音》和东方卫视的《中国梦之声》等十几档同类型节目先后加入混战。面对喧嚣了大半年的歌唱类节目，观众已经出现严重审美疲劳。厌烦了导师们你争我抢，看惯了同质化的选手故事，观众期待电视荧屏的内容创新。《爸爸去哪儿》另辟蹊径，抛开激烈的赛场，回归乡野小路，不讲专业、不谈梦想，有的只是明媚的春光和纯净的童真，"轻娱乐"的节目形式，不仅让爱回归，也让初为父母的年轻人对育儿有了一个全新的认识。观众在小清新的节目中，彻底放松，尽情欢笑，回忆童年，感受父爱。

（二）节目审美追求

1. 节目理念：注重娱乐、知识、情感三者并重

首先，节目重视娱乐场的营造。《爸爸去哪儿》的目标受众是未成年人与其父母，对于孩子来说，摆在首位的应当是电视文化的娱乐功能。根据"使用与满足"理论，孩子接触电视媒体，最大的目的就是获得愉悦的体验，通过娱乐来获得对媒体使用的满足。之前深圳卫视《饭没了秀》的节目理念就是"娱乐先导，说教其次"，节目中"口无遮拦"的童言和另类的逻辑思维，常常逗得大家捧腹大笑。湖南卫视的《爸爸去哪儿》更是将娱乐发挥到了极致。"爷爷你在家好好的"、"我怕妈妈不去我就不听话了"、"沙漠里有钻石，贝壳！钻石＝贝壳"诸如此类的爆笑童言，让网友们大呼"从头笑到尾，全程无尿点"。为了强化节目的娱乐功能，《爸爸去哪儿》更是借鉴了韩国综艺节目的后期制作，通过适时地加入动感字幕效果，放大甚至制造笑点，网友大赞"神剪辑"。比如，田亮操着重庆口音叫 Cindy 的时候，画面中便出现"森碟"的字幕，这个观众原本都没有意识到的点，却变成了期期都有的笑点。连田亮都说字幕组能想出这两个字，真的是绝了！此外，类似"黑米哥哥"、"西瓜荡秋千"、"女儿膏药"等经典字幕，都让节目更具"艺能感"，笑料十足（如图2）！

其次，节目注重知识场的营造。与普通的娱乐节目不同，《爸爸去哪儿》作为一档亲子真人秀节目，是少儿节目的重要分支，承担着未成年人思想道德建设的重要社会责任，所以不能单纯追求眼球刺激、过度娱乐，而应该重视节目的教育性。一方面，对孩子而言，亲子真人秀节目作为孩子童年时

图2　节目中的"艺能感"

期家庭文化的组成部分，理应承担起传播知识文化和开展思想道德教育的重要责任。另一方面，对父母而言，亲子真人秀节目是传递正确的育儿观念、分享育儿经验的绝佳途径。因此，亲子真人秀节目应该注重知识场的营造，让父母和孩子在观看节目的同时，都有所收获，共同成长。在《爸爸去哪儿》中，节目组每到一地，都会介绍当地的自然地理、风土人情。为了让小朋友们看得懂，后期制作时在每一个任务名称的字幕下方，还特意加上了拼音。此外，在节目播出的过程中，通过穿插对五位爸爸的采访，传达出爸爸们的教子观念。

最后，亲子真人秀节目还要注重情感场的营造。其他类型的真人秀节目大多重视娱乐和知识，忽略了情感。而亲子真人秀节目的独特之处，就在于它对情感的重视。因此，在亲子真人秀节目中，要重视打家庭牌，具体来说，就是要以"亲子共赏，一起成长"的节目理念为核心，在节目制作的过程中，强调亲子互动，强调亲情的熏陶和感染。在《爸爸去哪儿》中，常常会遇到一些任务是需要父子一起完成的，在亲子互动的过程中，节目自然而然地传达出父子之情，每每这个时候都是节目的泪点所在。例如，在第一集中，小 Kimi 不愿意离开爸爸，因为小志说："经常他一睡觉起来，我就出国工作去了，所以他很怕离开我，害怕一转眼，我又不见了。"这段话不知触动了多少父母的心。

2. 人物设定：强调代表性和差异性

首先，亲子真人秀节目的最终目的是要让观众产生共鸣，所以在人的选择上要有足够的代表性。参与者在节目中不仅代表的是他自己，更是代表与其具有相关性的收视群体，他们是一类人的映照，因此要具有这一类人的典型特征。具体而言，在亲子真人秀节目中，参加节目的父母与孩子，其家庭教育中出现的问题要有普适性，这样观众容易在节目中找到自己的影子，使观众获得某种认同和共鸣。例如，在《爸爸去哪儿》中，五个家庭遇到的问题各有特点，父亲们的教育方式也大不相同。林志颖面对儿子的过分依赖，常常用的是拥抱和鼓励；郭涛对于儿子的顽皮，则是把孩子拉到暗地里训话；田亮对女儿的滔滔不绝的啼哭束手无策，放任不管。这三种问题和教育方法，是传统的家庭教育中常见的，相信许多观众在看节目的过程中，也会产生很大的共鸣，从而反省自身。

其次，要强化参与者之间的戏剧关系，所以在人的选择上还要有差异性。节目的参与者要选择在性格、生活方式、教育观念以及语言神态上具有差异的亲子，一方面，差异性能满足各个阶层观众的审美需要，使收视群体更加多样化；另一方面，有差异就会产生矛盾和冲突，容易形成一种张力和戏剧性，这就是节目的看点。在《爸爸去哪儿》中，矛盾无处不在：首先，最大的矛盾就是让爸爸带孩子。男性的动手能力本来就不强，所以在节目中你会看到王岳伦为了给 Angela 扎辫子弄得满头大汗，田亮父女上演秋裤外穿，郭涛为了一顿午饭手忙脚乱。此外，这种矛盾冲突还体现在五个孩子身上。五个孩子年龄不同，性格也各不相同。郭子睿很有男子气概；Kimi 因为常年缺少父爱，就显得胆小且依赖性特别强；田雨橙人小鬼大，在爸爸身边的时候，就是个爱哭鬼，而一离开爸爸，就变成了怪力萝莉；王诗龄可爱、甜心，有的时候却像妈妈一样"雷厉风行"；最后就是天天，小小男子汉，勇于承担责任。小孩子们性格各异，有时候会因为意见不合闹别扭甚至动手掐架。这就形成了节目的一种冲突和张力。

3. 艺术特征：真实与虚构的双重审美

真人秀节目最大的特点就是真实与虚构的双重审美。真实，是因为节目的参与者都是本色出演，每个人的个性、品质都会在不知不觉中体现出来，节目中往往会有意想不到的生动语言，也会有最真实的情感爆发，这些生动、丰富的细节，完成了一种对人性的窥视，是真人秀节目的最大看点。

亲子真人秀节目和其他真人秀节目一样，最大的看点就是节目中人性的真实。有意思的是，在亲子真人秀节目中有两种截然不同却真实的人性状态。一种是孩子们身上体现出来的最初的人性。4—6 岁的孩子，往往涉世未深，总体而言是比较纯真的、本性的，是一种人性最初的美好。而在爸爸们的身上，体现出的是另一种人性状态。成年人经历过世俗的纷纷扰扰，已经钝化了自己的棱角，考虑问题的时候也会思虑更多，因此，爸爸的人性往往没有那么的纯粹，它混杂了更多的真善美以及假恶丑。人性的真实，需要靠细节来呈现。亲子真人秀节目的拍摄方式是：72 小时不间断的纪录片式的跟踪拍摄和丰富生动的细节展示，细节越多，就越能展示人性的真实。例如，在《爸爸去哪儿》中，当郭涛抽到村长家时暗爽的表情，赤裸裸地体现出他的欣喜和幸灾乐祸；当田雨橙不停地哭泣时，田亮表面上装作很有耐心，但从他的皱眉、斜眼、叹气，都可以感受到他对女儿的容忍已经到了极限；王诗龄生气时怒摔海绵宝宝。从这些细节中，我们看到孩子和成人两种不同的人性状态，孩子的情感表达更为直接、无所顾忌，而成人时常心口不一。这不仅是节目的一大看点，更是对社会的一种反思。此外，亲子真人秀节目的真实，还体现在节目的种种"不完美"。既然孩子是节目的主体，那么就注定了节目不可能十全十美。在《爸爸去哪儿》中，小 Kimi 因为离不开爸爸，无法完成和石头哥哥一起找铁锅的任务，于是这期节目中只有石头一个人去找铁锅。此外，节目中孩子们的"吐字不清"、"随时打屁"、"没日没夜地哭"、"常常闹矛盾"，这些镜头前的"不完美"都让真人秀看起来更真实，让大家在节目中，切实地感受到人性的优点和弱点。

真人秀节目的虚构，源于节目中的本色表演都是存在于一个假定的情景中，所以真人秀节目在本质上是一种虚构的真实。在虚构的场景中，人们有可能表现出和平时不相一致的生活状态。例如，田亮在接受采访时就曾表示："要不是在录节目，我早就动手打人了。"也许在现实生活中，当女儿哭闹不停时，爸爸会选择用暴力的方式解决。而在亲子真人秀节目中，多数的爸爸会选择安慰孩子来体现自身的慈爱，这就是一种虚构的真实。除了假定的情境，虚构还源于参与者的镜头意识。人们在镜头前，都会显得不自然，而且会有意无意地美化自身形象。因此，观众在观看亲子真人秀的过程中，也会带着一种"鉴别真伪"的心态，于是就形成了一种真实与虚构的双重审美。

4. 话题效应：消费明星

其实，《爸爸去哪儿》并非国内首档亲子真人秀节目，早在 2003 年，深圳卫视就推出过一档亲子真人秀节目《饭没了秀》，也获得了较高的收视率。然而，不同于以往的节目，《爸爸去哪儿》首次动用明星家庭参与节目，这也是其收视火爆的重要原因。电视媒介与明星联姻，形成电视狂欢的视觉奇观，符合消费文化语境下受众的收视期待。明星家庭参加亲子真人秀节目，实现了两大传播诉求：①真人秀让明星家庭走下神坛，满足了受众对明星家庭的"窥视欲"，这也是真人秀节目的本质追求。去偶像化的明星在外表上更加日常化，在人格上更加有"心理"可信度。亲子真人秀节目模糊了明星在公共领域与私人领域之间的对立，让明星回归家庭本位，节目赋予其双重消费符号：明星＋父母，从而产生了一种前所未有的观看体验，受众在感受明星迷人魅力的同时，也能旁观明星家庭的成长之路和育儿方法。②受众的自我建构。明星家庭在节目中不仅成为个体情感投射的对象，更成为个体模仿、参照的对象。受众在观看节目的过程中，不仅获得了精神满足和心理愉悦，而且能够反观其身、自主修正，完成了受众的自我身份构建和价值认同。

（三）节目价值取向

1. 构建家庭亲子聚合的引力场

电视文化是一种很好的聚合剂，人们将更多的娱乐空间转移到室内，改变了传统的娱乐模式。它丰富了家庭的娱乐生活，填充了家庭空闲时间，为家庭成员提供了更多交流的话题和机会，让亲子话题得到重视。《爸爸去哪儿》播出后，著名心理学者、情商研究专家张怡筠于 2013 年 11 月 4 日在微博上表示："周日上午，在宁波移动的情商教育讲座现场，我发现爸爸们出席的比例很高！许多爸爸和太太、孩子一起来，也有老爸们自己前来。周日早上放弃休息，一大早九点就来听孩子情商教育的演讲，真是用心的好'粑粑'们！最近两年来我发现关注孩子情商教育的父亲明显增多（不知《爸爸去哪儿》大热后是否更会如此）。"《爸爸去哪儿》通过自身的魅力，将父母和孩子重新吸引到电视机前来，形成一个家庭成员聚合的引力场，让全社会成员在纷繁复杂的工作生活和电视节目中，抽出一部分的注意力来共同关注、直面亲子问题，让亲子问题再次成为家庭议程的重点，甚至在全社会形成一段时间的话题热点。

2. 搭建家庭亲子沟通教育的平台

很多家庭遇到的问题往往是由于亲子两代人之间沟通机制的缺乏，正因为是最亲密的人，亲子之间反而会排斥心灵上的贴近与交流，出现隔阂与沟通障碍等问题。亲子真人秀节目改变了亲子间传统的沟通模式，父母—子女间的二元交流模式转换为父母—电视—子女间的三元交流模式。这种坐在电视机前的沟通，是一种伴随性的、非正式的沟通，相比于正式、拘谨的亲子对话，这种边玩边聊天的方式更适合亲子，尤其是对未成年人。在电视机前，孩子放下了恐惧，父亲放下了居高临下的姿态，轻松愉悦的沟通环境，更加有利于谈话的进行和深入。节目中，编导将 5 对明星父子（女）的相处过程真实地展现给受众，给电视机前的亲子双方一扇透视窗，他们会站在旁观者的角度，看到一些平时自己忽略的东西。随着节目的进行，他们会一边观看节目一边把自己遇到的类似问题拿出来比较，寻找认同；在另一方的不同意见进入视野时，观众心里默念的台词会从"你看，你（你们）也是这样对我的"悄悄转变成"原来你（你们）是这样想的"。如此一来，从争论到沟通、从沟通到理解、从理解到情感的增进，许多家庭因此受到启发，自觉建立起一个沟通的机制。① 有网友表示，"感谢《爸爸去哪儿》，让我知道我是多么爱我的孩子，而我的孩子也多么爱我"。

3. 以真情真爱传递社会正能量

如果说，《中国好声音》让人看到了社会严重缺失的公平，那《爸爸

① 颜小可. 搭建家庭亲子沟通教育的平台——评中国教育电视台新栏目《成长不烦恼》. 当代电视，2011（1）：54.

去哪儿》就让我们找回了久违的童真和父爱。感动，是网友用得最多的形容词之一，在第三期《爸爸去哪儿》中，田亮为了不让女儿失望，冒着危险拉着女儿的滑板跟着女儿滑下来，这一幕让网友大呼"中国好爸爸"。在放鸟比赛中，田亮父女起初放飞不成功，但是 Cindy 不甘心，不顾浑身的泥泞，仍然坚持不懈地往前跑，从起点追到了终点，直到最后一只鸟儿飞起来。节目播出后，Cindy 的妈妈叶一茜在微博中写道："小小的一次体验就让女儿体会到'坚持就是胜利'，这不就是《爸爸去哪儿》想要传递给大家的正能量么？"此条微博得到 11 725 人点赞、1 835 条转发和 2 598 条评论。新华社新媒体中心联合数托邦创意分析工作室抓取了新浪微博上提及"爸爸去哪儿"的 45.5 万条原创微博，并对 36.7 万独立原发作者用户、1 300 余万条用户微博及近 1 亿的关系进行数据分析，结果发现《爸爸去哪儿》凭借 89% 的美誉度，超过《中国好声音》成为名副其实的口碑王。爱心、坚持、宽容、勇敢，节目用朴实无华的真情真爱，向满目疮痍的社会传递着暖暖的正能量。

三、节目营销手段

（一）微博

《爸爸去哪儿》能够如此火爆，微博营销功不可没。互联网时代，如果不能打好数字营销这一仗，再好的节目也只能是"养在深闺人不识"。《爸爸去哪儿》官方微博（以下简称"官微"）于 2013 年 9 月 6 日发布首条微博，当时的转发量和评论量加起来才刚刚过百。然而，不到两个月的时间，官微就拥有了将近 300 万粉丝。截至笔者撰文时（2014 年 3 月 23 日），该微博总计发布 1 980 条微博，收获粉丝 460 多万，节目播出期间，每一条微博的评论量都能轻松过千甚至过万。笔者梳理了该官微的博文内容，以探寻其微博营销的运营之道。

1. 节目开播前：独家揭秘参演家庭

节目开播前，官微的主要作用是预热，通过独家揭秘参演家庭、发布节目官方宣传片、幕后花絮等形式为节目宣传造势。借助明星家庭的影响力，宣传片的博文已经获得了大量的转发和评论，提前为节目锁定了目标受众。

2. 节目播出中：预告 + 微直播 + 话题营销

节目虽然在周五播出，但是从周一到周四，官微都不遗余力地发布消息和粉丝互动。主要形式有：

（1）节目预告"摇头娃娃"。节目组独创"摇头娃娃"这一形式，将下期节目中的爆笑亲子对话提前展现给粉丝们，每日更新一组家庭的亲子对话，既保证了博文的新鲜度，又维持了节目的热度，"摇头娃娃"成为粉丝每日关注官微的一大动力。

（2）微直播。在每期节目直播的两个多小时里，官微以"微直播"的方式与网友同步互动。微直播实时更新当前节目看点，并开放网友讨论，改变了以往受众独自观看的收视体验，体现了互联网时代受众新的收视期待——互动。微直播通过粉丝转发，以刷屏的形式占据微博首页，原本可能不太关注节目的网友也"不得不"关注节目的实时进展，甚至参与到讨论中来。

（3）话题营销。在第一季节目播出的三个月里，《爸爸去哪儿》的官微总能制造出一些热门话题与网友互动。这些热门话题不仅增加了明星亲子的人气，也从侧面带动了节目的收视率。例如，四大名著版《爸爸去哪儿》，网友将节目中的五个孩子 PS 成四大名著中的人物，惟妙惟肖，创意百出，引发网友跟风改编，接连出现《继承者》版、《还珠格格》版、《钢铁侠》版《爸爸去哪儿》（如图3），一时成为网络热点。除此之外，还有"给森碟的三行情书"、"爸爸们的女装照"、"张亮我想和你睡"等互动话题，都引发了网友极大的参与热情。这些互动话题有的是"爸粉"们想出来的，有的是官微"制造"出来的，无论出自何处，目的只有一个，就是以话题营销的形式带动节目宣传、维持节目热度和收视率。

图3　《还珠格格》版《爸爸去哪儿》

（4）明星助力宣传。节目瞬间火爆，与众明星的卖力宣传不无关系。王菲、杨幂、文章等一线明星纷纷在微博上分享自己的观看感受，何炅、谢娜等一些"芒果台柱"的友情站台更是不在话下。此外，参演家庭的明星爸妈都在微博上不断更新自己的观后感以及育儿经验。正是因为这些微博红人的尝鲜体验，让成千上万的粉丝跟进观看，而由于节目本身颇具看点，粉丝们看后觉得明星的推荐果真名副其实，还会进行二次分享，从而在微博上形成裂变式传播。

3. 第一季结束后：明星家庭追踪＋未播出片段独播＋节目衍生产品宣传＋第二季预热

虽然是季播节目，但是第一季结束后，《爸爸去哪儿》的官微却一直没有停止更新，依旧以较高的频率与网友展开互动，这是众多官微值得借鉴的地方。互动的方式主要有：

（1）追踪第一季明星家庭的日常生活。通过转发或者爆料第一季参演家庭的生活趣事，借助明星家庭的吸引力，维持受众对节目的关注。

（2）独播未播出片段。节目中有许多精彩片段因为节目时长的限制而未能播出，这时官微就成了最佳播出平台。通过不定时地曝光节目中的未播片段，不间断地吸引关注回归，从而保持节目的热度。例如，5个小孩威海买菜的片段，就因多次更改播出时间而吊足了观众的胃口，最终播出时获得了200多万的播放量。

（3）宣传节目衍生产品。《爸爸去哪儿》第一季节目结束后，栏目组先后推出《爸爸去哪儿》同名图书、电影以及手机游戏。因此，宣传节目衍生产品成为这一阶段官微的主要任务并通过发布电影预告片、互动抽电影票、签名海报等形式与网友互动。

（4）第二季预热。通过全球海选第二季参演家庭及拍摄地点的活动，让受众提前参与到节目的制作中来。

（二）电影版《爸爸去哪儿》

《爸爸去哪儿》同名电影节目中五组星爸萌娃全员出演，著名导演滕华涛坐镇监制，视觉系导演彭宥纶操刀概念版预告片制作。电影于2014年1月31日大年初一正式上映，与《喜羊羊》系列、《西游记之大闹天宫》等电影一起贺岁，斩获票房67 897万，成为2014春节档最赚钱的电影。

事实上，这部电影只花了一周时间拍摄，资金投入也不多，在更多观众看来，这部电影其实就是加长版的电视节目。对此，不少影评人质疑电影"纯粹是抢钱"。针对质疑，导演谢涤葵直面回应："一开始就已估计到会有不少质疑，会有人说这个不像电影，毕竟我们可能碰了别人的蛋糕，但从电影技术角度来讲，《爸爸去哪儿》的电影版制作难度相当大，这部电影做到有笑有泪，三观正确，适合全家一起看，挺好。其实我觉得做电影的人也不用这么抵制，这不是抢地盘什么的。"豆瓣网友"芙蓉镇上影志叔"也评论到："'玩不重要，朋友才是最重要的'，影厅里好久没这么欢乐了，就像去年的《泰囧》《西游》一样，从头笑到尾……Kimi 萌点、石头笑点，森碟酷点，天天嗨点，Angela 治愈点，真实的生活与情感交织，既搞笑又温暖，结尾观众竟跟着合唱起主题曲……这虽不是一部严格电影，却是一顿适合老百姓的美餐。"

（三）同名歌曲、图书、手机游戏

"爸比，你会唱《小星星》吗?"相信不少人对主题曲中 Kimi 稚嫩的问话记忆深刻，随着节目的播出，《爸爸去哪儿》同名主题曲瞬间登上各大歌曲排行榜首位，朗朗上口的音乐迅速被传唱开来，以至于在同名电影播出结尾时，观众竟跟着全场合唱。其次，《爸爸去哪儿》同名图书，完整再现所有值得纪念的瞬间，大量幕后采访，用优美的文笔讲述生动的情节，从每一组家庭出发，深入浅出地给人感动和共鸣，是一本全家人都可以阅读的亲子图书。该书于 2014 年 1 月一上市便居开卷非虚构畅销书榜第二名，预售 3 天销量就突破 5 万本，多家书店处于缺货、断货的状态。整个寒假，仅杭州庆春路和解放路两家新华书店就卖出《爸爸去哪儿》800多本，位居该店学生读物畅销书榜首。最后，《爸爸去哪儿》同名手机游戏是由节目方唯一授权开发的一款休闲跑酷类游戏。玩家可以在游戏中扮演节目秀中的各位星爸萌娃，畅游在各集节目的场景中，收集蔬果完成任务。由于游戏操作简单，且节目影响力火爆，游戏上线 3 天即突破 300 万下载量。从电影到歌曲、图书到手游，一系列节目衍生产品让人觉得节目无处不在，节目组疯狂捞金的同时，也在全国范围内掀起了一股"爸爸去哪儿"的风潮。

四、结　语

《爸爸去哪儿》作为一档亲子真人秀节目，是家庭文化和电视媒介的产物，这种温馨、独特的节目样式在我国发展的时间并不长，却迅速地吸引了大家的目光。然而表面的繁华背后，也隐藏着许多值得我们深思的问题：

（1）中国电视期待原创。《爸爸去哪儿》高价购买了韩国节目版权及制作宝典，韩国综艺节目再度成为国内各大电视台和网站哄抢的对象，其节目视频播放版权以及改编版权价格屡创新高。据业内人士透露："现在已经买不到像样的节目了，基本上是出一个卖一个的节奏，有些节目还在研发期，就已经被买了。湖南卫视引进《我是歌手》《爸爸！我们去哪儿?》的平价时代一去不复返了，一般来说，韩国综艺节目一集的授权费在1万到3万美元之间，热门的可能更贵。这一年涨了起来，最高的甚至达到原来的十倍。比起欧美节目，韩国节目在要价上已经远远走在了前面。"对于中国节目的原创性，人民日报发表评论称："'拿来主义'暂时可保收视率，却抹杀原创动力和能力。用业内人士的话说，大家都忙着'吃快餐'，创新对现在的环境来说不太现实，都在追求收视率。深圳卫视制片人易骅则表示，由于电视人和观众的心态浮躁，甚至容忍不了让节目有一个成长的空间。"对于还处在成长期的中国电视而言，要求其全部原创不太现实，在模仿的过程中，进行本土化改造，然后再实现我们的原创模式，是绝大多数中国电视人应该为之奋斗的方向。

（2）我国的真人秀节目应与国外的真人秀节目有何区别？最大限度地窥探、挖掘人性应当遵循怎样的底线？从媒体报道中不难看出，《爸爸去哪儿》播出后，明星家庭的私生活遭大量曝光，更有网友对节目中孩子的表现展开人身攻击，引发明星家庭和节目制作团队的强烈谴责。亲子真人秀节目应走向何处，才能既符合我国的具体国情又为广大的观众所喜爱？此外，在消费文化的语境下，我们也应该积极思考在消费明星的过程中，如何向社会传递正能量，规避负能量。

（3）国内早期真人秀节目常常只在节目创新上下功夫而不重视其产业链的发展和拓宽，《爸爸去哪儿》电影版的票房奇迹和节目播出过程中的微博营销应当引起各节目制作方的重视。美国真人秀节目不仅是收视和内容的双赢，更是商业价值的多赢，节目的下游产业价值远远超过销售节目本身的收入。重视节目的品牌化和影响力，发展上、中、下游产业链，创新节目的盈利模式，这不仅是亲子真人秀节目面临的挑战，也是国内众多娱乐节目应该思考的问题。

（撰稿：郑小华）

汉字的狂欢

——汉字文化类节目剖析

【摘　要】2013 年夏天，以"听写汉字"为主题的两档闯关节目《中国汉字听写大会》和《汉字英雄》分别在中央电视台和河南卫视火爆热播，收视率居高不下，也引发了网友对汉字书写的热潮。在受追捧的背后，此类节目对于展示汉字文化魅力、促进国人汉字文化觉醒等方面的价值，同样需要引人反思。本文从节目产生背景、节目理念、节目模式、节目内容及传播平台等方面入手，通过全面解构和剖析，找出其成功的原因，以为今后文化类节目的长足发展提供借鉴。

【关键词】中国汉字听写大会；汉字英雄；汉字文化类节目

2014 年 2 月，国家新闻出版广电总局下发《关于表彰 2013 年广播电视创新创优栏目的通报》，对 2013 年度的 10 个广播栏目和 15 个电视栏目进行表彰，其中获奖的电视栏目就包括中央电视台的《中国汉字听写大会》和河南电视台的《汉字英雄》这两档以"听写汉字"为主题的文化类节目。这两档栏目的火爆热播，不仅带来了一种崭新的文化教育节目形态，掀起了一阵新的收视热潮，也带动了后来一系列诸如《成语英雄》《中华好诗词》等文化教育类节目的播出。

一、听写热潮全面来袭

在如今全面数字化的时代里，如果不是一档电视节目，或许大多数人都还在为自己的打字速度沾沾自喜，而全然忘记自己几乎丢失了大半的书写能力。2013 年 7 月 11 日，率先在河南卫视开播的《汉字英雄》出人意料地成为收视黑马，在众多选秀节目扎堆播放的夏天，这档节目突然引发了全民关注。紧接着，中央电视台科教频道也推出《中国汉字听写大会》，至此，这类以中国文化为依托的文化类节目，掀起了一阵新的收视热潮。

（一）《汉字英雄》

《汉字英雄》是河南卫视与爱奇艺联手打造的中国国内首档大型网台

联动的文化综艺季播节目，于2013年7月11日正式首播。第一季节目共16期，以闯关的形式分为初赛、复赛、准决赛、总决赛四个阶段进行录制。节目由知名电视人马东担当主持人，于丹、高晓松、张颐武等文化名人鼎力加盟担当评委，誓言要掀起汉字风暴，引领电视栏目新风向。

1. 定位独特，收视火爆

整体节目的风格是集综艺性和知识性于一体，将文化和娱乐相融合，召集全国各地识字最多的青少年倾情参与，意在为青少年打造展示自己掌握汉字水平和个性的机会和舞台，旨在提高当下电视和网络节目的内容深度，挖掘自制节目的社会和媒体价值。制作人兼主持人马东表示，"希望在节目中与选手和观众一起长知识，学文化"。

正是这一创新性的栏目主旨，使得《汉字英雄》在夏季暑期档歌唱类等选秀节目扎堆混战中脱颖而出，受到观众网友们的喜爱。《汉字英雄》自开播以来收视率逐步上升，频频跻身全国收视前十，吸引了许许多多观众的注意。2013年的《汉字英雄》复赛第二轮，更是以0.65的高收视率稳坐全国第四的宝座，紧逼同档晚间综艺节目《中国好声音》《快乐男声》《一站到底》。而凭借《汉字英雄》的热播，河南卫视的当天收视也升至第四位，直追浙江、湖南、江苏等卫视。下图是《汉字英雄》开播以来收视时段收视表现汇总。

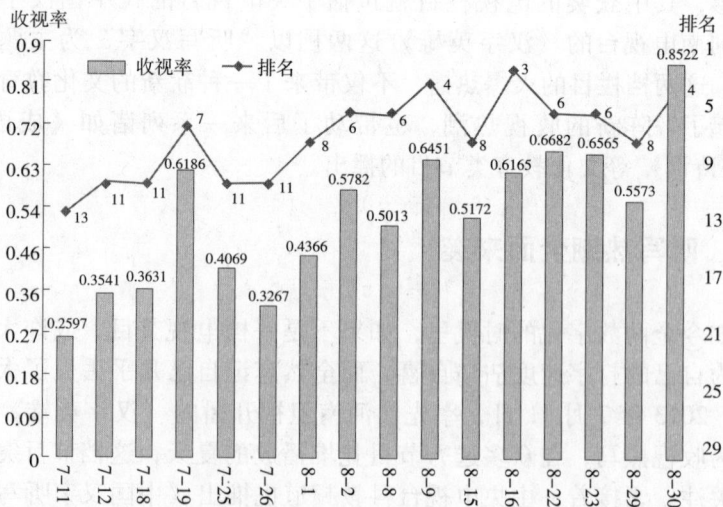

图1　《汉字英雄》开播近两月收视时段收视表现汇总①

---

① 刘志峰. 大数据时代的文化正能量——《汉字英雄》现象分析. 南方电视学刊，2013（5）：33～35.

2. 网络收索热度持续上升

据百度搜索风云榜，2013 年 7 月 17 日《汉字英雄》第三期播出前一天，在全国实时热点排行榜中排名十三，当天搜索指数达到 25 542，播出第三、四期之后，7 月 21 日百度搜索量陡然上升至 48.4 万，攀升近 190 倍，新浪微博热门话题排行榜排名一度超越《中国好声音》和《快乐男声》。与选秀节目不同，《汉字英雄》创下了"零差评"的好口碑①。

3. 社会认可，多平台宣传

《汉字英雄》让观众认识和重温了中华汉字的魅力，不仅夺得高收视率，还取得了良好的社会效应。为此国家新闻出版广电总局要求广电系统学习借鉴《汉字英雄》，积极开办弘扬和传承优秀传统文化的原创文化节目。为了吸引更多海外观众，《汉字英雄》的宣传片亮相纽约时代广场，这也是纽约时代广场第一次播放中国文化综艺节目的宣传片。在开创先河的同时，也向全球展示了中国优秀传统文化的内涵和独特魅力。

（二）《中国汉字听写大会》

《中国汉字听写大会》由中央电视台和国家语言文字工作委员会联合主办，于 2013 年 8 月 2 日在中央电视台综合频道（CCTV - 1）和中央电视台科教频道（CCTV - 10）正式首播。第一季节目共 13 期。节目采取竞技的形式，邀请国内语言文化专家担任裁判和解说，央视著名播音员轮番担任读词主考官，从 32 支参赛代表队中，决出一名年度汉字听写冠军。中央电视台科教频道总监金越介绍："这不是一个秀场，呈现出来的状态可能非常单纯、简朴，但却可以吸引观众在电视机前同步参与，在游戏中学习知识、领略汉字之美。"

《中国汉字听写大会》的宣传语是"书写的文明传递，民族的未雨绸缪"。"汉字像是从宇宙大爆炸的时代就诞生了一样，你永远说不清它的年龄。它的组合千变万化，那种美是无可言喻的。文化是人类的基础和灵魂，而文化需要差异性、独特性和个性。汉字是独特的，没有任何一种其他文字可以代替；中国文化是独特的，它会绵延下去，永远不会消失。"《中国汉字听写大会》总导演关正文如此解释道。②

《中国汉字听写大会》自首播开始 6 小时后，相关微博话题陆续登顶至新浪微博电视节目话题排行榜第一位，截至第四期播出后，共有 37 154 条微博提及该节目，超越了《中国好声音》《快乐大本营》《中国梦之声》

---

① 赵岩.《汉字英雄》全媒体致胜要素分析. 现代传播，2013（10）：150～151.

② 许莎莎. 关正文：让大家都来关注我们的汉字. 环球人物，2013（23）：81～83.

《快乐男声》等多档电视节目，而原本只在央视第十套科教频道播出的这档节目从第三期开始，同时在央视一套周五黄金时段播出。①

（三）《汉字英雄》PK《中国汉字听写大会》：真人秀 PK 全国大赛

从节目整体的走向来看，《中国汉字听写大会》与《汉字英雄》各有侧重，具有差异化竞争的特质和制作风格。

1. 《汉字英雄》：综艺元素突出，偏向真人秀

《汉字英雄》的选手都是以个人作为参赛主体，操作更灵活，不需要大规模地组织团队参赛，比较适合作为常态节目长年周末播出。从整体节目走向来看，节目更加偏向于真人秀类型，娱乐属性更加浓烈。参赛选手在节目中可以展示个人才艺。参赛者到中半段都被定义上了各自的外号如"字典姐"、

图 2　《汉字英雄》现场

"喵星人"、"璺字哥"等，从内容上增添了节目的娱乐性。同时，节目借鉴综艺游戏娱乐节目的元素，设计了"汉字十三宫"环节，选手通过选择走十三宫格的路径来展现谋略和决策能力，在环节上添加趣味性。

在嘉宾的选择和设置上，选择有参演《百家讲坛》节目录制经验的人气学者于丹和张颐武，带有"娱乐"色彩的高晓松，首先让观众在整体嘉宾印象上就充满大众性的色彩。再加上嘉宾在节目整体进行中会与参赛者进行非常多的互动，这些都加重了节目中的个人色彩。

在互动方面，节目本身就有半个互联网血统，在播出平台上采用了河南卫视和爱奇艺网同时播出的形式，以及网络版的《解密汉字英雄》，这些都扩展了节目对外推广的范围。而且，为达到与观众互动的目的，手机同名 APP 也同步上线，为观众创造全新互动模式。

从以上两个方面来看，这档节目更适合称之为"汉字竞技类真人秀"。

2. 《中国汉字听写大会》：风格严肃，更偏向于全国大赛

《中国汉字听写大会》在选手主题方面的设定，是以学校作为参赛主

---

① 钟新，金纯斯，黄超. 汉字听写类节目的传播价值分析——以《汉字听写大会》、《汉字英雄》节目为例. 新闻与写作，2013（10）：19～23.

体，展开团队之间的竞赛，全面展现了全国中学总动员的盛况。从组织规模上看，此类大赛更适合在夏季假期举行，相较于前者，《中国汉字听写大会》的节目类型仅适合于季播类季节性播出，并不适合作为频道常态节目出现。节目整体风格上显现出真实大赛的那种严肃性。在节目赛制的设置上，采用三级赛制，初赛、复赛、半决赛为团体赛，附加赛、决赛为个人赛；参赛团队也是以全国各地的学校为单位；还有在节目参与者汉字书写方面，要求更为工整。《中国汉字听写大会》从整体上都表现得更加严谨化、体制化。

　　在嘉宾选取与设置上也一直坚持着这种严肃、紧张的风格。嘉宾方面，邀请到了国内语言学专家担任裁判和解说。主考官则是由中央电视台新闻主播担任，在主考现场选手的过程中也向所有电视观众进行了标准读音示范。和前者相比，整体风格上就严肃很多。

　　从播出节目方面来看，借助多种视听元素，还原比赛现场，使节目内部互动得以进行。场内 3 位专家作为裁判，3 位评委的亮灯也是众目的关注点之一；场外主持人与专家实时点评；场外辅导老师和家长在候场区或紧张或欢呼的镜头，与比赛现场

图3　《中国汉字听写大会》主持人

镇定自若的选手镜头穿插滚动，增强了节目的紧张感、戏剧性和可视性，同时填补了参赛选手书写、上下场等"无声阶段"的空白，增加了节目信息量。互动，更偏向于各节目内部结构之间的搭建，缺少与观众之间的直接互动。

　　以上各方面的节目配备，由于其节目的侧重点更偏向于比赛本身，所以与其说是一档节目，不如说这就是一场真正的"全国汉字听写大赛"，我们只是坐在电视机前观看了转播实况而已。

二、e时代的"失写症"

《中国汉字听写大会》和《汉字英雄》两档文化类节目的全国热播，引起了极其强烈的社会反响，因此吸引了众多专家、媒体对"汉字热"背后的问题进行广泛、深入的讨论，而话题主要涉及键盘输入代替手写给现代人带来的"失写症"，继而引发汉字危机，呼吁重视汉字书写等。新华网的文章《挑战〈汉字听写大会〉 90%的人患有"失写症"》就指出，"失写症"是信息化时代"键盘手"的产物。①

1. 拼音输入法的冲击

随着信息化时代、智能时代的到来，国人对智能手机、电脑汉字输入，尤其是对拼音输入的依赖，造成了国人手写汉字的能力迅速下降。据国内知名民意调查机构零点指标数据对北京、上海和广州等12个城市进行的"中国人书法"系列调查显示，94.1%的人都曾有过"提笔忘字"的现象，其中26.8%的人经常会"提笔忘字"。网友们纷纷吐槽自己已经退化成了名副其实的"键盘手"、多数人成了"失写一族"。面对这样一场高水平的汉字听写竞赛，自检结果的惨不忍睹，势必引起人们对"失写症"的重视。

在不少专家学者眼中，计算机等新技术的冲击是汉字书写遇冷的首要因素。《人民日报》也指出，新技术的确给古老的汉字艺术带来了较大的冲击。美国学者杰茜卡·贝内就曾把电脑称为"手写体的诅咒"。因汉字象形表意的文字结构十分特殊，电脑输入对汉字手写的冲击尤为严重。如今，通讯有电话、手机、电子邮件；写作基本上靠电脑；办公大多已做到"无纸化"……凡此种种，造成书写在人们生活中的地位已经越来越低。

有专家认为，书写能力的退步是文字工具进化过程中的自然现象，人们不必过于忧虑。"要是出现不会写的生僻字，用智能手机、电脑一查就知道，善于'假物'也是一种能力。"山东大学中文系教授盛玉麒认为，汉字作为书写符号伴随工具的进化经历了"刀笔、软笔、硬笔"的演变，现在已经到了"机笔"阶段，这种"换笔"是科技进步的自然结果，当前常用汉字约有2 500个，掌握之后足以读懂99%以上的通用汉语语料。汉字不会西化，更不会消亡。②

---

① 挑战《汉字听写大会》 90%的人患有"失写症". 新华网，http：//news. xinhuanet. com/ent/2013−08/20/c_ 125208276. htm，2013−08−20.

② 周飞亚，胡晓萍. 你还会写多少汉字. 共产党员，2013（18）：54.

《中国汉字听写大会》总导演关正文也说，未来书写设备的改变是不可逆的，节目的本意是"通过游戏的形式提醒大家"，并"重温汉字的美好"。

2. 被一只"癞蛤蟆"打败

在《中国汉字听写大会》《汉字英雄》这两档汉字听写节目中，一些在日常生活中使用率很高的词却难住了参赛选手和电视观众。据不完全统计，即使"间歇"、"熨帖"、"黏稠"等较简单的词，"成人体验团"的正确率都不足50%，其中"熨帖"一词，只有10%的正确率，而"癞蛤蟆"则难倒了70%的成年人。

"成人体验团"的测试结果，在一定程度上暴露了当下中国人汉字书写方面的软肋。2013年零点指标数据显示，超过九成的受访者表示曾遭遇"提笔忘字"。不过，对于参赛的学生而言，生僻字似乎并不是难以逾越的障碍。在首期《中国汉字听写大会》中，让一个个选手"落马"的，不是诸如"莘莘大端"、"分道扬镳"之类的复杂字词，而是"三聚氰胺"、"郫县豆瓣"这些生活中常见的热门词汇，这也反映出当下汉字教学的偏差。汉字读写的教育，并不仅仅是语文课的专属，而应该渗透到各门学科及日常生活的方方面面。

由此暴露出一个问题：如今，对于成人而言，其书写能力退化得更为严重；而学生则易出现写错生活常用词的情况。

三、荧屏"黑马"打响"汉字保卫战"

《中国汉字听写大会》和《汉字英雄》这两档同属于汉字知识竞赛类的栏目，打破了不少传统文化节目"曲高和寡"的怪圈，具备较高文化品质的同时，又获得了可喜的收视成绩和良好的社会反响，在暑期档众多选秀类节目中突出重围，成为名副其实的荧屏"黑马"。其背后的原因值得我们深入分析，下文将通过对其成功之道的探索和总结，为今后文化类节目的研发和制作方向提供参考和指导。

1. 发掘市场空白，开拓收视蓝海

在当今的电视节目生态环境中，新闻、电视剧和娱乐节目是三种最能有效拉动收视率的节目类型，一直是各大电视台比拼的焦点所在。近几年娱乐节目和电视剧的竞争呈现白热化，已经成为一片红海，从中脱颖而出的难度日趋增大。然而，当竞争过于集中在特定领域时，必然会造成其他领域的空白。《汉字英雄》和《中国汉字听写大会》正是准确满足了被忽视的市场需求，通过差异化之路开辟了收视蓝海。

有学者指出："主流文化注重国家形象塑造、传播核心价值观，表达的内容严肃、权威，具有鲜明的主流意识形态特征。主流文化在创新过程中，遵循的标准是权威性、主导性或导向性。"① 在市场利益的驱使下，部分大众媒体竭尽所能迎合观众的休闲娱乐需求，电视媒体的娱乐氛围也愈演愈烈。媒体本应承担的社会责任逐渐淡化，电视内容也未能有效地满足受众获得知识和受到启发的需求。不同于时下一些流行的选秀节目偏重市场效应与节目内容的娱乐性，这两档节目成功地选择了"以传承汉字文化为宗旨、以汉字书写竞赛为主要形式"的文化类节目定位，引领大家一同关注源远流长的汉字文化，一起领略汉字的魅力，弥补了文化节目的缺失。

虽然有关单词拼写的竞技节目在美国等西方国家已经盛行多年，美国全国拼字比赛（National Spelling Bee）从1925年延续至今，证明这类节目能够可持续发展。但是，以汉字书写作为比赛形式的节目在我国却未有先例，所以，其在节目形态上，尤为清新可人。

在今夏各大卫视十余档歌唱选秀类节目充斥电视荧屏，令观众产生严重的审美疲劳之时，《汉字英雄》和《中国汉字听写大会》在一片嘈杂的歌声中就尤为凸显，有效吸引了观众眼球。值得注意的是，通过发掘市场空白找出的收视蓝海不会一直存在，当越来越多的效仿者进入后，很快会使这一领域转变为过度竞争的红海，歌唱选秀类节目就是最为典型的例子，2004年《超级女声》开创的收视蓝海，如今已经挤满了各种"好声音"、"梦之声"、"最强音"。因此，目前这两档节目虽凭借差异化的类型率先抢占了文化类节目这一高地，但两者均属于汉字书写竞赛，在形式上存在相似之处，当观众的新鲜感退去、模仿者涌来时，如何不断地找出蓝海，推陈出新，打造差异，保持自己在同类节目中的独特性，不仅是这两档节目将来可能面临的问题，也是所有节目生产者需要攻克的课题。②

2. 内容契合需求，满足受众收视心理

在电视节目内容供大于求、观众注意力成为稀缺资源的市场环境下，正确把握受众喜好和心理就成为决定节目成功的关键。在这一点上，无论是《汉字英雄》还是《中国汉字听写大会》，他们在目标受众群定位和节

① 杨乘虎. 电视节目创新的动力及其要素研究——中国电视节目创新问题研究之四. 现代传播，2012（7）：55.

② 李子. 从《汉字英雄》和《中国汉字听写大会》看电视文化节目的探索与创新. 中国广播电视学刊，2013（10）：103～105.

目内容上，都完美地契合了市场需求，满足了受众收视心理。

在目标受众定位上，这两档节目都把核心受众群体锁定在了暑假期间电视媒体的主力受众——青少年学生群体。《中国汉字听写大会》的各省市参赛队员，是从中学生中选拔出来的优秀代表；《汉字英雄》的参赛者则是 7～17 岁的学生，而汉字读写技能的训练和测验正是他们日常学习中一项十分重要且非常熟悉的内容。因此，参赛主体和比赛内容的群体贴近性和心理相关性，立刻拉近了节目与青少年目标受众群之间的距离，在短时间内确立了节目的收视基础。

除满足核心受众群的需求外，这两档节目还有效兼顾了相关受众群——家长、老师以及热爱汉字文化的成年观众的收视期待。借用寓教于乐的方式，加上张颐武、于丹、高晓松等文化名人对汉字背后故事的讲解，对字形、字义等汉字文化的介绍，充分满足了家长和老师们希望学生在假期中得到放松的同时，又能获取知识的心理需求，一些老师甚至将收看这两档节目布置为暑假作业，孩子们的收看习惯也带动许多家长成了节目的忠实观众。

在现代技术的冲击下，拼音输入法代替了手写，"提笔忘字"的现象日益普遍。这两档节目通过聚焦汉字书写，将小学的"听写课"放大成针对青少年的"听写比赛"或是全民参与的汉字自检活动，这不仅唤起了许多人儿时的记忆，还给人们敲响了警钟，使大家深切认识到自身汉字书写能力下降的严重性，重新唤起人们对汉字的重视和热爱。在节目进行中，深切领会到汉字所蕴含的文化内涵和独特魅力，从而掀起了一股汉字文化热潮。

从内容上来看，汉字是中国文化的重要代表，人们在日常生活中无时无刻不需要接触和使用，有着良好的群众基础。在节目参与主角的选择上，这两档节目也巧妙地契合了 3B 原则（广告创意的一个原则，3B 指 Baby、Beauty、Beast，广告中如以儿童、美女或动物为主角，将会有效吸引观众注意力），充满个性魅力的小选手们成为节目的一大看点和提升收视的主要利器。[①] 这些参赛主角们不仅身怀绝技，同时凭借深厚的文字功底令很多成年观众自叹不如；这些天真烂漫的孩子们在节目中无意间的真情流露，更是成为深深打动众多观众的法宝。

3. 文化内涵的娱乐化表达，提升节目选择或然率

20 世纪 50 年代，美国传播学者施拉姆针对影响受众对大众传播节目

---

① 李子. 从《汉字英雄》和《中国汉字听写大会》看电视文化节目的探索与创新. 中国广播电视学刊，2013（10）：103～105.

选择的决定性因素提出了"信息选择或然率"公式：

$$选择的或然率 = 报偿的保证/费力的程度$$

报偿的保证是指传播内容满足选择者需要的程度，而费力的程度是指得到这则内容和使用传播途径的难易状况，还可以进一步引申为内容被受众理解和接受的难易程度。[①] 最大限度地满足人们的需求和喜好，用喜闻乐见的方式，使受众能轻松地接收信息，从而降低费力的程度，只有这样才能够使节目在竞争激烈的传播环境中脱颖而出。娱乐节目的大行其道、备受欢迎在很大程度上也正是基于这一原因。

以往许多文化类节目，大都经历过阳春白雪式的窘境，无非是因为内容上生涩难懂令人望而生畏。以牺牲广大收视群作为代价，打造高端精品栏目，不但难以达到价值引领、文化传播的功效，最终还会因为收视不佳、制作成本难以收回而难逃被淘汰的命运。相较之下，《汉字英雄》和《中国汉字听写大会》在这方面很好地平衡了文化和受众两者之间的关系，遵循传播规律，并不断增加对受众的刺激点，降低其选择的困难和成本，在坚守以文化作为内核的基础上，通过轻松的方式对节目进行娱乐化的包装，借助大众喜闻乐见的形式传递深厚丰富的文化内涵。两档节目在制作模式、赛制制定等方面，均注重加入趣味性、娱乐性和竞技性元素，从而大大增加了节目的观赏性。《汉字英雄》采取了真人秀节目的常用模式，把选手故事和现场比赛相结合，在选手们的背景介绍、才艺展示、与汉字独特缘分等故事的讲述方面增加看点，丰富节目内容，调节了整体节奏。《中国汉字听写大会》则借鉴了"体育比赛＋真人秀"的模式，全国各省市32支代表队分八组进行对决，优胜者进入复赛、决赛，角逐汉字书写最高水平的荣誉，这场"汉字全运会"激起了各地观众的热情，大家纷纷为自己家乡的队伍加油助威。为了避免内容过于单调，《中国汉字听写大会》还融入了真人秀元素，通过短片介绍选手爱好、备战经历等故事，并穿插第二现场带队老师们实时观看选手表现而产生或紧张，或遗憾，或兴奋的情绪变化镜头，还加入了对选手感受的采访、场下老师和学生们的互动等内容，使比赛更像是一场团体真人秀，大大增强了节目的故事性和趣味性。正是这种娱乐化的表达方式，使这两档文化类节目一改往日严肃沉重

---

① 信息选择或然率. 百度百科，http://baike.baidu.com/view/4436816.html.

的风格，获得了同娱乐节目一决高下的资本。①

4. 多屏联动共振，依靠参与互动增加观众黏性

在多屏收看、跨屏互动日益成为主流的大趋势下，充分利用传统电视媒体和手机、互联网等新媒体各自的特点和优势，形成多方联动，最大程度开发节目的互动功能，增加观众参与度，有效提升节目对观众的收视黏性，成为保障电视节目成功的关键之举。

目前，虽然网台联动的口号喊了很久，但电视媒体和互联网之间全方位的互动却尚未实现。即便是在互动性探索走在最前端的娱乐选秀节目，对新媒体的利用也大多止于同步播出、微博微信互动、手机投票等浅层应用的阶段。而《汉字英雄》此次在多屏联动上进行了开拓性探索，迈出了实质性的一步，真正使电视媒体、互联网、手机媒体联动起来，形成互动和共振。

在《汉字英雄》之前的网台联动，大多是以内容授权播出为主。具体来说，就是视频网站与电视台签订协议，将电视台制作完成的节目在视频网站的平台上进行延时播出或零碎播出（如《中国好声音》与搜狐视频的合作）。如今，爱奇艺网站与河南卫视之间就彻底打破网台界限，在节目研发、制作、播出、推广、招商等层面全程联手，实现 1 : 1 投资，充分调动两大机构的优质资源，实现了真正意义上的全方位、深层次的网台联动。

除了由河南卫视和爱奇艺视频网站共同制作和同步播出外，《汉字英雄》开创性地利用了新媒体的互动特征，与节目同时推出同名手机应用程序（APP）《汉字英雄》，形成新的互动模式。同名手机 APP 游戏同步上线后首战告捷，成为风靡一时的微博推荐、微信朋友圈分享的热门游戏。数据显示，仅在节目开播一周内，《汉字英雄》同名 APP 总体下载量就已突破 10 万大关，7 月 12 日、13 日安卓、iOS 两大平台日下载量均突破 10 000 次。在新增下载量迅猛蹿升的同时，《汉字英雄》APP 用户平均使用时长及用户留存率同样数据惊人。安卓、iOS 两个平台分别有 27%、32% 的用户，使用时长均达到 3 ~ 10 分钟，在全国各省用户量排名中均位居第一。② 节目的热播带动 APP 下载量，而 APP 的使用又会增加观众的节目参与度和关注度，从而反哺收视提升。多屏之间的互动和共振使节目声量不断扩大、观众黏性也不断增强，彼此相辅相成、相互促进，形成了

---

① 李子. 从《汉字英雄》和《中国汉字听写大会》看电视文化节目的探索与创新. 中国广播电视学刊，2013（10）：103 ~ 105.

② 赵岩.《汉字英雄》全媒体致胜要素分析. 现代传播，2013（10）：150 ~ 151.

1 +1 >2 的效果。①

《汉字英雄》和《中国汉字听写大会》的火爆为电视媒体指引了文化节目的发展方向和道路。在契合受众需求的基础上，以差异化方式开拓蓝海，坚守文化内核，打造娱乐外壳，并辅以多屏联动，形成共振，极大程度地调动观众的参与热情，在充满趣味的形式中潜移默化地传承文化，才能更好地发挥文化节目的传播力和影响力，有效承担起电视媒体的社会责任。

四、别让“汉字”孤身奋斗

任何节目都有生命周期，而观众对任何节目都可能有从感觉新鲜到审美疲劳的过程，因此，可持续性和创新是任何节目都必须面临的课题。国人书写汉字能力的重新培养、强化汉字文化的保护、中国文化的传播都不是一朝一夕可以达成的目标，可持续的汉字书写节目无疑对凝聚国人注意力、强化汉字文化保护意识、提升汉字书写能力有帮助。可是，汉字书写比赛这样的节目能够走多远呢?

1. 前车之鉴：美国全国拼字比赛

美国全国拼字比赛（National Spelling Bee）从 1925 年延续至今，证明这类节目能够可持续发展。自 1994 年起，比赛开始对后几轮赛事进行电视转播。从 2006 年起，比赛的所有场次都被记录下来并在白天播放，冠军决赛在晚上播放。现今，美国全国拼字比赛开始接纳来自全世界不同国家、不同肤色的参赛选手，以一视同仁的赛制让国际学生和美国学生同台竞技，比赛的国际性和参赛选手的多样性助力节目的可持续性和可视性。美国拼字比赛的现场主持人、考官、场外主持人、嘉宾等角色的设计，选手表现镜头与观赛家长的反应镜头以双视窗的形式呈现给观众，选手短片等制作编辑手法与《中国汉字听写大会》非常相似，其中很多技巧在各国电视人相互学习中已经成为通用的基本方法。美国全国拼字比赛节目近 90 年的历程值得《中国汉字听写大会》《汉字英雄》等节目深入研究和有效镜鉴。②

在本土化创新方面，如何包装方块汉字使其更加凸显汉字魅力，如何

---

① 李子. 从《汉字英雄》和《中国汉字听写大会》看电视文化节目的探索与创新. 中国广播电视学刊，2013（10）：103 ~105.

② 钟新，金纯斯，黄超. 汉字听写类节目的传播价值分析——以《汉字听写大会》、《汉字英雄》节目为例. 新闻与写作，2013（10）：19 ~23.

结合中国国情组织参赛团队，如何吸引在华外国人、海外华人等群体参与，尝试直播重要比赛场次以提升注意力和参与度等都可能是节目创新的方向。

2. 玩转"汉字"：找回键盘里失落的汉字

《汉字英雄》第二季于 2014 年 1 月 17 日再次开播，共 16 期节目。在节目内容上大胆创新，整体华丽升级。第二季节目以"用好汉字，才是汉字英雄"作为口号，不仅强调必须要正确书写汉字，而且还要用好汉字，这样才算得上是"汉字英雄"。

第一季中马东独创的"汉字十三宫"闯关形式在第二季依然被沿用，与此同时，整体赛制华丽升级，以往节目中最为精彩、观众反馈最热烈的亮点环节被进一步强化放大，节目整体趣味十足、更具可看性。第二季共分初赛、复赛、决赛三个阶段，初赛共分 10 期，10 名选手将经过"汉字十三宫"闯关、"车轮战"两个环节的比拼决出胜负。在"汉字十三宫"闯关环节，考题类型为"一音多字"，即选手要根据题目中的汉字，写出与之读音相同的字，四个声调均可；"车轮战"环节则是以"一类多字"为考题，即写出用来形容某一类事物或特点的汉字，选手们轮番作答、车轮作战，最终胜出者进入复赛阶段，继续下一轮的汉字大考验。①

全新的赛制更加注重汉字的准确应用和表达。节目中的题目聚焦于常用字，注重趣味性，且多与实际生活相关。着重考察选手的联想能力、应用能力，玩转常用字，并启用全新赛制，令节目内容在轻松好看的同时，也更具实用价值，更进一步推动汉字的普及与传统文化的推广。找回键盘里失落的汉字，就是《汉字英雄》的目的。让中国人真正想起中国字，让中国汉字真正被挽救回来！

3. 汉字的狂欢，中国文化的狂欢

电视节目未来的发展趋势，不应是把观众整合起来作为广告商的市场目标对象，而是要挖掘文化内容所附着的平台、产品以及各类活动，让观众有机会从不同角度参与到电视节目中，与影音内容进行互动，最终实现社会化传播。在这一点上，这两档"汉字比拼"活动还有很大的发展空间。例如，挖掘不同的竞赛群体、观众群体，依据汉字规律多样化建构比赛规则等。通过社会化传播，把汉字文化的影响力散播开来，这也是提高国民语言文字能力、构建和谐生活、实现民族伟大复兴的一种重要方式。

在如今这个"娱乐至死"同质化严重的电视环境下，电视节目市场曾

---

① 《汉字英雄》第二季趣味回归　创新赛制华丽升级. 中国软件资讯网，http：//www.cnsoftnews.com/news/201401/8671.html，2014－01－14.

先后掀起过综艺游戏节目热、情感相亲节目热、娱乐选秀节目热等热潮，不断反复出现的节目类型，令观众眼花缭乱。而如今，河南卫视的《汉字英雄》火了，央视的《中国汉字听写大会》也火了，《成语英雄》《中华好诗词》等以"中国文化"作为闯关元素的节目也相继出现，继续烹调这道越炒越香的"中华文化大餐"。国内电视台怎样在植根于中国历史和文化的基础上，推出更能展现中国风格、中国精神、中国梦的电视节目呢？"中国创造"之路任重道远！

（撰稿：毛祥宇）

《一站到底》节目要素及其
对同类节目创新启示分析

【摘 要】本文将从栏目简介、节目定位及节目要素（人物要素、结构要素、模式要素）等方面对该档节目进行解析，并通过与同类型益智答题类节目［如《谁想成为百万富翁》（Who Wants To Be A Millionaire?）、《幸运 52》］的比较，探索益智类节目的发展与创新方向，并以《一站到底》节目的不足之处为视角，剖析当前中国益智竞答类娱乐节目所普遍存在的问题和趋势，希望为此类节目的长远发展贡献一些自己的看法与建议。

【关键词】益智竞答；形态特征；节目要素；发展创新

《一站到底》（Who's Still Standing?）是江苏卫视于 2012 年 3 月 2 日推出的一档全新益智竞答类娱乐节目，该档栏目在遵循传统益智类节目模式的同时，在环节设计方面突出了自己的探索与思考，尤其是别出心裁的失败者退场方式，使得节目一经播出，就获得了广泛的关注和热议。在参赛者的选拔方面，栏目组一方面注重竞赛性，选拔出了一批实力超群的选手，这些"站神"自动成为该栏目的符号与代言人，替栏目吸引受众。另一方面，栏目组也比较重视节目的可观赏性，节目中经常出现话题人物，满足了大众娱乐与平民化的欣赏品味。《一站到底》栏目自 2012 年 3 月播出以来，其 CSM42 省级卫视的同时段收视率节节攀升，在全国掀起了一波新的益智类节目热潮。

一、《一站到底》栏目简介及节目定位

（一）栏目简介

《一站到底》栏目由李好、郭晓敏夫妻两人搭档主持，结合真人秀的电视节目形态，突破了以往答题类节目的传统形式，将益智竞答的紧张刺激与娱乐节目的趣味看点相结合，在形式与内容上都进行了思索与创新，

该档节目首播当晚，就取得了22点综艺档节目收视率排名第一的好成绩。

该档栏目的基本规则如下：每期节目有1位挑战者和10位守擂者（每位守擂者手中握有价值不同的奖品），参赛者不分性别、职业，在限定时间内（20秒）进行一对一的PK。在一轮PK中，如若挑战者获胜，守擂者手中的奖品就转移给挑战者，守擂者失败离场；如若挑战者失败，那么战胜他的该名守擂者就自动获得挑战者的全部奖品，并取代其成为新的挑战者。新的挑战者站入挑战位，如果场上守擂者人数多于5人，挑战者将获得2次免答权；如果场上守擂人数不足5人，挑战者将只能获得1次免答权。一位挑战者在连续战胜5位守擂者后，将有机会选择是带着现有奖品离开，还是为世界游大奖而进行最后5道题的冲刺。知识储备量的考察以及最终谁能"一站到底"，是该节目的最大亮点。

（二）节目定位

"电视传播往往以受众为本位，调动各种技术和艺术手段，具有具体对象性地发展。一档栏目要想取得成功，首先必须明确自己做节目的初衷，明确自己的节目受众并充分了解目标受众的心理需求和信息需求，贪大求全、希望面面俱到的想法在现在的时代已经不可能成为现实，也并不符合电视传播的特点，电视节目的定位已经从面向大众的综合性转向了面向细分受众的专门性。节目的对象感是有别于其他栏目的突破点，也可以被称为是一档栏目的特色。"[①]

《一站到底》首先给自己栏目的定位是"2012年最颠覆视觉的益智擂台"，从这样的标语中可以看出，该栏目追求的是娱乐节目的视觉冲击性和益智节目的知识性，从这两方面出发，该栏目的目标受众既包括喜欢新鲜刺激的年轻人，也包括喜欢知识竞答的中老年人，可以说几乎涵盖了所有年龄段的受众，这也在一定程度上保障了收视率。

《一站到底》的播出时段在每周四和周五的晚上22点，这就是所谓的电视节目的"黄金时段"，各省级卫视的新闻类和娱乐类节目都抢在这一时段播出，这样，《一站到底》选择的目标受众可以不受年龄、性别、职业的局限，一定程度上实现了亲民、大众化的导向。

---

① 殷俊. 电视栏目学导论. 成都：四川大学出版社，2009. 73.

图1　《一站到底》节目现场

一档电视栏目固定的受众必然具有同质性，即这些人在心理、兴趣爱好等方面一定具有某种程度的相似性。《一站到底》的观众具有较强的时代感，乐于接受新生事物，对待争议往往具有自己的看法和意见，既具备一定的文化水准，又不苛求挑剔，擅于发挥娱乐精神，对这种大众平台的益智娱乐节目有较强的包容性。

无论从传播还是从经营的角度来看，受众都是电视栏目赖以生存和发展的根本，没有受众，电视栏目的存在就失去了意义，因此，满足受众的需求才能获得发展，受众是一切传播活动的接受者与评价者。《一站到底》正是在明确了自己节目定位的基础上，抓住了受众的心理，充分满足了观众的需求，才获得了他们的青睐。

二、《一站到底》栏目的节目要素分析

"一档电视节目的出现，为了最大限度地吸引观众，必然带有自己的特色，这种'个性化'的表达，代表了一种与众不同的'排他'。"[①] 只有个性鲜明、独具特色的传播才能引人注目，才能在众多节目中脱颖而出，得到观众的青睐。想要吸引受众就必须不断创造"看点"，下面就对《一站到底》的节目"看点"作简要分析。

---

① 石长顺. 电视传播学. 武汉：华中理工大学出版社，2000. 64.

（一）人物要素

1. 主持人的个性化

一档电视栏目的成功，除了形式多样、内容丰富之外，还与主持人的个性风度息息相关，甚至可以说，固定栏目的固定节目主持人通过自己的个性化主持，能够在观众当中树立特定的形象，通过自己的个人魅力吸引一定的观众群体，拉动节目收视率，从而提升栏目的知名度。

主持人是栏目魅力的体现，是栏目形象的塑造者，是栏目品牌的代言人。主持人往往与栏目融为一体，在观众心中，王小丫就代表着《开心辞典》，李咏就代表着《幸运 52》，江苏卫视此番启用李好及其新婚妻子郭晓敏搭档，也是希望借助两人的"强强联合"，为节目收视奠定基础。

李好与郭晓敏这对 80 后夫妻，在节目中以青春、健康、活力、向上的形象出现，将对待知识的严谨认真与娱乐节目所需要的轻松欢乐相结合，妻子表现出一种"知性美"的优雅，丈夫则表现出一种活泼俏皮的娱乐气质，两人在台上配合默契，在节目的紧张气氛中不时穿插一些夫妻间的调侃斗嘴，引得观众和选手捧腹，因此也成为节目的一大"看点"。

相类似的，《幸运 52》中李咏的主持也是别具特色，花哨的西服和蓬松卷曲的头发，配上标志性的"奸笑"，主持风格充满朝气、棱角分明。他所主持的《幸运 52》深受广大观众特别是中年阶层的喜爱，因此也成为《幸运 52》的一张"王牌"。

2. 参赛选手的多样化

《一站到底》的参赛选手来自社会各界，貌似风平浪静，实则波涛汹涌，藏龙卧虎之辈频出不鲜，栏目组在每位选手的面前都设置了一块电子屏幕，上面显示的关键字言简意赅，但当参赛者自己道出其中原委后，往往令观众大跌眼镜。这种"贴标签"式的方法赚足了观众的好奇心，参赛者的自我表述和阐释也极富表现力，例如某期节目中出现了关键词"红领巾少年"，大家都在猜想一个二十多岁的男生怎么在戴红领巾，到他自我阐释环节时所有人才恍然大悟，原来这位叫常江的参赛者在小学三年级的时候就成为南京市红领巾理事会年龄最小的副秘书长，四年级时又作为南京市的唯一代表，参加了全国第五次少先队员代表大会，并接受了国家领导人的接见。

来到《一站到底》的参赛选手已经数以千计，他们大体可分为以下三种类型：

（1）有故事的人。在这种类型的参赛者的关键词背后，通常隐藏着一个离奇而有趣的故事，或者是一个不可思议的身份。山区支教老师陈立将奖品折合成现金捐赠给学生——乐观向上的癌症患者欧予川、最终险胜赢得11件电器的身心灵培训师杨发明讲述如何品味幸福等类似场面经常在节目中出现，惊喜和感动层出不穷，通过娱乐的节目向所有观众宣扬社会正能量，爱意和关怀的传递让栏目的整体高度有所提升。最具故事性的一期节目当属2012年5月31日的第22期，选手中既有人称"小佟丽娅"的上海女神枪手刘宇斑，也有三举奥运火炬的中国人民大学才女李舒，而其中最具传奇经历的就是国际海运驾驶员杨剑鹏，他在节目中介绍自己在曼德海峡执行任务期间遭遇索马里海盗的经历，被冠以"杰克船长"的昵称，最终他凭借自己的阅历和知识积累，"一站到底"，打败了所有对手。

（2）实力派选手。在《一站到底》的舞台上发出耀眼光芒的选手，运气是不可或缺的，但更重要的是他们自身的知识储备。一档益智答题节目，观众想看的不是明星，也不是游戏娱乐，只有强者与强者之间的对抗，才是真正吸引人的地方。这根源于受众的移情期待，邵培仁主编的《传播学导论》在论述受众的移情心理时指出："受众对自己能力无法实现的欲望，或不存在的经历，通过对讯息内容的角度置换，达成心理的满足。"[1] 强者的存在，使得观众对他们的实力感到好奇，并期待他们之间进行精彩绝伦的竞答对战，只有吊足观众的胃口，引起他们足够的兴趣，才能保证节目的收视率。

2013年伊始，栏目组受到网友的启发，决定集结十位往期节目中"一站到底"的选手进行一场"诸神之战"，这是栏目开播以来一场真正的巅峰对决。报名人数以万计，在前后累计登台的957位选手中仅有10人能够入围这场年度对决，这一卖点为该档栏目吸引了无数眼球，最终获胜的檀越被大家尊称为2013年度的"站神之神"，并成为《一站到底》舞台上唯一一个没有答错过题的选手。

（3）争议型选手。顾名思义，这类参赛者都极具"话题性"，往往很有个性与特色，舞台表现力较强。有的装扮成动漫人物登场，有的在舞台上劲歌热舞，把一档益智类节目装点得活色生香。

引起大范围话题讨论的当属第一期节目中的12岁天才少女邓自宇，因参加江苏卫视《一站到底》栏目而在网络走红。节目中的她淡定机智、气场十足，自称平时经常阅读《三联生活周刊》和《第一财经周刊》，最终战胜自称智商180的门萨俱乐部成员徐琦，赢得所有大奖。但节目播出后

---

① 邵培仁. 传播学导论. 杭州：浙江大学出版社，2001. 328.

也引起了一些负面评价，年仅12岁的小姑娘在场上言辞尖锐，给观众留下了傲慢的印象，同时，也因为她过小的年龄，让人怀疑她最终能"一站到底"的真实性与可信度。

（二）结构要素

1. 比赛制度的创新性

《一站到底》最大的创新之处在于，一改大多数益智竞答类节目参赛选手与主持人对峙的传统形式，变为普通人与普通人的对抗。

《一站到底》栏目的执行制片人薛巍表示："最开始的益智类节目是采用选手PK主持人的模式，只能看见成功者，看不见失败者。而我们这个节目主要以游戏的形式，采取比较新颖的设计，呈现了失败者的一面，这是我们最初做节目的出发点。"当今时代弘扬平民英雄，发挥草根阶层的力量，在这样的大浪潮中，《一站到底》以更加平等的视角对待胜利者和失败者，让所有参赛者都充分表现自己、彰显实力，参赛者心中抱着"一站到底"的信念，他们为自己而战，因此节目的呈现更加真实，也更加精彩。

图2　《一站到底》现场大全景图片

节目中，1名挑战者和10名守擂者的对抗，首先在数量上存在一定的差距，再加上车轮战的轮番PK形式，使观众感到紧张刺激。随着守擂者数量的减少，所有节目的观众和参与者心中的压力在增加，越接近最后的目标，竞争的强度就越大，在没有免答权的情况下，任何一次失误都将导致失败。这样的规则设置，使得节目的悬念处于无法掌控的状态，无论是主持人还是观众，都无法预测下一秒的比赛情况。这样竞争的比赛制度满足了人们天生的竞技心理，即便是在赛场外，观众也可以跟着选手一起答题，在电视机前自觉进入竞技求胜的状态。

2. 题目设置的平民化

益智竞答，精彩之处就在于题目。最初的益智类节目专业性较强，类似知识竞赛的形式使观众逐渐失去了兴趣，《幸运 52》的出现带来了一些变革，每期设置一个主题，题目设置往往围绕该主题，考察相关内容，并且和百姓的生活经验密切相关，因此对参赛者而言，保持一颗对生活时刻好奇的心，有可能在节目中成为获胜的关键。《谁想成为百万富翁》的题目设置则是由易到难，正确回答连续 15 个四选一的多项选择题，且用时最短的即为优胜者。

与上述两种模式不同，《一站到底》即没有固定的主题，也不追求题目的难度和深度，它主要考察的就是参赛者的知识面和融入当今时代的广度。天文地理、文化体育、生活常识，乃至明星八卦，题目里都有涉及，失败者一般都败给了自己的知识盲区，因为人们都有这样的心理，自己感兴趣的领域就愿意多学多记，自己不了解的领域就不愿涉足，《一站到底》栏目组就是抓住了受众的这种想法，很多题目虽然没有难度，却足以让人败下阵来。"2011 年以'一秒钟变格格'在网络迅速蹿红的台湾女艺人的俗称是什么？""目前我国结婚证内页上印的是什么花？""《还珠格格》中紫薇的母亲叫什么名字？"等类的问题就经常让无数实力派无计可施。

拒绝"偏难怪"，让比赛题目更"接地气儿"，无疑是《一站到底》的一大成功亮点，不过知识性的减少也成为该栏目遭受质疑的地方。

（三）模式要素

1. 丰厚奖品与严酷惩罚并存

丰厚的奖品是益智类节目吸引参赛者的最大筹码，而一旦失败就要面对惩罚，这就像一枚硬币的两面，所有参数选手都必须面对。以往的益智节目比较重视奖励的设置，在《幸运 52》的"幸运超市"环节，只要选手猜对商品的价格，就能把商品带回家，在之后的若干环节中，也都有可能获得奖金，并进一步实现自己的"家庭梦想"。

相比丰厚的礼品奖励，《一站到底》更能吸引人眼球的反倒是栏目设置的惩罚措施，一旦在一对一PK中落败，不仅要将自己手中握有的奖品拱手相让，更要以自由落体的掉落方式从舞台上消失，这样的方式在国内节目中尚属首例，强烈的视觉冲击让观众大饱眼福。

与惩罚措施相适应的淘汰制也同样别出心裁，《一站到底》没有像很多节目那样设置复活环节，而是只要在对抗中答错一道题，就立即失去继续站在台上的资格。这一规则往往实施在很多惜败的"站神"身上，不禁令观众扼腕，被冠以"无冕之王"称号的"站神"顾婷婷力克九人，在与庞啸的最终对决中对战十回合，答穿一次题库，但最终因为一道"绰号'三分雨'，广东宏远队队长是我国哪位篮球明星?"的题目败下阵来，不仅将辛苦赢来的全部奖品转让，还在生病发烧的情况下掉落舞台，遗憾退场。有成功就有失败，这样的遗憾才让观众觉得更加真实和刺激，也因此成为收视率的保障。

2. 真人秀模式的融入

真人秀与电视节目的融合并不鲜见，从湖南卫视《超级女声》开始，全国范围内都掀起了真人秀电视节目展现自我与个性，甚至希望一夜爆红的旋风。《一站到底》也不例外，选手的选拔注重平民化，善于发掘普通人背后"不普通"的故事，通过人物标签的阐释，让观众在短时间内对选手进行了解。

与此同时，主持人在节目中的作用被减弱，挑战者与守擂者的二人对抗显得锋芒毕露，竞争不仅表现在知识储备方面，舞台上的对话、眼神都最大限度地显露了参赛者的个性。实力的比拼是一方面，在《一站到底》的竞赛场上，参赛者之间的心理战也硝烟四起。在往期节目的选手中，有的傲慢无礼，有的谦卑低调，有的犀利尖锐，动作语言的外在表现往往能反射出人物的心理变化，这对于观众而言，也是非常具有观赏性的博弈。不同的选手个性通过电视节目的放大，虽然有夸大的嫌疑，但也不失真实性，这就是真人秀融入电视节目最大的魅力，真实性地凸显才更能让观众信服，增加可视性。

三、《一站到底》对同类型节目的创新启示

（一）节目元素重组与革新

总体来说，中国的综艺娱乐节目缺乏整体创造性，照搬国外栏目模式的现象比较普遍，单从益智类节目来看，早期的《幸运52》《开心辞典》

以及《联合对抗》都是仿照国外益智类节目的模式来创办的，后期的《五年级救助队》《你能毕业吗》以及改版后的《幸运52》也同样仿照了2007年FOX（美国福克斯电视台）推出的《你比五年级生聪明吗》（Are You Smarter Than a 5th Grader?）的栏目版式。

2012年《一站到底》播出，虽然还是能看到国外益智类节目的影子，比如说挑战者会选择他认为实力最弱的一个守擂者来与自己比赛，这种设计和英国的电视游戏节目《最弱一环》（The Weakest Link）中选手投票选择实力最弱的一个人退出比赛的环节就有几分相似。但总的来说，《一站到底》融合了许多全新的创造性的节目元素，如国内首次夫妻档的主持搭配、掉落舞台的失败退场方式、结合时代特色的题库设计、真人秀的选手选拔等，都足以让观众锁定频道。

（二）多媒体元素的互融

在互联网时代，为了保证收视率，江苏卫视不仅将目光锁定在电视上，还巧妙地借用了网上直播的方式，为节目吸引了更多受众。这种多媒体的交融，为电视栏目的创新打开了新思路，在多媒体环境下，江苏卫视《一站到底》在央视索福瑞CSM44城市的收视统计中，曾创造了收视率达1%的记录。

伴随着《一站到底》的热播，手机市场也相继推出了许多类似《一站到底》题库式的APP应用，许多同名游戏软件（《一站到底PK版》等）也仿照电视栏目的模式进行设计，其在91助手和PP助手上的下载量也相当可观。

（三）符合大众文化的持续创新

江苏卫视在节目创新方面一贯有自己的风格，擅于将当前的大众文化理念融入节目，从《非诚勿扰》《非常了得》到《一站到底》，其亲民、服务、大众的品牌形象已经树立起来。

《一站到底》节目中所涉及的知识范围是非学术的、大众的，甚至是娱乐的、八卦的，注重参赛者知识涉猎的广度，而非学术研究的深度，这就使得百科全书走下了神坛。面对现实、面对大众，才能使个人所掌握的知识有用武之地，打造"平民英雄"，让文化知识能够被消费，让文化知识创造现实价值，这就是《一站到底》贯彻大众文化的成功之道。

以人为本不仅是国家发展的核心理念，具体到电视栏目来说也是如此。所谓益智，就是增益智慧，通过电视栏目的服务功能和传播作用，号召广大观众去探索知识、热爱生活，学习不仅局限于书本，在生活中的方方面面都有值得学习的地方。百科全书不仅要走下神坛，更要走入人们的生活，人们的知识要随着时代的变化而不断充实、不断更新，只有在这样的条件下，学习知识才是有意义的。① 如果通过一档电视栏目的播出，能够把自己做节目的理念传播给观众，并且在整个社会掀起革新和反思的浪潮，那才是真正成功的栏目。

四、《一站到底》栏目的不足与缺陷

（一）"平民化"的真实性

《一站到底》加入真人秀节目的元素，标榜参赛选手的平民化背景，参加节目的报名条件也是"零门槛"，但是一档电视节目想要出彩，就必须打造亮点和戏剧化效果，主持人的角色弱化，导致观众所有的注意力都集中在了选手身上，这就决定了参加节目的选手不可能是真正的普通人，他们身上都被栏目组贴好了标签用来吸引眼球，他们的个性、言谈举止都必须在镜头前被夸张放大，因此观众在电视机前看到的选手，究竟是不是他们本来的面貌，这一点非常值得怀疑。

益智类节目一向遭人质疑的地方在于场上答题的真实性，《一站到底》的出题方式是从事先准备好的题库中随机抽取题目，那么节目录制前，制作组是否有可能将题库内容透露给参赛者，这一点观众不得而知。而且，为了营造节目效果，是否有的选手获得了题库内容，而有的选手"赤膊上阵"，这样的内幕观众也不可能知晓。在2012年12月21日的节目中，年仅十岁的男孩余乐行击败5人，无论是历史地理题，还是明星娱乐题，他都能将答案脱口而出，像"'小小的一片云呀慢慢地走过来'是哪首歌的歌词？"这种完全不在他生活年龄段的问题他都能毫不思索、对答如流，不禁让人怀疑节目的真实性。如果过于追求节目效果，给观众留下了不真实的印象，那长久下去对节目本身是无益的。

（二）节目的时间节奏具有"不可控性"

《一站到底》抛弃了主持人与参赛者对话的传统模式，转向两位参赛者一对一PK的方式，这就使得主持人对节目的掌控度大幅下降，主持人

---

① 王诗文. 新一轮益智风潮的来临. 中国广播电视学刊，2009（3）：43.

在节目中的作用只有介绍选手、念读题目以及在关键时刻化解尴尬等，参赛者对抗过程中的时间和节奏则完全无法预计。节目组在前期准备过程中，必然会对各位选手的实力做一比较和衡量，题目设计和选择肯定有因人而设的因素存在，这样一方面保证了选手答题的正确率和可观赏性，另一方面也方便了对节目时长的预计和控制。

然而真正到了节目录制现场，比赛现场的情况瞬息万变，有很多赛前被寄予厚望的选手在场上"马失前蹄"，也有很多强者与强者之间的比拼将节目时间拖长，例如顾婷婷选手的那场比赛，她一人独挑九人，在比赛过程中两次答穿题库，使得节目组不得不两次耗时重新准备题目，这样的现场可能开始会让观众觉得新鲜、刺激，但如果出现的次数多了，不仅会让观众觉得索然无味，也会打乱节目的整体节奏，从而削弱了节目的可观赏性。

据统计，前 50 期中节目时长最长的达到了 69 分 17 秒，而时长最短的仅为 49 分钟。

（三）栏目的模式化问题严重，自主创新性堪忧

近年来电视节目竞争越发激烈，节目模式的创新成为电视节目创新的关键，创新主要有三个路径：一是自主创新，即自己研发出新的节目模式；二是集成创新，就是把技术、艺术以及其他不同领域的元素集合起来，形成新的模式；三是引进吸收再创新，即直接引进国外一些节目模式，加以本土化改造。[①]

从我国目前的情况来看，电视节目创新的方式主要是采用第三种形式，从国外购买节目的版权后，根据需要进行改版，因此在电视上经常能看到跟风模仿、节目雷同的现象。

电视节目模式之战的背后，隐藏着很大的隐患。首先电视节目与文化密切相关，大量引进国外节目的模式，一定程度上也会引进外国的文化模式和生活方式，这就意味着文化趋同的全球化现象并非没有出现的可能。文化的相互借鉴是有利的，但文化趋同却是对民族文化的一个强大威胁。

节目模式是近二十年来电视节目界重要的创新，它符合全球化的要求，应时而生，可以说是商业领域成功的探索，因为一个类似模板的节目

---

① 谢怡梅. 广播电视节目回顾与思考. www. crftv. com/showNewsInfo. asp? NewsID = 8694&borderid = 16，2013 - 02 - 22.

模式可多次出售和改版，可复制性很强而且失败的风险较小。① 但从节目创新的角度来考虑，节目模式的死板、雷同以及版权的限制都对节目的进一步发展造成阻碍。

国家广播电影电视总局在 2012 年连续发出被简称为"限娱令"、"限广令"和"禁丑令"的三大禁令，各大卫视因此不得不调整方向，纷纷走起了"群众路线"，将反低俗、弘扬正能量和暖色调的大旗高高举起，这样的举措确实打击了一些粗糙低质量的节目，但管理制度过于严格也为各家电视台的创新发展设置了路障。

著名营销学家阿尔·里斯与杰克·特劳特曾说过："你不要试图变得更好，而要试图变得不同！"传媒经济是注意力经济，电视节目要想吸引观众，必须开拓思路，打造与众不同的节目特色，为自己的节目注入活力与生机。在电视栏目全球化的今天，如何利用创新元素开办出让观众喜爱的电视栏目，树立起自己的民族品牌，将"引进来"与"走出去"相结合，这是我们应当思索的最主要的问题。

（撰稿：刘　萍）

---

① 郭镇之，邓理峰，张梓轩. 第一媒介·全球化背景下的中国电视. 北京：清华大学出版社，2009. 216.

《我是歌手》的成功因素及其本土化策略探析

【摘　要】从《中国好声音》到《我是歌手》，越来越多的电视台从海外引进综艺节目制作版权。由于不同国家在历史文化背景、媒体生存环境、受众需求等多方面的差异，因而需要对引进的节目进行本土化改造。本案例主要探讨了《我是歌手》的成功因素和本土化改造策略，分析其改造过程中的创新之处，以求为以后国内节目引进版权并成功实现创新性本土化改造提供一些建议。综合而言，《我是歌手》的成功因素包括在叙事节奏上悬念不断、在节目风格上自然真实、在技术设备上精工细作、在宣传策略上采用明星效应等。其本土化改造策略主要包括提倡"和为贵"的文化传统、满足不同受众需求和融入中国传统文化元素。在本土化过程中，《我是歌手》通过怀旧经典、全程纪实、让草根评歌手、以现场观众取代专业评委、以总决赛影院直播开创三屏联动的新模式，成为实现海外节目创新性本土化的成功案例。

【关键词】我是歌手；综艺节目；真人秀；本土化；创新

一、背景阐述和案例简介

（一）背景阐述

　　真人秀音乐节目最早获得全国观众的广泛关注、引起一阵热潮的，当属 2005 年湖南卫视的《超级女声》，当时弗莱蒙托媒介公司（Fremantle Media）亚洲版权总监伊迪认为《超级女声》在形态上与弗莱蒙托媒介公司的版权节目《英国偶像》非常相似，涉嫌侵权。在早期国内电视节目走过了山寨与模仿的阶段之后，近几年一些有经济实力的大台购买海外电视节目制作版权的趋势越来越明显。

　　《中国达人秀》和《中国好声音》先后风靡全国，一时间电视媒体齐刷刷将眼光聚焦在引进版权的节目上。《星跳梦立方》引自德国 Banijay International 公司版权节目《Stars in Danger：High Diving》；《中国星跳跃》引自荷兰电视制作公司 Eyewoks 跳水节目《Celebrity Splash》；《舞出我人生》则引进的是美国舞蹈综艺节目《Dancing with the Stars》。纵观近几年来各大电视台热播的综艺节目，从东方卫视的《中国达人秀》到浙江卫视的《中国好声音》，再到湖南卫视的《爸爸去哪儿》等，不难看出收购国外节目版权并进行本土化改造已经成为一种流行趋势。

2012年的《中国好声音》购入荷兰电视综艺节目版权，原版复制了这档音乐节目并且创造了收视奇迹。2013年的《我是歌手》引进了韩国MBC电视台的《I Am A Singer》，节目受到观众广泛的关注与好评。湖南卫视是第一个购得该版权的电视台，原版节目于2011年在韩国播出第一季。在各大电视台竞相购买节目版权的同时，如何寻找本国综艺节目的创新突破点也成为媒体界亟须思考的问题。

（二）案例简介

《我是歌手》第一季于2013年1月18日在湖南卫视正式登录，以"国内首档顶级歌手巅峰对决节目"为主打，每周五22点播出，时长约90分钟。13期节目总播放量累计接近7亿次；歌王之夜"我是歌手"微博热门话题突破1亿次；百度指数搜索"我是歌手"显示，用户关注度、媒体关注度分别达到120万、4 000万，创下同类型节目新纪录。该节目以季播的形式出现，并于2014年1月3日起播出《我是歌手》第二季。

图1 《我是歌手》宣传海报

与以往的《超级女声》《中国好声音》等多档真人秀音乐节目不同的是，《我是歌手》最大的创新之处在于以明星为竞赛对象。该节目一反以往"平民唱歌，歌手点评投票"的选秀模式，通过大牌歌手现场对决、平民评委投票末位淘汰、明星轮流唱歌表演的形式，让已在无数"草根变明星"的选秀节目轰炸下深感疲倦的观众眼前一亮，从而在市场竞争中成功上位。

二、案例过程记叙

（一）竞赛过程

湖南卫视《我是歌手》第一季共 13 期，分为常规竞赛竞演阶段、复活阶段和决赛阶段。

1. 第一阶段：常规竞赛竞演阶段（第一期至第十期）

每一期至少都有七位知名歌手参与节目录制，有时还会邀请之前被淘汰的歌手返场演唱。第一期歌手主要演唱成名金曲，这个阶段的投票仅仅是调查观众的熟悉及喜爱度，一般而言，屹立歌坛多年的老歌手和时下当红的新生代被喜爱和接受的程度更高。第一期之后会由卫视名嘴给歌手排出一个"天翼飞 young 巨星排行榜"，"经纪人"（一般由湖南卫视主持人担任）在歌手不知道排名的情况下选出各自最想签约的人，并对自己心仪的歌手发出邀请。成功签约之后，这些经纪人将负责在比赛期间照顾歌手、监督其练歌，并且在精神上不断地支持他们。从节目内容看，每期都有不同的歌曲定位，比如七位歌手随机抽取指定年代的流行金曲、互相唱对方的歌曲、个人最想演绎的歌曲、网友推荐歌曲、评审团推荐歌曲等。按照赛制，每两场为一轮任务考验，节目现场大众听审团由 10、20、30、40、50 岁五个不同年龄段的观众组成，每个年龄段 100 人，共五百人。经过严格核实身份后，大众听审团才可以入场。根据各年龄段听审团的现场投票情况，两场累计票数最少的歌手将被替换。节目现场计票，为保证节目公正性，由顾问团专家监票。

2. 第二阶段：复活阶段（第十一期）

许多观众因为前几期自己喜欢的歌手被淘汰而感到遗憾，因此节目组加入复活赛环节，给前面竞赛阶段被替换掉的黄贯中、沙宝亮、尚雯婕、杨宗纬、陈明等歌手重返舞台的机会，五位歌手分两轮进行竞唱，一轮演唱自己的歌曲，另一轮演唱其他歌手的歌曲，两轮竞唱综合分数的第一名将成功复活。事实上，这个阶段比常规竞赛竞演阶段更加残酷，五名选手中只有一人可以复活，选手需要足够的勇气和更大的自信，因为有百分之八十的人将面临第二次淘汰，而这对于他们现实生活中发唱片专辑等演艺活动都将有所影响。

3. 第三阶段：决赛阶段（第十二期至第十三期）

第十二期为半决赛，第十三期为歌王之夜总决赛。半决赛的得票率按40%计入最后总成绩，并且按照半决赛的成绩，领先的歌手可以优先选择总决赛出场顺序。由于第十一期复活赛中杨宗纬复活，因此共有八位歌手参与决赛。在总决赛中，比赛分为两轮，采用一票制，现场的 500 位听审团每轮都会用自己的一票投出最中意的表演。每轮得票率占总成绩的30%，加上半决赛占总成绩40%的得票率，得分最高者就是"歌王"。

（二）歌手心理变化过程

节目赛制的设计使得参与节目录制的歌手们的心理也在发生变化。

1. 好奇阶段

歌手们带着许多疑问过来，想知道这到底是个什么节目，到底对手有哪些人。节目录制前保密工作充分，所有的大众评审都会签署保密协议，被邀请的歌手互相不知道有谁参加，包括彩排也是不同的歌手分时段进行，工作人员之间交流甚至用代号"S 先生"代表沙宝亮，直到歌手登上舞台演唱的时候，其他歌手才能在屏幕中看见他们。

2. 担忧阶段

所有的歌手都是实力唱将，在音乐方面有着自己的才华与造诣，或擅长摇滚，或擅长钢琴，或擅长电子乐，或擅长弹吉他，或擅长民族乐……在知晓了自己未来这段时间的竞争对手之后，歌手们不论出道先后，不论在乐坛有过怎样的成就，都会对竞赛产生忧虑，担心如果过早被淘汰会让粉丝失望，从而影响以后的演出活动和专辑销售。

3. 投入阶段

现场为歌手们布置了顶级的音响设备与乐器伴奏，一些平时少见的乐器，如风铃棒乐器、马头琴等都在节目中有所展现。节目组邀请了著名的音乐人梁翘柏担任音乐总监，并邀请业内知名的吉他手、贝斯手、钢琴师等为歌手伴奏，给歌手一种"这个节目组是在用心做音乐"的认同感，让歌手觉得在这个舞台上演唱不仅是竞赛，更多的是一种享受。

另外，《我是歌手》的观众以"能哭"著称，舞台上方左右两侧都设有提词器，不记得歌词的观众可以随之一起哼唱引起共鸣，听到一定程度时还会落泪，或者站起来跟着歌手一起 high，让歌手们感觉像是在开一场小型演唱会，观众们也都很享受这场盛宴。

除了舞台的硬件设施和观众的互动之外，更重要的是节目要求歌手在每一期都有不同的目标，比如将旧歌重新编曲等，让歌手发现新的自己，意识到原来这首歌这样唱起来也别有风情。淘汰之后，名次已经不那么重要，更多的是享受这个过程，把更好的音乐带给大家。比起一个竞赛者的身份，更多的是希望自己对得起"歌手"这个名字。

三、案例分析及评价

《我是歌手》2013 年的第一季从收视率层面而言是成功的。据央视索福瑞（CSM）收视数据显示，《我是歌手》总决赛全国网收视 2.38，份额 8.33；中心城市网收视率 4.34，份额 12.36，双网均是全国同时段第一。①它的成功主要在于节目不仅实现了本土化改造，同时相比其他综艺节目而言，它还有不少创新之处。除了和普通综艺节目一样在节目中融入二胡等中国元素之外，还增添了不少人情味。

（一）《我是歌手》的成功因素分析

1. 对原版节目的本土化改造

"本土化"的原意是指跨国公司的海外子公司在东道国从事生产和经营活动过程中，为迅速适应东道国的经济、文化、政治环境，淡化企业的母国色彩，在人员、资金、产品零部件的来源、技术开发等方面都实施当地化策略，使其成为地道的当地公司。将"本土化"这一概念应用到节目中来，就是指在节目引进过程中，根据本国受众的需求和喜好，在不改变节目整体形式的前提下融入具有本国地域特征的元素和符号，进而适应观众的收视习惯和心理需求。

由于引进国外节目版权具有见效快、收益高等特点，相比自己煞费苦心创造一个全新的节目形式，引进国外已经在收视率上取得成功并且制作流程成熟的节目版权无疑更受欢迎。然而不同的国家和地区面临着不同的受众和文化，因此在引进节目的同时需要进行细心的本土化改造才能成功落地。《我是歌手》进行本土化改造的途径主要有以下几种：

（1）提倡"和为贵"的文化传统。

韩流文化与中国文化有着不同的传统，韩国原版的《I Am A Singer》比赛中有较强的冲突性，而《我是歌手》更加注意中国传统的"和为贵"精神。比如在《我是歌手》里面，观众除了可以看到歌手与歌手、歌手与

---

① 许卫东. 中国式娱乐：从模仿到引进. 西部广播电视，2013（7）：6.

主持人、歌手与经纪人的关系外，还能看到加入的歌手与歌曲的关系，即通过在歌曲的原创者、翻唱者、作词人之间建立一定的联系而做的文章，如第九期的替补嘉宾，来自台湾的歌手彭佳慧现场演唱了一曲《走在红毯的那一天》，引出了她与作词人无果而终的爱情往事，深厚的唱功、真情的流露、集体的回忆，击中了无数观众的泪点。歌手互相给对方鼓励，所有参加比赛的歌手都表达出一种享受这个舞台、大家一起玩音乐的精神。

（2）满足不同的受众需求，勾起年代回忆。

受众的需求主要包括知识需求、娱乐需求、情感需求等。在《我是歌手》中，对于七名选手的选择也是建立在符合受众基本价值观的基础之上来进行的。专业嘉宾点评满足了受众的知识需求；顶级设备满足了受众的视听需求等。这其中最重要的是，不同年代的歌手满足了不同年龄段受众的情感需求。歌手们所选择的歌曲带有中国某个年代的印记，激起共鸣。比如第一期中黄贯中所唱的《海阔天空》，勾起听众对 Beyond 的怀念，第三期沙宝亮演唱的《浏阳河》也几乎是每个中国人都很熟悉的经典老歌。

（3）融入中国传统文化元素。

韩国延世大学的 Kim Hyun Mee 曾做过一项关于韩国电视剧本土化的研究，"虽然韩国的文化产品仍然在内容和形式上受固定年龄群体的限制而使用了一些老套的情节，但是本土消费这些节目的受众也许会用它们来补充自己所处社会所不能提供的文化想象"[1]。在韩国的一些综艺节目中，比如《Running Man》里面常常会出现韩国特色的饮食文化元素，比如韩牛大餐、韩国泡菜、炸酱面、炒年糕等。为了去除这些节目中老套的元素，满足受众所处特定社会环境的文化想象，节目组往往也会在新引进的节目中融入一些中国特有的元素。如羽泉在半决赛中改编的《大地》就请来了民乐团，并且编曲中也大量使用了传统乐器。

2. 叙事节奏：扣人心弦，悬念不断

谁能留在这个舞台继续为大家唱歌？谁又能最长时间地留在这个舞台继续为大家唱歌？七位歌手，他们不再是传统音乐节目中高高在上的评委或明星，而是以歌手的身份与对手进行了一次音乐上的精彩对决。表面上这是一场十分好看的对决真人秀，实际上这是一场惊心动魄的生存大挑战。

在七个风格各异却都诚意十足、真情流露的歌唱表演之后，七位歌手就不得不面临本场比赛结果了，而每两场比赛之后排名最末的选手就会被

---

① Kim Hyun Mee, Korean TV Dramas in Taiwan: With an Emphasis on the Localization Process. *Korea Journal*, *Winter*, 2005, Vol. 45 Issue4, pp. 183 – 205, p. 23.

淘汰，剩下的六个人下期则会面对一个全新的对手。"这期的比赛排名结果到底如何？""被淘汰的歌手到底是谁？""下次比赛新加入的歌手又是谁？"颇具看点的矛盾冲突与悬念十足的比赛结果提高了电视观众的期待，节目的"续集效应"越强，《我是歌手》就会越火。

3. 节目风格：自然真实，有亲和力

虽然节目自称是"专业的音乐节目"，但让平民百姓并不是高不可攀，歌手所唱歌曲许多都是大家耳熟能详的经典老歌，节目颇具亲和力。而且这档节目与其他选秀节目的一个很大的区别在于摒弃了催泪的"背后故事"环节，不挖掘背后故事，只做精致的音乐。它证明好的音乐节目只需要真正尊重音乐，不需要编故事、不需要搞噱头、不需要炒负面新闻、不需要假唱假弹，音乐本身的力量就足矣。主持人胡海泉更是直接指着舞台上错综复杂的各种音箱线告诉观众："这才是真唱，这才是真弹，在《我是歌手》的舞台上，只有真的没有假的。"节目中还会及时切换出经纪人或者其他歌手的现场反应，比如黄绮珊第一次上台的时候，沙宝亮在休息室立即脱口而出："这是个实力唱将！"由此可见黄绮珊在业内的地位。这样的片段自然而然地发生，比起让歌手讲煽情的故事，反而更有说服力。

4. 技术设备：顶级配置，精工细作

这里所说的顶级配置包括两方面，一方面是华丽的音响设备和现场乐队，另一方面是每期节目 38 个机位和近 400 小时的节目素材。后期对歌手的准备阶段进行了精细的剪辑，真实记录他们在各个阶段的语言与行为。《我是歌手》在音乐器材、和声、灯光、屏幕以及舞台等方面的各种表现手段，可谓是精益求精，以最好的音乐器材打造最真实唯美的音乐。节目还会对部分歌曲使用特别的演奏方式，如肉埙①等，在给受众带来听觉盛宴的同时，还丰富了舞台，体现了节目之用心、节目之精良，强烈的视觉和听觉效果震撼人心。

---

① 埙，是古代用陶土烧制的一种吹奏乐器，圆形或椭圆形，有六孔，亦称"陶埙"。以陶制最为普通，也有石制和骨制。肉埙，是用手握成埙的形状吹奏，也叫手埙。

图 2　传统的肉垫伴奏方式

5. 宣传策略：明星效应＋名嘴效应

湖南卫视作为国内制作真人秀节目的鼻祖，他们拥有一流的制作团队和多年真人秀节目制作经验，懂得在什么时间、通过什么渠道、采取怎样的传播手段能够达到最好的宣传效果，最大限度地为节目吸引观众。节目播出前一周时间，节目组就在电视上滚动播出节目宣传片，在以微博为代表的网络媒体上进行了铺天盖地的广告宣传并多次登上微博头条。七位大牌明星拥有各自的粉丝群体，加上湖南卫视原本具有优势的受众基础，使这档节目在播出之前已经获得广泛关注与期待。

在节目播出之后，七位歌手的悬念已经揭晓，节目组还专门为歌手们制作了个人宣传片或预告片，以保证每期节目的收视一如既往地火爆。另外，湖南卫视邀请了李锐、YOYO、李维嘉、杜海涛、吴昕、张大大、王乔七位电视名嘴担任不同歌手的经纪人，他们各自也有本身的粉丝团，这使节目关注度进一步升高。而且经纪人与歌手是同生死的关系，一旦有歌手被淘汰，其经纪人也随之被淘汰，补进的歌手会邀请新的名嘴来担任经纪人，为节目增加了新的看点。

（二）《我是歌手》的创新之处

1. 歌曲基调：经典怀旧

旧之风，而当怀旧文化成为潮流之后，大众媒介又反过来成为这种文化的追随传播者。① 从《我是歌手》的第一期歌手来看，齐秦出道 32 年、黄贯中出道 28 年、陈明出道 21 年、羽泉出道 15 年……《我是歌手》节目组主打怀旧牌，这些经典老歌不仅牵连起观众对与岁月相关的音乐的怀恋之情，也从不同版本的演绎中挖掘新鲜点，新老对比，成就了这个春天动人心弦的旋律。中国版的《我是歌手》释放了观众的怀旧情绪，也展现了其对音乐品质的回归与呼唤。

在这里，你会被齐秦演绎的《外面的世界》拉回到 80 年代青葱的校园、听辛晓琪的《味道》会想起那段青涩懵懂的校园爱情、在周晓鸥《无地自容》中能体会到成长的酸涩、Beyond 的《海阔天空》不知湿了多少人的眼眶，而《Man in the Mirror》中我们又听到了后辈新秀对音乐前辈的致敬。与其说《我是歌手》这个"新瓶"让我们重新认识了黄绮珊、彭佳慧这些"老酒"，不如说这些经典的旋律成就了这个节目。②

2. 节目形式：从"歌手评草根"到"草根评歌手"

在《我是歌手》之前，不论是曾经横扫收视的"超女"、"快男"，还是综艺节目主力军《中国好声音》类型的歌唱选秀节目，无一例外都在测试草根们的音乐水准，千篇一律地上演着草根音乐追梦人通过层层晋级，最终实现圆梦之旅的故事。《我是歌手》却要打破常规，具有开创精神地拿专业歌手来说事。在《我是歌手》这个"非天籁之音，无立锥之地"的舞台上，来的都是实力派的大牌明星。将曾经常常在其他选秀节目中对草根进行点评的著名歌手们推上比赛舞台，展现他们在刚刚进入音乐领域时对舞台的渴望和对梦想的执着，让明星与草根换位，让"一千只挑剔的耳朵"来评判每位竞演者是否对得起"歌手"一词，使早已在同质化严重的草根真人选秀节目中眼花缭乱的观众们眼前一亮。

3. 考核方式：现场观众取代专业评委

从《超级女声》平民选秀，到前不久红遍大江南北的《中国好声音》，歌手选秀节目都少不了专业评审的存在。而《我是歌手》则另辟蹊径，开辟了一个新的模式。在借鉴原节目灯光、舞美、包装等元素的基础上，湖南卫视结合本土实际，进行了创新改革，打造了一个并非拿来主义的中国版《我是歌手》。区别于中国内地其他的娱乐选秀节目，这场比赛并没有评委，坚持真唱与客观公平的裁决，首开"知音听审团"，听众包含了五

---

① 高慧艳. 音乐类真人秀节目《我是歌手》的规则创新与文化怀旧. 新闻知识，2013（9）：61~63.

② 吴梦舟. 国内首档明星选秀栏目成功因素——以《我是歌手》为例. 剧影月报，2013（3）：35~36.

个不同年龄段的具有较高音乐素养的受众群体。在每场比赛后采取现场投票的形式进行末位淘汰，取代了以往选秀节目中的专业评审决定制或专业评审与大众评审共同决定的形式。

4. 三屏联动：开创总决赛影院直播模式

有学者将《我是歌手》的创新点概括为三个方面："一是歌手复活赛环节；二是在歌手打分模式上加入中国本土化因素；三是在传播途径上，总决赛创新了电影院看直播的模式。"① 歌手复活赛和打分模式在其他综艺选秀节目中已经不属罕见，而电影院看电视直播的模式却是一大创新之处。

图3　多家影院直播"歌王之夜"

在《我是歌手》总决赛播出之前，湖南卫视首开先河，宣布携手万达院线和芒果博纳影院，在北京、上海、广州、长沙等十一大城市的12家影院同步直播总决赛，届时将有超过3 000名观众通过影院直播，感受大幕直播的视听震撼。观众可以通过"呼啦"手机APP完成任务来免费兑换总决赛影院门票，2013年4月9日中午12点开始了第一轮抢票。第一轮抢票气氛非常火爆，每座院线分别放出了100张票，一共1 200张，在下午3点之前就已经全部被秒杀。而在"呼啦"首页的抢票热门任务中，也显示有十多万的用户参与。湖南卫视和万达院线此次跨平台、跨渠道的合作，不仅拓展了电视直播形式，也开创了电视与电影整合娱乐营销的新模式，而引入旗下手机客户端"呼啦"进行免费抢票，更是将电视互动玩到极

---

① 朱述超. 中国电视综艺节目进入"大片时代". 今传媒，2013（8）：78～79.

致。如此一来，电视台、院线、手机客户端紧密勾连，在模式上形成了电视屏幕、影院屏幕、手机屏幕的三屏联动。

5. 全程纪实：台前幕后全过程记录

在以往的综艺节目中，一般的录播节目组往往只是选取节目录制中最精彩的部分并剪辑在一起，加上特效、字幕之后播出给观众看。《我是歌手》与传统综艺节目一个很大的不同之处在于它向观众展示了许多不为人知的节目录制过程。从接到任务，到精心选歌、前期彩排，再到登上舞台。褪去明星的光环，在镜头下的他们其实只是一群来参与选秀的普通人，这样全方位地展现了台前及幕后，有利于通过细节更全面地塑造歌手的明星形象，还原真实。

（1）歌手到达演播厅的过程。节目从歌手向演播厅出发就开始录制，在车上或飞机上，展现出歌手们在来的路上紧张、兴奋、担忧等各种各样的真实心情。

（2）歌手与现场乐队彩排协调的过程。歌手们怎样与节目组的乐队合作，怎样把更好的音乐带给大家，他们之间交流的时候所用的非常专业的音乐名词，都使观众觉得他们是当之无愧的"歌手"。

（3）歌手在休息室等待的过程。每个休息室都有鲜花、水果以及监控摄像头，鲜花水果让歌手处于一种相对放松的状态，而角落的摄像头则拍下歌手在休息室的一举一动。歌手在节目正式开始之前都在干什么？他们会紧张吗？是练习要演唱的曲目，还是在排舞？或者是在和其他人聊天？这些画面满足了观众的好奇心。

（4）演播厅现场准备过程。节目中真实展示了摄像轨道的布置以及节目录制前一分钟倒计时准备，包括现场工作人员拿着对讲机在说"灯光OK、音响OK"等，使观众如临其境。

（5）歌手在休息室观察其他歌手演唱的过程。在之前的选秀节目中，镜头往往聚焦于舞台上的歌手，而这个节目却在休息室设置了直播屏幕，其他选手可以同步看到现场的舞台表演情况，对方的表现是否让自己有压力，自己作为行内人是否认可对方的表演，都是节目的一大看点。

（6）现场设备故障处理的过程，这在第二季中表现得尤为明显。第二季第二期在韦唯演唱中出现设备故障，之后第四期邓紫棋的耳麦故障。按常规录播节目的套路，这样的画面基本会被后期处理掉，只留下流程完整的过程给观众。而《我是歌手》却没有删掉这些部分，而是把导演上台道歉、工作人员重新调试设备、经纪人担心影响歌手发挥等过程都呈现出来，不仅真实，而且对于受到影响的歌手也算是一种公平，电视机前的观众可以透过这些插曲看出一位歌手的心理素质，对节目组而言，也能更好地督促自己把准备工作做得更加完善。

（7）幕后工作人员搬到台前，音乐总监、吉他手、键盘手、贝斯手、鼓手等幕后人员在这个节目中获得了更多的关注，还有专门的字幕显示他们的姓名和角色。

（三）《我是歌手》存在的问题

尽管湖南卫视的《我是歌手》具有多个创新点并且取得了叫座又叫好的成绩，但没有哪个节目是十全十美的，《我是歌手》也不例外。首先是节奏略有拖沓，前戏太长。由于节目的记录性质，节目往往从演出当天各个歌手到达现场时就开始播出，要经过十多分钟才正式进入每轮比赛中第一位歌手的演唱环节，让许多观众大呼等不及。而且对比赛过程的剪辑也有重复，有时候唱到高潮部分，观众、经纪人、其他歌手都会跟着唱。比如在第一季第一期中黄贯中演唱《海阔天空》的时候，当唱到"背弃了理想，谁人都可以"这一句的时候，在黄贯中唱完这句以后，又紧接着切入了齐秦、羽凡、沙宝亮分别跟着哼唱"都可以"的三个画面，将一句歌词重复剪辑许多次，打破了歌曲原本的韵味和节奏。

其次是观众问题。一方面《我是歌手》的一些观众画面过于夸张，有位多次在画面中流泪的观众甚至被网友调侃为"哭泣姐"，让人质疑这些观众是不是节目组专门请来的"托"。另外，作为决定歌手去留的五百位大众听审团，节目组并没有公布这些听审团是从何而来，他们是否具备基本的音乐素养，是否能保证比赛的公正、公平等。

最后回归到节目内容本身，虽然不同年龄段的歌手能够勾起不同受众的回忆，但怀旧不是长远之计。对于怀旧的过度消费并不能使一个节目长久地走下去，到了一定程度之后听众也会感到审美疲劳，我们也应该看到对原创歌手的深入挖掘和新作品的重视才是其未来发展的命脉所在。

四、总　结

总而言之，我国部分电视媒体已经跨过了山寨阶段，进入了购买版权、与国外优秀节目团队合作的阶段。一些经济实力雄厚的省级卫视已不满足于简单"仿造"域外成功的电视节目模式，它们愿意斥资购买其核心创意及详细的制作方案，快速、全面、精确地复制其节目。在这个过程中与国外优秀的媒体人员进行直接的交流与学习，并在成熟的节目模式中融入本土化色彩，近年来这一做法逐渐取得了较好的成绩。

　　事实上，"克隆也好，模仿也罢，与创新都不是绝对对立的，而是对立统一的。从客观规律来看，承旧继古是所有行业发展的必经过程，正如习学书法必须从描红开始一样"①。我们需要谨记的是，克隆是手段，创新才是目的，在克隆的过程中要进行一定的创新，不能全盘克隆。节目制作者可以在克隆的过程中慢慢寻求创新，二者是可以相互促进的。事实上，模仿也是一种创新途径，学习和模仿过程中孕育着创新。相信在经历了山寨模仿和购买版权与国外媒体合作的这两个阶段之后，国内综艺节目将会迎来全新的原创时代。

（撰稿：袁乙千）

---

① 李欣. 模式生产对大陆综艺娱乐节目创作观念的影响. 电影评介，2010（21）：80～82.

从《神探夏洛克》看英剧在中国的
跨文化传播

【摘　要】2013 年 12 月，英国首相卡梅伦在中国访问时，有网友在其微博留言："麻烦催下《神探夏洛克》。"卡梅伦回复说："我知道 Benedict（本尼迪克特，《神探夏洛克》中饰演男一号夏洛克·福尔摩斯）在中国人气很高，是个超级大明星。不好意思，我不能告诉他们该做什么，他们是独立的制作公司，但我知道福尔摩斯是多么受欢迎，它的改编版非常精彩。当然大家随时可以阅读柯南道尔的经典原著，但我会尽最大努力告诉他们，中国粉丝希望看到更多的夏洛克剧集和更多的改编版本。"《神探夏洛克》成为英国首相访华的重要外交手段，其地位可见一斑。伦敦时间 2014 年 1月 1 日晚上 9 点，《神探夏洛克》第 3 季第 1 集《空灵柩》在英国 BBC 第一台正式播出，此剧向中国优酷网提供了海外唯一同步跟播权，并提供官方中文字幕。这在英剧播出史上是第一次。多亏强大的中国腐女，使得第三季一开播就创下了收视新高，也正是《神探夏洛克》的热播，使得中国腐女出现在了大洋彼岸的报纸上，连 BBC 都给了腐女一个官方的名分"rotten women"。本文着重从社会语境与受众分析两方面讨论以《神探夏洛克》为例的英剧在中国的跨文化传播。

【关键词】《神探夏洛克》；英剧；社会语境；受众分析；跨文化传播

一、《神探夏洛克》简介及背景介绍

2010 年，英国国家广播公司推出了《神探夏洛克》的系列迷你剧。该剧改编自 19 世纪英国侦探小说家阿瑟·柯南·道尔（Arthur Conan Doyle）所著的《福尔摩斯探案集》，在尊重原著的基础上，将故事背景从 19 世纪鼎盛时期的大英帝国搬到了 21 世纪的繁华热闹的大都市中，演绎了一个现代版的侦探夏洛克和约翰医生与原著中的最大反派莫利亚提斗智斗勇的故事。《神探夏洛克》以案件侦破为核心，大量铺陈线索，使每个环节密切相连，同时加快叙事节奏，让观众难有喘息的时间。只要落掉一个细节就可能导致跟不上主角夏洛克的推理思路。每一集一个半小时的故事在紧张的情节设置中倏忽而过。①

《神探夏洛克》在翻拍原著的同时对每一个案件都有所创新，既满足了原著迷的考据癖，又让老故事焕发出新鲜感，因此受到了观众的热捧。在原著中柯南道尔这样描述福尔摩斯，"福尔摩斯的相貌和外表，乍见之下就足以引人注意。他有六英尺高，身体异常消瘦，因此显得格外颀长，细长的鹰钩鼻子使他显得格外机警、果断；下颚方正而突出，说明他是个非常有毅力的人"。这些描述，搬到夏洛克的扮演者本尼迪克特·康伯巴奇身上毫无违和感。原著中的各种小物件，例如小提琴、拖鞋、化学实验、下午茶，甚至注射可卡因这个癖好都被与时俱进地改编进入了剧中。这些细节源于原著但有所创新，不仅抓住了书迷的心而且还拉近了与现代观众的距离。

本尼迪克特·康伯巴奇（Benedict Cumberbatch）饰演的夏洛克以"科技宅"和反传统的颠覆面目呈现在我们面前，萌感和质感十足，让新福尔摩斯成为当年荧屏上最具新时代特色的年度角色。它的剧情在英国下议院被讨论，人物的造型影响着男装流行趋势，本尼在剧中所穿大衣更是被粉丝预订一空——他赋予福尔摩斯的"绅士、苍白却迷人的风尚感"而席卷了全球。对此，本尼的解释也很"绅士"："时光易逝，人生就这么短暂，为什么不好好享受呢？我喜欢很正统整齐地穿上一整套西服。时尚是人生的一大乐事——它是场值得狂欢的美好"②。

演员不求大牌，只求合适。夏洛克·福尔摩斯的扮演者本尼迪克特·康伯巴奇刚出道时曾有半年时间连吃闭门羹，只能到餐馆打工。直到2001年才接到一些演出莎士比亚戏剧的机会，在影视剧里也只能跑龙套。直到出演《霍金的故事》之后才开始好运临门。编剧史素文·莫法特（Steven Moffat）说，"我们只是有幸成为给予他事业上具有突破意义那部分的人。演好夏洛克·福尔摩斯这个角色的难度就在于，这是个自恋爱炫耀的自大狂，但又非常可爱。确实，很少有人能做得到。我可能有偏见，但我认为基本没人能和康伯巴奇一样将其演绎得完美"。该剧不仅把原本名不见经传的夏洛克扮演者本尼迪克特·康伯巴奇造就成了如今炙手可热的超级明星，连剧集中人物的大衣、衬衫、雨伞、手机都变成了时尚风向标，Sher-lockology（夏洛克主义），Deduction（演绎法），台词"I am Sherlocked"（"我被夏洛克锁住了"）、"Keep calm and …"（"保持冷静……"）、

---

① 刑军. 寻求故事性与画面质感的突破——英剧《神探夏洛克》对国产电视剧的启示. 新世纪剧坛，2013（1）：67.

② 苏紫. 数码时代的"福尔摩斯". 当代学生，2012（21）. 43.

"Think! And that is the new sexy"（"开动脑筋，才是时下流行的性感"）成了网络流行语，剧情更在英国下议院被讨论。在全球范围的调查中，现代版的夏洛克侦探被评为"史上最棒的福尔摩斯"。①

在人物塑造方面，第一，它复活了小说中抽着烟斗穿梭在伦敦迷雾中的大侦探形象，并颠覆了传统。新版的夏洛克穿着黑色大衣，在 21 世纪的高楼大厦里拿着黑莓手机发短信，一副现代社会高端技术人才的模样。第二，华生医生变成了一个真正有血有肉的角色。第三，在侦探和医生的年龄方面更为年轻，不仅符合原著的情节设定，也符合观众新的观影需求。第四，在专注于传统的破案剧情之外，还加入了长期被历来的侦探剧所忽略的友情因素，而这正是原著中一条重要的暗线。对于还不知道柯南·道尔原著的观众，该剧收获了大票的粉丝，对于喜欢原著

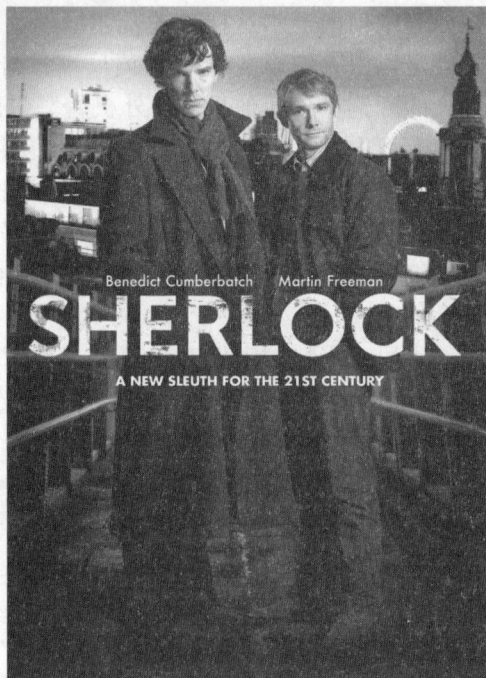

图 1 《神探夏洛克》宣传海报

的人来说，这一版本在向原著致敬的基础上又增添了新的活力。

英国法令规定，每个收看电视的家庭或企业都必须购买"电视执照"，按彩色电视每年 145 英镑、黑白电视每年 49 英镑的标准收费。更为严格的是，如果不交年费，即使你家里的电视机闲置不用，或是压根就没有电视机，却上网收看电视台实况转播，一样会面临 1 000 英镑的罚款和不良信用记录。据说 TV Licensing 公司的人每天都在用探测车巡逻，可以准确查出哪一个房间在使用电视，发出的警告信多如雪片。英国人一边抱怨"这个国家就快连呼吸都要收费"，一边幸免于粗制滥造的电视荧屏。②

覆盖全英的 5 家电视台中，BBC 和 ITV 声名在外，既是主力军，也是最大的竞争对手。BBC 即英国广播公司（British Broadcast Company），成立于 1922 年，属于非营利电视台，节目中没有任何广告，除了全球出售电视

---

① 张婕妤. 英国连续剧《神探夏洛克》的日神面具. 电影评介，2012（24）：74.

② 阙政. 英剧，穿着燕尾服的萌. 新民周刊，2012（20）：66.

节目版权费和接受英国政府的一部分财政资助外，其主要经费来源是用户年费。ITV 全称英国独立电台（Independent Television），于 1955 年正式开台，虽是商业台，但在很大程度上依赖于广大的观众。

避开了广告商这一中间环节，BBC 要取悦的只有观众和政府，一系列闻名全球的优秀纪录片是它最好的答卷。有意思的是，2005 年，在英国文化大臣特莎·乔韦尔（Tessa Jowell）发表的关于 BBC 长远发展的绿皮书中，有一条内容居然是"减少对收视的重视"。如今回看，这寥寥数字却非常具有指向性。或正是基于这样的政策引导，才让后来的英剧跳脱出收视率的漩涡，从小众之路赢回了大众的心。① 英剧具有深厚的文化底蕴，内敛、含蓄，并常常带有一种英式的玩世不恭的幽默感。

二、传播语境分析

（一）全球化的社会语境

经济以及信息网络的迅猛发展，给政治和文化带来广泛而深刻的影响，全球化已经成为一个不争的事实。作为大众文化一部分的电视剧即是一种文化产业，同时也是一种经济活动，这就意味着它必须遵循经济发展的规律，走向全球化。但文化产业又不同于传统的经济活动，其中存在着一定的主观意念，如价值观、民族特色、地域特征等。

在这种文化全球化的宏大背景之下，电视剧的跨文化传播成为可能。从传播接收站的角度来看，全球化是一个客观的、普遍的趋势。在这种趋势下，人类文化行为所具有的普遍性和共同性就会超越国家、民族、社会制度、意识形态等方面的分歧，形成比较同质的全球文化。② 人们的交往空间空前的扩大，文化之间的联系也日益紧密，各个国家和民族之间的互相影响也在不断加深。面对异质文化的进入，人们的心态更加开放和包容，对文化的需求也更加多元化。文化全球化正是通过开放性和包容性来承载不同文化之间的冲突和融合，推动多元文化的进步及发展。由此可见，国家间频繁的经济交往推动着文化的传播和交流，人们异质文化有了更多的包容，甚至欣赏。不再仅仅囿于本国家或者本民族的文化，文化与价值的取向更为多元化。

---

①　张婕妤. 英国连续剧《神探夏洛克》的日神面具. 电影评介，2012（24）.
②　李峤雪. 好莱坞电影在中国的跨文化传播. 青年记者. 2014（18）.

（二）网络化语境

伴随着全球化而不断发展的互联网，彻底地影响和改变了人们的生活方式。网络不受时空的限制，是一种极具开放性的渠道，并且能较少地受政府的干预和控制。网络的发展使跨文化传播进入了一个新时代。首先，网络缩小了大众传播的时空限制，资源共享更加便捷，促进了全球的文化交流。民族、种族、阶级、地区以及语言不同的人群通过网络这一媒介进行交流，异质文化之间也通过这一崭新渠道进行沟通和交往。"拥有不同文化背景，不同的生存环境，不同的信仰与思想，从未谋面的人们在无限互联的互联网上将心灵拉近。"[①] 其次，在传统的大众传播中，异质文化的传播在很大程度上受"把关人"的影响，"信息过滤器"的作用很大，人们对异质文化的接受受到了很大的局限。然而在网络时代，人们足不出户便可知天下事，对信息的选择和接受也更加自由和自主。再次，当前的传播对时效性的要求更高，网络的发展使跨文化传播的时效性更强，传播的内容更为丰富，传播方式更为多样。网络融合了包括人际传播、大众传播以及组织传播等多种传播形式，信息能以文字、图片、视频、音频等多种方式进行 24 小时无休止地跨越地点限制传播，充分尊重受众在使用过程中的自主权。人们对细心的需求能更加便捷地获得，网络能带来更加人性化的传播体验，因而能获得更好的传播效果。

拉里·萨默瓦（Larry Samovar）认为跨文化传播涉及三个基本要素：①认知要素。直接影响认知和传播的三个主要社会文化因素是：文化价值观、世界观（宗教）、社会组织（家庭和国家）。②语言要素。语言是历史的档案。语言在文化中的重要性不容低估。语言是人类最基本的大众媒介，是其他一切媒介赖以传情达意的基础。③非言语语言，包括身体行为、时间概念、空间的使用等。[②] 国内观众收看《神探夏洛克》的主要途径是通过网络观看，而中国基数巨大的网民为这部剧的流行奠定了基础。另外，虽然喜爱，但由于我国绝大多数受众的英语水平达不到要求，因此若想流畅地观看整部剧并获得好的观看体验，中文字幕是不可或缺的。目前国内存在大量的字幕翻译小组，这些小组成员多是自愿参加并义务为观众服务，这就为英剧在我国的跨文化传播扫去了语言上的障碍。成立于2003 年的人人影视是国内最早、影响最大的字幕组之一，其站长梁良在接受媒体采访时说："字幕组的精神和宗旨是免费、共享、交流、学习，不

① 陈力丹. 试析互联网上的自由与民主. 观代传播，1999（1）：23.

② 单播，石义彬. 跨文化传播新论. 湖北：武汉大学出版社，2005.210.

以所制作的东西进行商业盈利行为。只有具备这些条件的组织才能算是字幕组。"他认为"字幕组并不是中国的特殊产物，是全世界都存在的，而且各国字幕组也是有联系的"。BBC在《神探夏洛克》第3季播出时向中国优酷网提供了海外唯一同步跟播权，并且提供了官方中文字幕。这无疑为该剧的传播提供了更好的保障。

三、受众接受心理分析

首先，获得信息。年轻的受众更渴望获得新知，拥有强烈的求知欲，渴望了解外面的世界。《神探夏洛克》与以往翻拍的福尔摩斯版本最大的不同之处便是将背景移到了现代，侦探穿着时髦，手中拿着智能手机，并且更为年轻。因此，此举不但可以获得福尔摩斯死忠粉的关注，还能俘获一大批年轻观众的心。

其次，个人主义。个人主义是西方文化构成的主要内容和基本标志，他们的道德伦理鼓励个人在不妨碍他人价值体系的前提下追求自我认为有益的事物。我们在英剧中经常可以看到许多个人英雄的形象，《神探夏洛克》中夏洛克集智慧与胆识于一身，与大反派进行脑力的较量，破解一个又一个疑难问题，渗透着个人主义的价值观。这种追求自我与坚毅的个人精神十分契合当下中国年轻人张扬自我的心理需求。

再次，理性主义。西方文化推崇理性主义，这种理性主义在《神探夏洛克》中体现得更是淋漓尽致。剧中涉及大量的刑侦和医学等专业方面的知识，并且极为强调情节的真实感，每个小细节都经得起推敲。理性主义贯穿整部剧的始终，这与国内的刑侦片形成了两种截然不同的景象。《人民日报》曾发布微博评论表示："英国人将福尔摩斯旧瓶装新酒，引来全世界网友的狂欢。互联网发展就要有登峰造极的气势，只有这样，我们才不会为了看了几集福尔摩斯欣喜若狂，也许可以尝试让大不列颠岛上的观众知道，我们有个叫狄仁杰的神探，也是不错的。"但是，《神探夏洛克》的高收视率绝对不仅仅是因为具有极大吸引力的演员，还是因为该剧的逻辑清晰，经得起推敲。单单夏洛克的假死就被设计成13种不同的方式，每一种都能说服观众，既有英国严谨的学院派风格，又没有说教味，娱乐性十足。

四、叙事艺术分析

（一）悬念的设置

悬念的设置让整个叙事节奏更加紧凑和富有张力，节奏在整部剧中不仅牵涉到事件的紧张，还需要全剧的密切安排和配合，同时更要顾及观众的接受心理。

在《神探夏洛克》中我们可以发现，剧中所有人物的设置、所有人物之间关系和情感的设置都是以"破案"为核心的，绝没有多余的情感和台词，故事紧凑、连贯，更契合观众的心理期待。网上曾有这样一条评论："《神探夏洛克》你得一边看一边思考才能跟得上紧张的节奏，只要一走神，关键剧情立刻稍纵即逝，而你看《神探狄仁杰》时大可一边嗑瓜子，一边玩 iPad 游戏，最后你肯定会比元芳先知道真相。"这条评论真可谓是一语道破天机。所以，《神探夏洛克》受到热烈追捧并拥有高收视率是必然的。有网友认为：韩剧拖沓冗长，适合家庭主妇；日剧白日做梦，适合少男少女；国产剧更是毫无特色。而英美剧剧情错综复杂，内涵颇深，若非具有一定的理解能力，无法体会其中的意义和乐趣。

（二）人物形象丰满

在戏剧创作中，很多人都易陷入"脸谱化"的窠臼。所谓"脸谱化"，是比喻文艺创作中刻画人物的公式化倾向，即什么是好什么是坏一眼就能看出来。[①]《神探夏洛克》中的卷福就是一个反传统式人物，虽然他探案如神，但是他神神叨叨、对异性不感兴趣、不善于交朋友、自我又自大，可以说在某种程度上是一个具有性格缺陷的人。这种"去脸谱化"的表现更容易引起观众的理解和共鸣，也更容易在同类型的剧中脱颖而出。

虽然中国有《神探狄仁杰》，并且收视不俗，但是与《神探夏洛克》相比则显得漏洞百出。观众在观看此类电视剧时心理期待的是高智商的探案高手，但《神探狄仁杰》显得拖沓，网友们疯狂调侃狄仁杰与李元芳之间"元芳，你怎么看"、"大人，我看此事必有蹊跷"的对话，多多少少是对元芳形象包含的某种缺陷的不满。《神探狄仁杰》中不管是元芳与如燕及公主的三角恋，还是狄仁杰与五娘的黄昏恋都引起了观众的不满，尽管

---

① 赵颜颜. 多重语境下解读美国电视剧在中国的跨文化传播. 安徽大学硕士学位论文，2012.

片方解释说这样可以使剧情更加丰满，但是观众们并不买账，因为丰满的人物并不是靠几段恋情就可以撑起来的。在《神探夏洛克》中夏洛克与"The Woman"艾琳·艾德勒也有感情戏，但他们的感情也只是点到为止，留给观众更多的可以自由发挥想象的空间。

（三）轻松诙谐的娱乐因素

电视剧本身是一种大众消费品，具有娱乐性则更容易为大众所接受。《神探夏洛克》中夏洛克不时地说出一两句看似很欠揍却又让人忍俊不禁的话，比如：

Did he offer you money to spy on me? Yes. Did you take it? No. Pity, we could have split the fee. Think it through next time. （他有没有出钱让你监视我？没错。收了吗？没有。真遗憾，我们本可以平分。下次想清楚点。）

I cant turn it on and off like a tap. （聪明又没有龙头可开关。）

Anderson, dont talk out loud. You lower the IQ of the whole street. （安德森，别大声说话，你拉低了整条街的智商。）

这样的台词缓解了观众观看侦探剧的紧张情绪，同时轻松幽默的语言有利于缓解观众紧张的生活压力。艺术无国界，优秀的艺术作品能够超越语言及文化等因素引起人们的共鸣。《神探夏洛克》特殊的叙事方式、悬念和冲突的设置以及人物的形象塑造使得其艺术性更为突出，因此，它能够成功地在中国进行跨文化传播，并拉拢一大批观众的心。

五、对我国电视剧的启示

虽然我国是电视剧大国，但并不是电视剧强国，粗制滥造的电视剧不在少数。总体来说，我国电视剧主要存在以下问题：第一，跟风严重。一部剧火了，然后整个电视屏幕充斥的都是同类型的电视剧。比如，《潜伏》火了，大量模仿跟风的谍战剧层出不穷；《宫》火了，接下来几乎各个电视台都在播出穿越剧；《甄嬛传》火了，所有电视剧创作又都指向宫斗剧。跟风剧大都剧情粗糙，缺乏张力，造成了资源的严重浪费。第二，过度娱乐化。手撕鬼子之类的雷人剧情不尊重历史，对青少年正确的历史观的形成十分不利。

《神探夏洛克》在中国成功的跨文化传播带给我们许多启示。

（1）重视编剧的作用。英剧是由创意人主导的体制，产权主要在创意人方面，其决定权更大。然而我国电视剧是以导演为主，编剧的权利得不到足够的重视。导演可以为了商业利益一味地迎合受众的口味，而忽视电视剧本身的质量。

（2）加强叙事艺术。《神探夏洛克》紧凑和富有张力的叙事手法十分值得国产剧借鉴。避免拖沓，对剧情的打造需要更加用心。

（3）避免跟风，注重创新。某剧火了马上跟风，很难拍出精品，更不用说走出国门进行跨文化传播了。应该开阔思维，大胆想象，但这绝不是闭门造车。艺术高于生活却又来源于生活。

（4）加强与观众的互动。英剧边播边拍的方式很值得我们学习，与观众进行互动，听取观众的意见和建议，适当适时地对剧本进行修改，及时了解观众的心理诉求，与观众之间形成良性互动。

六、总 结

随着信息和资源在全球的飞速发展与传播，文化融合的速度也在大大加快，当某些问题还没进入我们的思索之中时，或者说，我们甚至还没开始思考那些问题时，传播行为就已经形成，同时也出现了比如文化主体的差异性、传播中的输入与输出的不对等这些问题。面对这些问题，首先我们要做的是摆正心态，我们应认识到同经济全球化一样，文化冲突与融合是不可逆转的趋势，一味地阻挡强势或优势文化输入并不能从根本上解决问题，而是应该消除"刻板成见"，在尊重外来文化的基础上有选择性地吸收，取其精华，去其糟粕；另外还应该尽量避免因文化差异而产生的文化误读或曲解；但这些并不意味着不保护本土文化，在对我们本土文化的保护方面，要坚守民族文化内核，立足本土文化根本，鼓励在此基础上的文化创新，使跨文化传播所带来的积极作用得到淋漓尽致的发挥。尤其到了现在这个阶段，电视的发展更应该如此，积极学习，避免闭门造车，吸收外来文化的优势，促进本土视频产业的发展。

（撰稿：娄瑞楠）

国内综艺节目热潮分析

【摘　要】电视娱乐节目是指"通过电视这一特定的传播媒体传播的，大众广泛参与的，以审美性、娱乐性、观赏性、趣味性为突出特点的电视节目"。自 20 世纪 90 年代以来，我国电视技术在各个方面都取得了巨大的进步，为我国电视娱乐节目的发展做好了技术准备。本文从国内综艺节目的发展历程，透视其中演进的原因，以及存在的问题。

【关键词】综艺节目；存在问题；引导

一、我国电视娱乐节目的发展历程

随着人们对电视节目要求的不断变化，娱乐节目从众多的电视节目中脱颖而出，以它独特的综合性、参与性、媒介性及艺术性，逐渐成为深受大众欢迎的电视节目类型。至今，中国的电视娱乐节目已出现了综艺类、速配类、益智类、博彩类、游戏类、真人秀等多种形式，其模式和内容也在不断更新，以满足广大受众的需求。

我国电视娱乐节目的发展大致可以分为五个阶段：

第一阶段是 20 世纪 90 年代初兴起的，以《正大综艺》《综艺大观》为代表的综艺类型节目，将歌舞、相声、小品等艺术形式有机地结合起来，开创了我国综艺节目的先河，相声、舞蹈、歌曲、杂技等所有的艺术形式都可以在这里看到，但是主持人与观众的互动却很少。节目主持人行为表情过于死板、语言过于正规化，基本都停留在对稿件的二度创作阶段，有极大的局限性。观众与节目之间有一道鸿沟——观众只能仰望着这些美轮美奂的"展品"。主持人成为舞台的"操控者"。

第二阶段是以《快乐大本营》《欢乐总动员》为代表的游戏类娱乐节目，以明星的参与作为卖点，主持人和观众进行部分互动。观众已经从早期审美转向一种"审丑"，人们看这类节目的一个重要驱动力是为了看明星出洋相。观众从心理上变成了一个评价者。舞台与观众之间的那道鸿沟已经开始退化，主持人也不再是绝对的中心。

第三阶段是以《幸运 52》《开心辞典》为代表的益智博彩类节目，观众被请上舞台，与主持人进行互动，成为节目的主体。观众看节目时既不是审美也不是审丑，在演播厅直接面对王小丫和李咏的竞答者是跟他们一样的普通人，这个时候观众已经和他们有了一种平视的态度，节目已经走向了平民化。可是这类互动的条件较苛刻，在节目录制之前需要进行选拔和审核。

第四阶段是以《超级女声》《我型我秀》为代表的真人秀节目，平民走到了观众的面前，而且成为明星。像李宇春、周笔畅、张靓颖、何洁等众多明星都是由《超级女声》打造、包装出来的平民明星。观众的参与度极高，因此也可以说真人秀娱乐节目为观众提供了一个表达和展现自己的舞台，也是很多人眼中可以一夜成名的跳板，同时观众还拥有了一定的决定权，为自己喜欢的选手投票、留言。这样的方式无疑把舞台外的观众拉到了舞台内，拉近了明星与观众的距离和观众与舞台的距离。对观众来说，舞台和明星们不再是那么遥不可及，所以越来越多的观众参与了进来。

第五阶段，以《中国好声音》《我是歌手》《爸爸去哪儿》等节目为代表，大量从国外引进节目而带动起来的综艺热潮。2013 年中国电视娱乐市场热闹非凡，排名前 10 位的卫视热播的综艺节目基本都是引进国外节目版权，共有 30 多档来自英国、荷兰、美国、韩国等国的节目模式亮相中国电视荧屏。各节目在中国掀起一波又一波的收视热潮，观众乐了，电视人却愁了：卫视火拼时代，什么样的节目才会脱颖而出？一个引进海外节目模式的综艺节目火了，其他台是否该一窝蜂跟着去做？《中国梦之声》总导演王磊卿认为，引进海外节目模式需要眼光。"未来引进海外节目的模式会逐步呈现差异化，如果大家集体扎堆同一个成功类型，会有视觉疲劳。""拿来主义"的海外版权会让中国电视人养成一种"惰性"，从而在很大程度上阻碍了本土创意研发的脚步，未来中国原创节目自我开发的出路在何方？深圳卫视《年代秀》总制片人易骅认为，之所以国内原创综艺节目少，是因为国外节目先有 3 000 个创意，最终播出的却只有两三个，成功的可能只有 1 个。这样的生态模式，目前无法被国内电视业所接受。

二、"外来"与"本土"，如何"合家欢"

各大综艺节目，尤其是真人秀节目，在 2013 年究竟有多火？从收视率数据或可管中窥豹。

据央视索福瑞 CSM48 城市网数据显示，截至 2013 年 12 月，在全国 8 档收视率破 4 的电视节目中，《爸爸去哪儿》第 10 期、第二季《中国好声音》第 8 期、《我是歌手》总决赛、《快乐大本营》"爸爸专场"这四档节目都是真人秀或与真人秀有关的综艺节目。

此外，音乐类节目在真人秀的"战场"中也从不缺席。1 月，湖南卫视《我是歌手》打响了 2013 年音乐类真人秀的第一枪，随后，从湖南卫视的《中国最强音》《快乐男声》到浙江卫视的《中国好声音》，再到东方卫视的《中国梦之声》和江苏卫视的《全能星战》，再到央视的《梦想星搭档》，音乐类真人秀几乎做到了全年"无缝衔接"。

然而，一个无可辩驳的事实是，经过一轮又一轮密集"收网"后，音乐选秀节目迎来"资源荒"。似曾相识的评委、草根或明星选手、赛制以及同时打出的音乐牌……眼花缭乱的音乐选秀节目让人觉得有一种井喷时代后的"竭泽而渔"的感觉。

进入下半年，《爸爸去哪儿》横空出世——自从开播以来，5 对明星父子在节目中的一举一动都会在网络上引发热议，而这种热度也成功地转换为除蛇年春晚之外，2013 年中国综艺节目的最高收视率。

众所周知，西方媒介的传播经营理念对我国的传媒有很大的影响，西方电视节目从节目形式、内容以及运作方式都对我国电视节目的演变和发展起着巨大的推动作用，我国每一种新推出的节目几乎都有西方同类节目的影子，在娱乐节目的发展过程中尤其如此。20 世纪 90 年代初期的"明星＋表演"模式的综艺节目形式、"观众＋游戏＋巨奖"的竞猜节目形式以及现在收视率极高的真人秀节目形式都明显有着西方同类节目的影子。从真人秀节目《中国好声音》看到了《美国好声音》《英国好声音》，从中国《爸爸去哪儿》到韩国原版《爸爸！我们去哪儿?》。我国的电视娱乐节目起步较晚，因此也就需要借鉴国外的多种电视娱乐节目的形式，然后再融入多种元素，包括带有本土色彩的中国元素。2013 年的《中国好声音》就将中国的很多元素融入其中。在歌声的背后，反映出在中国城镇化过程中，年轻人的梦想即使有失去的时候，也有拾起的机会，而《中国好声音》的舞台，就是为这些曾经失意的草根音乐人而准备的。正是在这样的宣传基调下来引进国外版权、拍摄团队。在幕后策划中，也不难看出为了迎合国人的口味，导演们的种种苦心。由此可见，如今我国的电视娱乐节目不仅仅只是借鉴外国的形式，也能够将中国元素融入其中，使节目能够更好地为中国观众所接受和喜欢。

三、2013 综艺"大蛋糕"，应该如何分

如今的电视人都是以利益最大化为终极目标，为了最短时间抢走观

众，电视人在克隆其他电视台的节目的同时，也来不及想怎么样才能留住观众。主持人是电视娱乐节目的核心，如果主持人的自身修养和文化内涵比较低，那么整个节目的内涵也就不会有多高。主持人和节目从来都是如影随形，如果娱乐节目不实现创新，娱乐主持人的可持续发展将无从谈起。虽然我们鼓励和期待原创，将娱乐节目真正地"本土化"、"民族化"，但是要实现这一点却并不容易。编创人员必须深入大众文化、深入生活、深入受众，多观察、多搜寻大众喜闻乐见的且有需求空间的娱乐元素。杨澜曾说："美国仅有两百余年的历史，但它的历史和人物传记可以支持整整两个频道，至今已播出了五六年，收视率一直在上升，利润也一路上升。中国有五千多年的历史，其丰富无比也灿烂无比的文化可以支撑无数个系列，关键在于电视人的眼光、视角和制作手段。"电视人需要以虔敬的态度，向我们自己的优秀文化传统去寻找、挖掘和探索，不仅要把住市场和观众需求的脉，更要营造出一种积极健康的文化与社会氛围。

只要提到广告投放，就会有一句营销人经常挂在口头的话浮上心头："我知道我的广告费有一半浪费了，但我不知道究竟浪费到的是哪一半。"押宝式的机会主义投放一直让广告主感到困惑。就像2013年《爸爸去哪儿》的某知名家电品牌赞助商临阵脱逃，错过了大放异彩的好机会，让另外一家临时接替的药品企业捡了漏，从而成为营销圈热议甚至被一些媒体拿来当做广告投放的经典教材。笔者认为，对于那些"事后诸葛亮"也不必在意，因为广告投放本来就是充满"一将功成万骨枯"的赌徒色彩。

然而，在特定的情况下，广告投放或许有可能摆脱机会主义的囚笼，做到最大化广告的投放价值，比如当下汹涌而来的综艺大潮。俗话说：外行看热闹，内行看门道。各大卫视和视频网站一派如火如荼的景象，那广告主如何在这一波综艺大潮下取一杯羹？如何在电视与网络的结合、取舍中最大化广告的价值呢？接下来笔者结合几档新鲜开播的综艺节目，给出自己的几点浅见，与大家共同探讨。

1. 《中国好歌曲》：精彩不能错过　网络视频广告当仁不让

《中国好歌曲》这个节目能达到如此高的收视率以及网络播放量让我很惊讶，几乎照搬《中国好声音》的节目形式虽然难免遭人诟病，但清华大学新闻与传播学院副院长史安斌教授则认为，《中国好歌曲》是中国综艺节目从"中国模仿"到"中国创造"的标志性媒介事件。而从导师刘欢的角度来看，其投入状态远远高于《中国好声音》，而且来自业界和观众的一致好口碑让《中国好歌曲》的黑马之质显露无遗。

那广告主应该如何选择呢？笔者认为，《中国好歌曲》应重点投其网络视频广告，原因有三：①时间上，《中国好歌曲》央视播放时间是周五晚上七点半，但这个时候大多数人还在下班的路上或者正在进行周末聚会，而网络平台则因其具有随时可以收看的特点，不会让用户错过精彩节目；②虽然央视的收看时间不合适，但央视的播放已经为节目带来了关注和口碑，这时候网络平台的播放势必获得更好的二次传播效果；③从首轮播出情况来看，《中国好歌曲》在独家视频播放平台——腾讯视频的播放量三天已近2 000万，名列第一季度综艺节目网络播放榜首，而在社交媒体上的活跃度也非常惊人，微博指数显示，节目播放后，《中国好歌曲》热议度陡然增长至近100万，讨论热度是《我是歌手2》的近3倍。在首期节目中，关于霍尊的《卷珠帘》视频微博在不到24小时的时间里已被转发6万余次。

2. 《我是歌手2》：老歌手新战场　电视直播最给力

《我是歌手2》首轮收视表现并没有达到各方预期，百度指数在1月4日之后急剧下降，微博指数也远低于《中国好歌曲》，《我是歌手2》似乎已被网络抛弃。但作为红极一时的季播综艺节目，《我是歌手2》在传统电视广告方面的投放价值仍然不容小觑。

所以，相比《中国好歌曲》，笔者认为《我是歌手2》更适合电视广告的投放。首先，芒果台的号召力毋庸置疑，八点十分也很适合一家人围坐在电视旁观看；其次，《我是歌手2》的节目形式也更适合电视直播观看，角逐激烈，节目设置就像球赛一样，当然看直播最好。

3. 《最强大脑》《变形计》：话题热度持续发酵　社交媒体广告最适合

不得不说，把普及科学与娱乐融合得恰到好处的《最强大脑》特别适合社交媒体的广告投放，理由很简单，节目一经播出就在微博话题排行榜上占据榜首，"猎奇心理"让大家对那些"最强大脑"充满好奇，大家愿意主动在微博、微信上甚至是类似果壳网这种科技网站上发表看法，如何更巧妙地植入这些话题是广告主值得思考的问题。另外首期节目中，"李彦宏＋周杰伦"的互联网CEO和明星大咖的新异组合也让话题更具张力和活力，同时也吸引了高质量的收视人群。

四、综艺大潮下，制作水平的制约

（一）立意不远，传达错误导向

从语言可以看出一个国家的性格，从电视节目可以看出一个民族的精神状态。不仅如此，电视节目还可以传达一种精神上的导向，引导受众的精神需求，这是因为节目首先是一种大众传播工具，在特定范围内可以产生传播功效。娱乐节目作为一种通过一定的中介形式和大众在相互交流中形成娱乐氛围的节目形态，不可否认地也扮演着传播思想的角色。而在现代社会，人们也习惯了用媒介传播的"信息环境"作为判断标准去认知客观环境。因此，电视节目如果没有正确的指导思想，不明白其传播主旨是什么，最终会"告知"大众一些错误的认识，传播一种不正确的导向，从而带来一些隐性的社会问题，不利于整个社会健康、良性地发展。

具体到娱乐节目，比如现在风行的平民造星类娱乐节目所展示的就是具有一定特长的普通人在短时期内很快成功的语境。节目的核心是将有强烈对比的普通平民和耀眼的明星联系起来，传达的一个信息就是成功的获得并不困难，作为其主要受众群的青少年在这样的一个信息环境中获得了对"成功"这一概念的认知，并且觉得这样的逻辑在实际的生活中也是如此。因此青少年长期浸淫在这样的媒体环境中，首先就会觉得"成功"很容易，只要参加这样的节目并且成为优胜者，那么风光的生活就触手可及，难免会导致他们幻想通过这类节目不劳而获，而忽略了在现实中都要踏实地学习和辛勤地付出。当这类节目在浮躁地给出"一夜成名"的模板时，人们的心态也会越来越浮躁，从而导致"泡沫意识"的产生。其他一些赤裸裸的有关金钱的游戏节目也或多或少存在这类问题。

（二）"克隆"节目泛滥，创意不足

电视娱乐节目有它的优势：贴近生活，讲究观众参与性，很适合休闲娱乐。1998 年，湖南卫视推出的娱乐节目《快乐大本营》以一种蓬勃的朝气冲进了人们的视野，这股清新之风使那些快要偃旗息鼓的综艺娱乐节目重新振作起来，并开始纷纷效仿。一时间"克隆"者云集，各地的电视台都有娱乐节目，于是观众满眼都是"娱乐"。2012 年的《中国好声音》则带出了一批诸如《我是歌手》之类的电视选秀节目……娱乐节目本应是电视荧屏中一个充满新生力量的阵地，但在互相"克隆与模仿"中，缺少变化与创新，似乎走上了崎岖之路。

电视娱乐节目虽然泛滥成灾，但并非意味着娱乐节目的过剩，相反，娱乐节目的发展空间还很大。目前成功的娱乐节目形式太少了，而更多的节目还处于"弱智阶段"，创意不足，在借鉴国内外节目形式的时候好东西没学来多少，而粗俗的搞笑、巨额博彩、贩卖"真情"、明星"走位"、暴露隐私等娱乐垃圾却比比皆是，在一片繁荣的泡沫之中露出非常难看的

"借来的尾巴"。

其实早在综艺娱乐节目一窝蜂地"冲刺"时，有不少专家便亮出了警告牌，他们指出娱乐节目过多、过滥，缺少文化品位，将会导致一大批模仿者迅速枯萎、中途夭折。如今两年过去了，有些盲目追风尚未打响的娱乐节目变得更加的悄然无声，而有些一度很火的娱乐节目的收视率也出现了大的滑坡。综艺娱乐节目收视的滑坡，当然有电视节目增多造成收视群体分流这一客观原因，但更主要的原因还在于没有掌握当今观众的口位，缺少文化品位，缺少创新与变化，跟不上观众水平提高的步伐。电视娱乐节目的形式如何更符合观众的欣赏品味是亟待解决的问题。

（三）格调不高、媚俗味过重

在娱乐节目中，博君一笑，胜过无数。这样的无聊文化导致的娱乐元素在当今社会表现得很明显，当年湖南台火爆的《超级女声》，人们最爱看的是海选现场的片段，因为可以看到各种各样的人在上面出丑，红衣教主黄薪因此成名；"人们抱着复杂的心态观看节目……万人空巷共赏少女出洋相的'超级女声'，宣告了跨媒体时代关于'平等沟通'神话的终结，不知情的表演者们被暴露在与他们的梦想无关的目光之下，成为新世纪'喜剧暴力'的牺牲品"。如今台湾当红节目《康熙来了》，以女主持人小S捉弄来宾为大卖点，她无聊透顶的先锋姿态恰好击中了当今青少年价值观的痒处。

而有些节目不仅很难博人一乐，还会使人直起鸡皮疙瘩。比如有个节目的主持人常问参赛者："你欣赏什么样的异性？"如是女性参赛者，在对方说完喜欢什么样的男性后，主持人则说："我听着像我呢！"其油腔滑调给人以庸俗的感觉。南方都市报曾报道华娱卫视于2005年3月25日前后推出的一档"另类"游戏节目《时间就是钱》，大胆挑战金钱尺度。特邀嘉宾们对这个颇具争议的内地游戏节目表达了不同的看法，其中一位嘉宾说道："这个节目比较直接吧，跟钱联系在一起。"而另一位嘉宾对该节目"赤裸裸派钱"的手法则表示："节目设计得还是比较新颖的，通过娱乐的形式提醒年轻人珍惜时间才能挣到大钱的观念。但制作节目的观念仍跟不上港台，设计得太像做戏，反而使人觉得尴尬。"

冯骥才在提到娱乐节目时语气有些沉重："我们的文化正走向粗鄙化，即粗糙、粗俗，这绝不是危言耸听，需要引起我们的注意。有的电视节目真的是不伦不类，缺少文化气息。"全国政协委员姜昆为此发表感慨："明星在台上打打闹闹，或者问答一些无聊的问题，希望靠出丑来博人一笑。

面对这样的电视娱乐节目，你还乐得起来吗？"他呼吁有关部门应当规范电视娱乐节目，促使其提高文化品位、文化含量，对公众的欣赏趣味起到积极的引导作用。

五、综艺的"洪流"如何引导，又将走向何方

随着时代的发展，电视娱乐节目被逐渐开发、重视、放大，娱乐类节目已经成为仅次于新闻类节目的第二大收视焦点。我国电视娱乐节目应该克服上述问题，向着健康良性的方向发展。

（一）寓教于乐，绿色娱乐

"电视娱乐节目是电视文化的四大功能之一，通过收看电视娱乐节目获得休息和消遣，这是人民群众非常普遍的一种生活方式。电视给人们带来娱乐的这种广泛性，决定了电视文艺节目必须从满足观众多层次、多方面的需求出发，努力做到丰富多彩，雅俗共赏。"[①] 所以现在大家都在呼吁电视娱乐节目应该寓教于乐、绿色娱乐。所谓寓教于乐指的是电视娱乐节目不应该只是娱乐至上，娱乐中应该有一定的文化内涵，让观众在观看节目的同时能够学到知识。比如在节目中直接或间接地告诉观众什么该做、什么不该做、什么该说、什么不该说，也就是说融入一些积极的元素，如诚信、孝顺等，让观众在观看节目时受到潜移默化的影响。如《天天向上》就将一些传统的、积极的思想融入节目之中，让观众在看节目的同时也能学到很多东西。所谓绿色娱乐指的就是娱乐节目的内容不应该不健康，电视娱乐节目传播的内容应该是积极、向上的。一档节目是有很多把关人的，这就需要每一个把关人都要把好关，坚决不将不健康的东西带到节目中。

（二）以创新为主，借鉴为辅

中国的电视娱乐节目要想很好地发展就一定要创新，借鉴是可以的，但并不是说要原封不动地拿过来。特别是在电视节目竞争日益激烈的今天，创新是长胜的一个众所周知的重要秘诀。没有创新就没有发展，中国电视娱乐节目的内容贫乏、形式单一，恶意模仿与相互克隆是导致娱乐节目陷入困境的原因之一。娱乐节目《欢乐总动员》的策划魏永刚认为：

---

① 时统宇. 电视影响评析. 北京：新华出版社，2012. 93.

"如今国内综艺节目的制作和改版都面临着盗版的问题，一个综艺节目的优秀创意一产生，很多人就会不假思考地模仿，而不是学习、创新。但其实只有动脑筋的综艺节目才能生存，简单模仿，观众并不买账。"的确，"学我者生，似我者死"，只有在竞争中不断创新，才有生存的可能。没有创新就没有发展，这是所有节目成功的通用法则，因此我们必须积极地、主动地吸收外部文化的因子，保持清醒的头脑与开放的心态，把能代表我们中国特色的元素完美地整合到节目中，这样才能做出更好的娱乐节目。

（三）提高传播的文化内涵和格调

内容浮浅、格调庸俗已成为人们对娱乐节目的一大诟病。"思想淡出对话，内容淡出形式，感性驱逐理性，夸张取代真实，搞笑胜过幽默，表象打败内涵，形而上的关怀让位于形而下的自娱自乐"，娱乐传播"繁华"的背后是思想和艺术的"贫乏"。"如今的电视一味追求娱乐效果，有人还主张电视就是娱乐，当娱乐成了全部目的后，电视就开始失去它的价值。"杨滨先生在《评电视文艺娱乐节目的庸俗化倾向》一文中说："目前的所谓电视娱乐节目，已经是艺术之树上的病枝，享乐的麻醉剂，刺激收视以谋取金钱的商品。它们垄断着荧屏，逐斥着真正的艺术，它们以娱乐来以偏概全地冒充艺术在历史与现实中的多元化功能与性质……丰满鲜活的艺术传统正在枯萎，尸骸标本式的华丽'艺术'将成为我们后代子孙的精神食粮。"一个节目如果没有一定的文化内涵作支撑，那么最终都会以失败告终。"如果说，没有传播的文化是死文化的话，那么，没有文化的传播就是死传播。"事实证明，娱乐传播也需要文化内涵做支撑，电视绝不能从"只讲政治"这一极端走向"只讲娱乐"另一极端，在当下"传媒文化的消费特性、市场价值、娱乐功能等得到了充分的强调，尤其在新兴媒体方兴未艾之际，异质的、感官化的、更具炫惑魅力的'意象形态'价值被高度张扬，而传媒文化本该拥有的审美品格追求则在一定程度上受到漠视"的语境下，电视娱乐节目更要坚守电视的文化品格，坚守娱乐底线，致力于提升电视娱乐节目的品质和品位，做到"不肤浅、不流俗，有深度，有品位"，或"通俗而不庸俗，用情而不滥情、娱乐而不愚乐，平凡但不平庸"。

六、电视娱乐节目的发展展望

通过对电视娱乐节目的轨迹和特点的分析，可以发现：

第一，应更加注重日常化和生活化。电视娱乐节目是一种大众化的节目，它的创意来源于人们的日常生活。只有日常化和生活化的节目才为观众所喜闻乐见。从之前综艺节目的"文以载道"到目前一些成功的电视娱乐节目来看，电视媒体人在对观众的欣赏趣味的把握上的进步是明显的。

第二，参与者应更多地由名人走向普通人。在过去相当长一段时间内，电视娱乐节目是名人的专利，普通百姓仅仅是"看客"。这种现象在目前已经发生了明显的变化，电视娱乐节目逐渐成为普通人的舞台。

第三，电视娱乐节目的内涵有待增强。电视娱乐节目走出"政治"和"教化"等形式后取得了长足的进步。但同时也出现了一个问题，那就是节目的文化内涵的弱化，仅仅一些简单的游戏难以让电视娱乐节目的发展看到希望。以前的一些电视节目依靠明星的捧场和俊男靓女的主持取悦观众，但展现普通人的智慧、发掘成熟有内涵的节目主持人才是大势所趋。近年来的电视娱乐节目也有意识地在注意增加节目的文化内涵。如益智类节目对知识的提倡，真人秀节目对普通人的关注等。

第四，电视娱乐节目应更注重创意。创意长期以来被电视娱乐界人士所忽视，以至于电视圈内外的人都对电视抱有一种成见，即认为电视娱乐节目没有创意。其实，电视娱乐节目对创意的依赖性是相当强的。因为电视娱乐节目是一种更新非常快的节目，一旦不能跟上人们生活的节奏，就将被观众所厌弃。

第五，应更加注重节目的互动性。这里的互动包括两个方面：一个是节目与观众的互动，另一个是媒体之间的互动。网络、报刊、手机短信等媒介，电脑虚拟和现实中的游戏将越来越多地为电视娱乐节目所用，电视娱乐节目的发展方向将是真实与虚拟界限的进一步模糊，将是成为一种陪老百姓过日子的节目。

第六，应更加注重节目形式的包装。节目的包装不仅是技术问题，更是意识问题。国内的电视节目的包装是相当滞后的，这与专业性不强有关，也是与国外节目的基本差距。

可见，我国电视娱乐节目的发展方向是全方位的，需要的不仅是速度，更是质量，但是随着电视节目多元化的发展，相信电视娱乐节目最终会找到一条属于自己的道路。

（撰稿：黎日森）

《孤独的美食家》

——美食日剧的成功秘诀

【摘　要】通常而言，电视剧都要有长相俊美的男女主角，跌宕起伏的剧情，这样才能让观众欲罢不能，沉醉其中，甚至无法融入现实生活。但是，近两年的日本电视剧中有一部深夜档上映的作品博得了国内众多观众的眼球，成为能和《舌尖上的中国1》抗衡的美食大片。这就是《孤独的美食家》，它没有连续的剧情，没有人物之间的感情纠葛，甚至连对白都很少，却成功地吸引了广大"吃货"。直至2013年第三期上映，它依旧引领美食界的潮流，成为最热门的电视剧。在这部日剧中，它摆脱了以往美食类电视剧的情节和发展模式，独立成篇，本文主要从该剧创新的特色来分析其成功之道。

【关键词】日剧；美食；成功

一、案例简介及背景介绍

依据2013年豆瓣日剧"口碑榜"8.0分以上排名榜显示，2013年一共有四部日剧在豆瓣电影中评分超过9分，其中前三名《海女》《半泽直树》和《Legal High》都是职业剧，充满了故事性和矛盾冲突，同时在轻松幽默中传达着励志、奋斗与希望。而位于第四名的则是由谷口二郎的同名漫画改编的电视剧《孤独的美食家》，这是一部纯粹的关于美食的日剧，没有连贯的剧情、人物矛盾，甚至连女主角都没有。整部剧都是在讲述一个中年男人——经营进口杂货店的个体小老板井之头五郎，伴随着轻快的音乐，穿行在日本繁华或僻静的大街小巷，肚子饿了就开始慌张地寻找店铺，凭着自身吃方面的才能，五郎永远都能在琳琅满目的店铺中找到最特别、最美味的食物，饱餐一顿，在美食中释放自由和寻求安慰，然后抚着肚子满意而归。

2013年7月10日起由富士台每周三零点播出深夜档电视剧《孤独的美食家》第三期。该剧播出后在夏季档又掀起不小的"美食吃货风"，大家纷纷表示大叔的归来再次温暖了自己，这部"治愈系"超强的电视剧在播出两季后依然深受观众喜爱。

《孤独的美食家》每期共12 集，由于是放在零点以后的深夜剧场，所以每集的时间只有 34 分钟。第三期依旧延续前两期的风格，依旧是五郎一个人的美食之旅，着重表现主人公五郎吃饭时的场景及其心理活动。剧中主人公五郎在日本各个城市穿行，寻找自己真心喜欢的美食，或是中华料理，或是西餐，或是大阪烧，或是拉面……每一集都会对某一种食物进行画面描写，让观众对该食物从好奇到了解再到欲罢不能，并且通过五郎的视角和行动了解到最具日本民间特色的街道和餐厅。

图1 《孤独的美食家》宣传海报

日本关于美食的剧不少，其中广为流传的，且被中国人所熟知的要属 2009 年播出的《深夜食堂》和 2008 年播出的《料理仙姬》。《深夜食堂》于 2009 年深夜档播出，该剧根据安倍夜郎的同名漫画改编而成，讲述了一个在深夜开张的小餐馆里各位食客的故事，是一部温情深夜剧。《料理仙姬》于 2008 年播出，讲述的是一家名为"一升庵"的老店为客人细火慢调可口饭菜的故事，在当时以主演苍井优甜美的外形、精致的日本料理和华丽的和服而被奉为殿堂级别的剧，是一部堪称了解日本文化的精品之作。再早些年比较有名的要属《午餐女王》这部日剧了，该剧于 2002 年播出，以家庭为核心，融入了青春的爱情主题，在以"蛋包饭"为主打菜的传统西餐厅内发生的"绝世美男"与打工妹之间的爱情故事。除了这几部比较受好评的关于美食的日剧外，在日本有关美食题材的电视剧还有很多，但都没有脱离电视剧的基本特色，都是有着靓丽的主角撑场，并赋予主角一个丰富的背景和复杂纠结的人物关系，使得故事内容丰富多彩，有的甚至涉及穿越题材，可谓在故事结构上面的想法颇多。中国虽然美食数不胜数，可是以美食为主题的电视剧还是少之又少，为数不多的几部也是青春偶像剧，内容单一、变化不多。但是日本在这方面涉及的类型极为丰富，善于运用镜头进行煽情，又能够融入大和民族的文化特色，相对于中国而言确实在制作方面比较娴熟。

《孤独的美食家》这部深夜档上映的美食题材电视剧在短短一年半时间内就播到了第三期，可见观众对它的喜爱程度。作为 2013 年夏季档深夜剧中的重头戏，该剧一经播出便好评如潮。同时在剧中得以登场的餐厅也因此而生意火爆，客人如同"巡礼"一般络绎不绝。对于吃货来说，这部剧比 2012 年红遍全中国的《舌尖上的中国 1》更加让人垂涎欲滴。当年《深夜食堂》火了后，剧中出现的各种食物也被大家所学习制作，同样地在《孤独的美食家》播出后，中国的一群吃货们也开始搜刮和制作剧中出现的食物，甚至在下厨房网站上专门有一个叫"孤独的美食家"的菜单，里面都是网上各类达人制作的出现在剧中的美食集萃。不仅食物火了，甚至在中国还有人开始学习他们的拍摄手法。

二、《孤独的美食家》成功原因探索

2013 年播出的《孤独的美食家》已经是第三期了，在 2012 年 1 月 4 日首播第一期时，就以其独特的风味吸引了大批观众，尽管有人在网上说这只是一个"饭桶"的故事，但是追剧的人只升不减，一年半过去了，观众对这部剧的热衷度居高不下。作为一部以美食为核心内容的电视剧，没有华丽的服饰、没有高级的菜肴、没有养眼的艺人却能够获得如此高的人气，甚至漂洋过海来到中国并取得了巨大的成功。这种类型的电视剧在日本本土不多，在中国更是罕见，该剧的成功对开创一种新型的美食电视剧模式作出了巨大的贡献，同时对中国关于此类型的电视剧的拍摄也具有重大借鉴意义。因此，对该部电视剧成功原因的探讨，不仅能够区别于日本其他美食电视剧，同时也能为中国电视发展道路的探索提供宝贵经验。本文将从坚实的基础、叙事方式、话语形态、内容丰富以及情感把握几个方面来对其成功的原因进行相关探讨。

（一）深厚而扎实的基底

在《孤独的美食家》这部电视剧中，主角只有一位中年大叔——五郎（松重丰饰）。松重丰对于许多日剧迷而言并不陌生，他出演过《深夜食堂》中的黑社会大哥，同时也在其他多部影视剧作品中有过精彩演出。这次虽然是他首次主演电视连续剧，但是作为一名资深艺人，他曾经在舞台剧、电影、电视剧中都有非常出色的表现。无论是饰演"黑社会老大"还是喜剧人物，抑或是处事态度认真的"正直男"，还是这次的男一号，松重丰都展示出高超的演技和平静的心态。剧中中年大叔那张富有神情的脸在一遇到食物时的喜笑颜开成为剧中一大亮点。

另外，该剧作为一部漫画改编剧，本身就有着一群观众。日本是动漫大国，每年推出的漫画不计其数，而多数热门日剧、电影也都是通过漫画改编而来。漫画原作《孤独的美食家》早在1994年至1996年期间便开始连载，1997年改为单行本发行，2000年被"文库化"之后，连载受到了很大程度的限制，直到2008年才重新恢复，每一年固定推出两到三部作品，而每次新作的诞生都会引起不小的轰动。改编自漫画的影视作品，尽管在一定程度上会让部分读者无法接受，但是对于不是特别流行的漫画而言（比如《犬夜叉》《名侦探柯南》《海贼王》等），改编成为影视作品百利而无一害，特别是当它能够流入海外市场的时候，由于观众事先不知道漫画版本的存在，也就不会对影视作品中的人物造型感到不习惯和不适应，而改编自漫画作品自然事先就有了非常成熟的内容，从视觉的角度就能够吸引观众，经过改编并且加入电视元素，形成一个视听结合的新作品，并在原稿的基础上取长补短成为一部优秀的作品。纵观日本影视作品，大部分在华的知名作品都是经漫画改编而成，而这些原著在中国几乎都没被听过更谈不上看过。所以，漫画改编作品从某种程度来说推进了电视剧的成功。

（二）无故事的叙事

以往所有设计美食的电视剧，就算片名以食物命名，但人物才是主角。通过对主人公生活经历的描述来表现食物，只有知道人物的生活特色，才能够了解到这些食物。在一般剧情性比较强的电视中，食物只是作为一个线索或者纽带，看到这个食物就想到了这个人，通过故事把食物变成一个人的附属品，在这类作品中观众往往关注的还是故事本身——人物的命运跌宕和感情纠结。而在剧情性不那么强烈的作品中，美食也从来不会独立成章。这类作品通常也会把食物附属在一个故事中，只是故事的矛盾冲突不再那么强烈。这也就是说以往涉及美食类型的电视剧一定是通过一个个故事来描述美食，无论这个故事是什么类型，也无论这个故事是单个还是套环形式，但总之一定是需要通过讲故事的方式来呈现美食，这也是电视连续剧的基本风格。但是在这部《孤独的美食家》中，这种故事化的剧情被彻底打破，12集的电视剧，集与集之间完全没有连续性，每一集中间也没有很强的叙事性，就像是一部纪录片，没有特定的台本、规定的对白，就如同记录一个普通人的一天一般。

《孤独的美食家》第三期中每集电视剧时长为 34 分 34 秒，减去片头和结尾由漫画作者本人去店中亲自品尝食物的内容，整个电视剧内容长达30 分钟左右。笔者随机抽选了任意几集内容，对其中的内容和时间进行了分类，发现在这一期中五郎一天的时间安排大致如下：先从地铁站出来，开始找与客人相约的地点，这大概占据 4 分钟时间，然后肚子饿了偶遇一家点心店，进去品尝点心大概花 3 分钟，之后与客人会谈大概需要 5 分钟，与客人分手后几乎没走几步路就肚子饿了，然后开始找合适的餐馆大概需要 2 分钟，找到合适的餐馆进去后点餐和等饭菜上桌大概需要 4 分钟，然后桌上五郎开吃到吃完走人的时间需要 12 分钟。根据数据统计，一个除去片头和片尾的长达 30 分钟的片子中，有大概 15 分钟在吃，而有 5 分钟在找吃的店铺，所以说，围绕吃的时长占了整部片子时长的 67%，达到 2/3，强烈刻画了"食"的主题和本质。

另外，《孤独的美食家》采取了如同纪录片一样的拍摄方式。电视剧从头到尾就像是在讲述一个中年男人流水账的一天，没有惊奇、没有奇迹，也没有艳遇，有的只是他那对美食的追求与不舍的一腔热血。

（三）独白为主的"哑"剧

话语是一部电视剧的核心内容之一。以往的电视剧中基本上都是以人物对白为主，旁白和心理独白都不多，这样的话语方式能够使得电视剧中人物的性格特点更加鲜明，同时也能让故事中的冲突和情感渲染得更加明显，所以说以对白为主的话语方式几乎成为电视剧的一种特征。而在纪录片中多以解说为主，偶尔有人物的独白或对白，因为在纪录片中要保持一种旁观者的视角去看待所发生的事物，而这种公正的感情能够通过解说词比较好地表现出来。但是在这部《孤独的美食家》长达 30 分钟的内容中，主人公五郎真正开口说话的对白只有与客人交谈和点餐时的寥寥几句，其他所有的话语全部都是五郎的内心独白，这种安静的语言模式一开始很多人都不习惯，甚至称这是一部纯粹的"哑剧"。

但是作为一部仅有 30 多分钟的"短片"，而且集数仅仅为 12 集，剧中为了重点突出食物，突出吃东西的人的那种享受食物的美感而将故事内容完全淡化，从而也就不需要多少对白来刻画故事内容。而为了让观众完全融入主人公五郎那种对美食追求的世界中去，类似于纪录片一样的解说词也不太合适，采用解说词就会将观众与五郎的距离拉开，观众无法让自已沉溺到片中的美食和酣畅淋漓的食欲中去。

于是，内心独白的好处在此就凸显出来了。内心独白首先能很好地刻画人物形象。五郎虽然是一个身着正装的中年男子，长相也没有什么吸引人的，五官表情在除了遇见食物有梦幻般的变化之外，其他时间都是一板一眼的样子。但是通过内心独白就可以发现五郎其实是一个有着多重性格、处事非常可爱的大叔。在遇见奇怪的客人或者在与客人交谈中发现自己被朋友给要了的时候，虽然五郎的表情依然是天然呆或者是正儿八经的样子，但是内心独白却展现了他的另外一面。他总是在暗暗地对客人不爽，发着自己的小牢骚，或是在下决心回去好好教训一下这些出卖他的朋友们。五郎的角色似乎就是我们身边那些"闷骚"的朋友，严肃的表情配上生动的独白不仅深化了人物性格，也增加了笑点。

除了对人物性格的再塑功能之外，内心独白的最大用处就是能够在全集长达15分钟拍摄吃饭的时间内发挥特殊的功能。《孤独的美食家》是一部电视剧而不是美食节目，所以五郎作为一个"吃货"，在用餐时绝对不会用筷子夹起菜，然后满脸微笑地对镜头来描述菜的成色或者是制作方法，也不会在吃了一口之后一脸陶醉地对镜头抒发情感。五郎在吃的时候表现了超出寻常的专心认真，他那种如同几百年没有吃过东西般的埋头大吃，自然不会有时间开口说话，同时这也是表现食物的美味与迷人的最好方式。但是镜头一味展示五郎的吃相和食物，却没有声音自然会使得片子变得干巴巴而没有滋味，所以五郎的内心独白就是在用他自身的感受向观众介绍餐馆中的美食。这样做既不会给观众一种做作的感觉，而且能够自然地将观众带入其中，将画面和声音自然地融为一体，让观众完全沉浸在美食的乐趣中。

（四）丰富多彩的内容——声画完美结合

日本的影视作品给国人留下的印象就是小清新，日系作品对光线、色彩、构图的选取拥有自己独特的风格，就连演员在这样的画面中似乎都变美了不少。在《孤独的美食家》这部作品中依旧延续着这种日系摄影风格，灯光和照明让整个画面充满温馨感，来到小店里面永远都让人觉得一切都是那么熟悉和亲近。不同的地方是片中没有青春靓丽的主角，也没有为电视剧而特意打造的场景，一切都是通过原生态的方式展现给观众，所以除了场景的温暖之外，画面中最美的镜头都留给了美食。食物的美味与否，观众是无法知道的，但是从卖相上就能够赢得观众的喜爱。片中不乏对食物从各个角度的特写，洁白明亮的盘子，热气腾腾的食物，让人垂涎欲滴。而五郎的各种吃相在镜头中展露无遗，当遇见美食时五郎眉间的皱纹就会出现，配上他的表情，让观众欲罢不能啊！"呆萌的大叔 PK 绝妙的美食"，无疑是完美搭档。除了如同广告一般唯美的镜头之外，还用晃动和越轴的拍摄手法来表现五郎身心都处于一个激动状态，从而表现美食的诱惑是抵挡不住的。

当下影视作品的音乐基本上都是重新创作的，因为要找到合适又能表达情感的音乐还是有些难度。《孤独的美食家》中的音乐也不例外，同样也需要量身定做。音乐富有传统的日本特色，多用"希"这个音，但是又不失流行色彩。音乐贯穿于整部片子，曲风轻快明亮，多用吉他和萨克斯演奏，有些乐曲伴随着轻快的口哨声，配合着五郎随意的脚步很有感觉。而音响效果也是该作品成功的重要因素。五郎在吃饭的时候所发出的声音让观众更加身临其境。

节奏是一部作品的特点之一，也是在无形中能够吸引观众的地方。在《孤独的美食家》这部电视剧中，全篇基本延续日系作品的缓慢风格，但是慢中有快，并且有其独具特色的停顿点。片中每次五郎感觉到饿了的信号就是三个景别由近景到远景三次定格，并且配上三声十分清脆的打击乐器的配音，这短短几秒钟的独特风格的剪辑将片子的节奏变了，由之前的缓慢闲适过渡到了慌乱忙碌，三声清脆的配乐成为预示高潮来临的标志性音乐。在五郎找到心仪的饭店并在纠结中点好菜后，整个片子的节奏又缓下来，这时候的五郎悠闲地观察餐馆的样式和身边的客人以及他们点的菜，在菜上桌之后五郎都尝过一口，味蕾被完全打开，节奏又变快，五郎开始狼吞虎咽，其他的一切都变得不重要，重要的是这种独自品尝食物的美感。当食物被席卷一空之后，节奏再次缓慢下来，五郎悠闲地点上一根烟，享受着幸福的餐后时光，然后抚着肚子满足地离开。这种节奏的把握能够很好地控制观众观看时的情绪，张弛有度，观众不会感到无聊，作品也不会失去自身的特色。

在选题方面，《孤独的美食家》与其他美食电视剧的不同之处在于，其一，它是一部着重表现"吃"的作品，美食给人带来的各种欲望最终落在一个"吃"字上，而只有在"吃"的过程中，通过演员对"吃"这个动作和情感的把握才能让观众对食物有一个最实在、最客观的概念。这部作品脱离了其他浮华的内容，比如文化、材料、制作等，而且采用最实在和最直观的方式将一个食物的美味体现出来。五郎每次巨大的饭量在让观众诧异的同时又不自觉地开始认同这个食物的美味，因为演员吃得太香了。其二，这是一部将生活和电视剧联系在一起的作品，因为剧中所有出现的餐馆都是真实存在于现实生活中的，这些美食都是真实的，而拍摄的餐馆也是真实的。通过五郎对美食的追求，节目中虽然并没有刻意对日本文化进行推广，但是镜头给观众呈现出了最真实、最基层的日本状态，这些普通而又邻家的餐馆遍布在繁华的闹市、安静的小巷或是具有"昭和"气味的街道中，给人感觉亲切而又平静。其三，这是一部多元化的美食大荟萃，尽管这是一部取材自日本的美食作品，但是片中并没有一味地推崇日本料理。在片中，不仅有日式最平常、最普通的料理，也有中华料理、巴西菜、泰国菜……种类繁多、数不胜数，但是他们都有一个共同特点，就是全部都是普通的小餐馆，都是街边随处可见的小店，而不是让人望而止步的高级餐馆。

（五）典型的治愈系情感

治愈系原意产生于 20 世纪 90 年代的日本，是对节奏舒缓、放松心情的音乐的一种统称。而后这一概念慢慢衍生到动画作品和漫画作品中，现如今，影视作品当中也不乏治愈系类型。所以说，治愈系的范围很广泛，但是并没有一个统一的界定，通常是指能够温暖人心、净化心灵、安慰人的作品。

在往年日本美食类的电视剧中荣获"治愈系日剧"盛名的作品要属《深夜食堂》，但是在《孤独的美食家》播出后，一举夺魁，成为比《深夜食堂》更加温暖人心的美食类电视剧。尽管在《孤独的美食家》中没有什么感人的故事，料理也不见得更加精美，但是却凭借着大叔狂热的吃相和海量的胃口让观众为之倾倒。在片中，每当五郎尽情畅游在美食的海洋中，完全沉醉于美食的时候，他的表情总是如此诱人，微皱的眉头和眼角的皱纹似乎都被一圈金色的耀眼光芒所笼罩，而他大口大口不断地咀嚼和吞咽着的食物仿佛成了世界上最美味的美食。而这档如此具有诱惑力的节目居然是放在深夜档播出，但是就算如此，观众对此剧的热衷程度丝毫没有减少。因为每次看到五郎这样无所拘束地享受美食时的表情总会让人觉得温暖而又充满希望。温饱是一个人感受到幸福的最基本要素，而在如今高速发展的时代，很多人对食物的要求变得越来越随意，仅仅只是填饱肚子的东西而已，而忽略了食物所带给我们的那种满足感和温暖感。而在这部电视剧中，观众能够找回那种丢失了的感动和幸福，重新找到一种新的乐趣，除了那些遥远而又难以达到的大幸福之外，平常一道美食所带来的幸福是这么容易，也因此更加容易感动，美食不仅温暖我们的胃，同时也在温暖我们的心。

在片头，有这样一段话："不被时间和社会束缚，幸福地填满空腹之时，那一瞬间，他已变得唯我独尊，自由自在，不被任何人所打扰，毫无顾忌地享受美食的孤高行为，这种行为，正是现代人都被平等赋予的最大的安慰。"这段话，体现了片名《孤独的美食家》的一种理想境界，在不被外界所干扰的情况下，一个人独自享受美食所带来的幸福体验，在那一瞬间什么都可以被抛之脑后，现代生活中的那些不平、不甘、不爽的任何事情都可以置之不理，而这种由食物所带来的快乐是无法被其他人所夺去的，只有它才能够在当代社会被授予完全平等的机会。没有任何的阶级观念，没有任何的限制与拘束，只有食物能够让我们达到这样的效果。不用在意食物的外表，不用在意他人的眼光，仅仅是味蕾的绽放就能够让我们感到愉悦，治愈一切的不开心和困苦。

除了以上分析的几点因素之外，《孤独的美食家》还在每集的结尾拍摄了作者去店里面体验饭菜的真实过程，在这里就变得比较像美食节目了，拍摄手法更加亲民，同时也会指出小店的具体位置和招牌菜的价位等，具有便于广大"吃货"观众去寻找的特点。

小成本的深夜档美食电视剧能够取得如此大的反响和成效，与它摒弃以往常规作品的做法、独创了新的讲故事的方式有关。尽管一开始会让观众觉得不太适应，但是片中的很多细节部分处理得很好，通过刻画和着重描述细节使得主题更加鲜明，情绪更加高昂。这些成功的因素十分值得国内电视剧学习和探讨，我们应该吸取其优势并且在中国基本特色的基础上加以改善，将中国国产电视剧做得更好。

（撰稿：邹　晔）

《中华好诗词》"热"因浅析

【摘　要】踏入 2013 年后，国内的文化类电视节目兴起了新的形式，与之前就整体文化侃侃而谈的节目相比，这一年的文化节目选择了从"细节"入手。七八月的暑期档，《汉字英雄》和《中国汉字听写大会》两档以汉字为主题的文化节目陆续开播，不仅引发了收视热潮，也引起了国人对以汉字为代表的国家文化的关注。趁着这股文化热潮，河北卫视在十月推出了《中华好诗词》，并再次成功引起收视热潮。本文将通过分析这个节目的成功之处，探讨文化类电视节目应该如何才能走出"曲高和寡"的境地，迎来更加广阔的受众市场。

【关键词】文化节目；节目分析；《中华好诗词》

一、节目简介

开播于 2013 年 10 月的《中华好诗词》是一档由河北电视台发展研究部自主研发的中国传统诗词记忆大考验的大型季播节目，于每周五晚 21 点 15 分在河北卫视播出。截至 2014 年 1 月 24 日年度总决赛播出时，第一季共 15 期的内容已经全部播放完毕。

（一）环节设置

《中华好诗词》以大力弘扬中国传统诗词文化为宗旨，集娱乐性和知识性于一体，运用闯关、益智、综艺等电视包装手法，通过寓教于乐的轻松形式，打造出一档广大观众喜闻乐见的优质节目。整个节目将通过抢答、对战、终极挑战等一系列紧张而又充满乐趣的环节，决出本场的优胜者，并予其一定金额的助学奖金作为获胜奖励。①

节目主持人由著名表演艺术家、文化大师王凯担任，每一期所邀请的六位"守关者"都是具有一定文化修养，尤其是具有较高古典诗词素养的

---

① 《中华好诗词》节目介绍. 河北网络电视台，http://www.hebtv.com/hbws/poetry/2013/09/2013 - 09 - 05154393.html.

各界明星，另外有两位诗词专家作为节目的评点顾问。参加节目的选手是节目组事先挑选出的 100 位诗词记忆达人，如果达人最终闯关成功，即可获得某样奖品。

《中华好诗词》节目采取了环节递进型的构成方式，共设有"百家争鸣"、"挑兵点将"和"金榜题名"三个环节。在"百家争鸣"环节，现场的 100 位诗词达人必须通过抢答为自己赢得上场参赛权；而"挑兵点将"环节则是相当于将"对战主导权"交到了选手手上，于上一环节脱颖而出的选手在此可随机挑选守擂明星进行答题比赛，每打败一位关主将获得 1 000 元奖学金，直至击败全部六位关主方可进入最后一个环节；"金榜题名"是最后的一个环节，选手在这一环节中如果可以在 100 秒内正确无误地拼出 10 句诗，便可赢取 3 万元"奖学金"。与之相反的是，在这三个环节中，只要有一题答不出来，无论是"守关者"还是参赛者，他们都会掉入到"海绵坑"内，参赛者直接被淘汰，而"守关者"则是丧失这一轮的比赛资格。这种刺激的游戏方式，大大增强了节目的娱乐性和客观性，可以让观众保持对比赛更为持久的关注。

（二）收视情况及反响

根据河北电视台发展研究部的收视数据分析显示，《中华好诗词》CSM48 测量仪城市排名第 17 名，收视率 0.161%，较 1—9 月份同时段增长 30%；收视份额 0.646%，同比增长 44%。省网收视份额较 1—9 月平均值下降 26%，市网收视份额较 1—9 月平均值上升 38%，说明《中华好诗词》不符合农村受众口味，受众人群偏重城市，这一点与《汉字英雄》等文化类节目基本一致。[①]

表1　《中华好诗词》节目首期收视表现

	河北省	石家庄市	48 测量仪
收视率	0.802 ↓ 53% 0.378　1—9 月同时段　节目均值	0.730 ↑ 20% 0.878　1—9 月同时段　节目均值	0.124 ↑ 30% 0.161　1—9 月同时段　节目均值

---

① 文化节目持续升温　《中华好诗词》首播反响强烈　喜获好评. 河北网络电视台，http: //www. hebtv. com/hbws/news/2013/10/2013 – 10 – 24193560. html.

（续上表）

	河北省	石家庄市	48 测量仪
收视份额	4.064　↓26%　3.022 1—9月同时段　节目均值	3.020　↑38%　4.173 1—9月同时段　节目均值	0.448　↑44%　0.646 1—9月同时段　节目均值

注：1—9 月同时段为 45 测量仪城市数据。

从观众构成来看，《中华好诗词》年轻受众比例大幅提升，其中，25 ~ 34 岁观众增幅明显，55 岁以上观众明显减少；从知识层次来看，小学、初中文化的观众明显减少，大学以上学历观众提升最为明显，高中以上文化学历观众占到 70% 以上，节目改变了河北卫视传统的受众结构，开始影响广告客户关注的主流消费人群。从这一点上说，《中华好诗词》为今后河北卫视推出大型季播活动或节目，吸纳年轻主流受众奠定了良好基础，大大增强了河北卫视在业界和受众中的影响力。

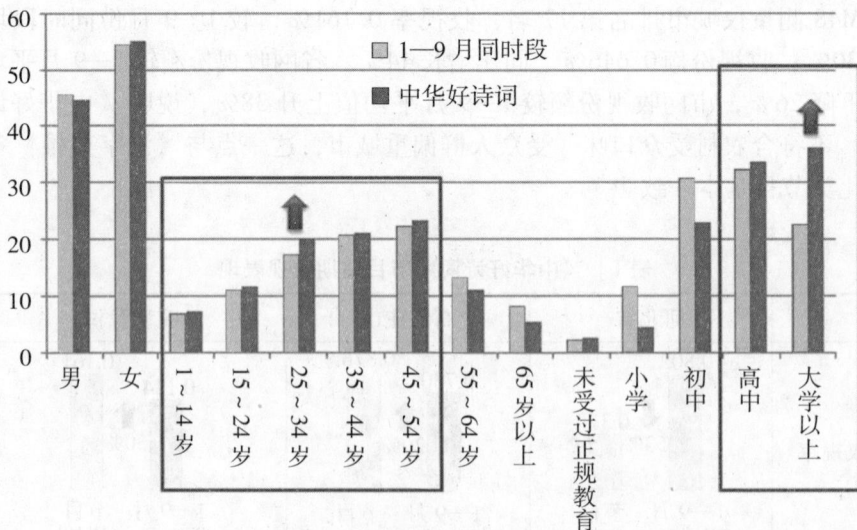

图1　《中华好诗词》节目首期观众构成与原时段对比

截至 2014 年 3 月，《中华好诗词》的百度贴吧累计发帖数超过两万五千个，① 而根据搜狐视频上的数据显示，第一季首集的点击率突破了十万人次，其后每一期的节目在搜狐网上的点击率均远在三万次以上。

与此同时，节目的官方微博、微信等也因为节目的播出迎来了高人气。首集节目播出后的 80 分钟内，节目官方微博的回复便增加了 40 万条，首播当天微博话题讨论位居全国热门话题第二位，而河北电视台官方微博上发布的"诗词接龙活动"阅读量达 138 万次，转发超过 7 万条，参与诗词接龙的条目达 700 余条。节目首播结束后，微博回复增量不减，微话题截至 10 月 20 日突破 172 万个。河北省政府新闻办官方微博"河北发布"在 10 月 19 日关于节目消息的转发量也突破新高达到 45 万条。同样因节目在微博人气上高涨的还有"守关者"喻恩泰、左岩等，不少网友在看完首集节目后，纷纷称赞："这才是我们的偶像，这类诗词类的节目真的能让国人更多地回味一下我们中华民族的璀璨文化！"

微信方面同样热闹非凡，首播当晚，节目组推出了"微信互动，免信息费诗词接龙"活动。在 10 月 19 日 22：00—23：20《中华好诗词》播出时段内，河北卫视官方微信在 70 分钟内新增粉丝 500 多人，仅仅 80 分钟的播出时间，河北卫视官方微信刷屏 538 页，共计接收消息 10 746 条，全部来自真实有效、可追溯的网友，同比前一日关注人数净增 1 890%。

除此以外，人民网、新华网、大河网、中国新闻网、《人民日报》和《工人日报》等也相继发布消息，或简介节目概况，或给予节目积极评价，有力地扩大了节目的影响范围。

二、背景阐述

（一）国内文化类电视节目发展概况

文化类节目是指能够表达一定文化信息并与其他类型节目表现形式有较明显区别的电视节目，大致可以分为讲座类、读书类、纪实类、鉴宝类、访谈类和专题类、综艺类、旅游类、竞赛类八种类型，② 例如《正大综艺》《开心辞典》《百家讲坛》《开讲啦》《公开课》《一站到底》等。其中，从 2007 年开播至今的《百家讲坛》是近年来做得比较成功的代表之一，其讲座式的节目形式成为后来多数文化节目争相模仿的对象，在相

---

① 数据来源：百度"中华好诗词"贴吧，http：//tieba. baidu. com/f? kw = % D6% D0% BB% AA% BA% C3% CA% AB% B4% CA&fr = ala0。

② 李文欢. 对文化类电视节目的界定及思考. 收视中国. 2010（1）.

当长一段时间内引领了一股"讲坛文化风"。

　　踏入 2013 年后，国内的文化类电视节目兴起了新的形式，与之前就整体文化侃侃而谈的节目相比，这一年的文化节目选择了从"细节"入手。七八月的暑期档，《汉字英雄》和《中国汉字听写大会》两档以汉字为主题的文化节目陆续开播，不仅引发了收视热潮，也引起了国人对以汉字为代表的国家文化的关注。趁着这股文化热潮，河北卫视在十月推出了《中华好诗词》，顾名思义，这档节目将观众的关注引导到中华诗词之上，在竞赛中带领观众领略中华诗词的魅力。接踵而至的还有《成语英雄》《中国灯谜大会》等，满屏尽是音乐选秀的境况终于在这批原创文化节目的到来下得到改变。

　　媒体有娱乐大众的功能，但更要有引导人、鼓舞人的作用，坚守文化和传统与收视率并不矛盾。① 有观点认为，当前我国的文化类节目呈现出多元共生的特点。总结《汉字英雄》和《中国汉字听写大会》两档汉字竞赛节目的成功经验，节目自身的推陈出新、内容契合观众、传播方式符合时代特性以及以多屏互动增加观众黏性这四点的互相配合造就了节目的高人气。这反映出，文化节目并不等同于"曲高和寡"，只有正视市场规律，探索有别于传统的表现形态，节目本身积极向启迪民智、滋养心灵的"观众意识"转变，努力探索形式和内容的有机呈现，寻求文化教育和娱乐休闲的共舞等做法，文化节目才可能做到真正的叫好又叫座。②

（二）背景阐释

1. 接力"汉字竞赛"的"诗词争霸"

　　2013 年的暑期档，《汉字英雄》和《中国汉字听写大会》两档"汉字竞赛"型的电视节目引发了收视热潮。

　　有评论认为，"《汉字英雄》和《中国汉字听写大会》的火爆为电视媒体指引了文化节目的发展方向和道路。在契合受众需求的基础上，以差异化方式开拓蓝海，坚守文化内核，打造娱乐外壳，并辅以多屏联动，形成共振，最大限度地调动观众的参与热情，在充满趣味的形式中潜移默化地传承文化，才能更好地发挥文化节目的传播力和影响力，有效承担起电

---

① 刘先琴，肖鹤. 荧屏上的知识大餐——观众缘何追捧《汉字英雄》. 光明日报，2013 - 09 - 18.

② 南竺君，熊忠辉. 共生与融合：文化教育类节目的现状与未来. 声屏世界，2013（11）：15～17.

视媒体的社会责任"①。

而作为这两档节目的"接档者"——《中华好诗词》无疑也继承了节目竞赛式的方式，以中华诗词为节目内容，通过答题闯关的形式，让观众和参与者都可以从刺激紧张的答题环节中领略中华古诗词之美。

2. 后"选秀""相亲"时代的审美疲劳

"选秀"一词的全民普及离不开 2005 年的《超级女声》。正是这一届辉煌得"前无古人后无来者"的《超级女声》，捧红了李宇春、周笔畅等明星，也掀起了国内选秀节目，尤其是音乐选秀的风潮。随着时间的流逝，国内选秀节目数量泛滥、内容同质化现象的愈加严重，除了引进国外优秀音乐选秀节目进行本土化重制之外，各大电视台开始尝试赋予"选秀"更多的"内涵"，例如选用一个个为梦想、为自己、为家里某位亲戚参加节目的选手。于是，近几年的音乐选秀节目便出现了一种奇怪的现象：选手们的身上必定有故事，说完故事后几乎都是负责选秀的嘉宾或导师与选手泪眼相对的镜头。

同样的情况也出现在《非诚勿扰》爆红之后。曾经有那么一段时间，翻开报纸杂志的娱乐版，上面必定有关于《非诚勿扰》节目的报道，有时仅仅是拜金女嘉宾的一两句话便能引申开逾大半版面的相关讨论，由此可见该节目的受关注程度。在《非诚勿扰》走红后没多久，雷同的《我们约会吧》《全城热恋》等电视相亲节目更是如雨后春笋般在各电视频道快速制播，而上节目的男女嘉宾们则秉承着"出名要趁早"的宗旨，在节目里不断做出各种吸引眼球的举动。相亲类节目泛滥、造假、低俗的问题引起了国家广电总局的关注，于是在 2010 年，广电总局下发了《广电总局关于进一步规范婚恋交友类电视节目的管理通知》及《广电总局办公厅关于加强情感故事类电视节目管理的通知》两份正式文件，大力整治上述相亲类节目的不良现象。

3. 外来文化的影响

即便是在 2010 年，我国引进美剧受限、微电影趁势成为"香饽饽"的时候，后者亦未能成功顶替前者，成为市场首选。从两者都是影视作品的角度，这在一定程度上反映出，外来剧集在剧迷的心中并非随便一种新兴事物就可以顶替的，因为其与生俱来的独特异域文化魅力是本地文化所不能全抵的，反之亦然。

2013 年，国民迎来了美剧的回归，也迎来了更为浪漫梦幻的韩流来

① 李子. 从《汉字英雄》和《中国汉字听写大会》看电视文化节目的探索与创新. 中国广播电视学刊，2013（10）：103～105.

袭，例如《听见你的声音》《继承者们》《来自星星的你》等。这一年的韩剧，凭着越来越完美的男主角设定和越来越梦幻的故事情节，再次成功风靡亚洲。这些夹带着异域文化气息的电视剧满足了观众放松身心甚至脱离现实烦恼的观看目的，观众从中更容易掌握外来文化的风俗习惯等信息。而对于这类长期追看海外节目的观众而言，当像《汉字英雄》《中华好诗词》等弘扬中华民族传统文化的电视节目出现时，由于其在内容上更富有新鲜感，所以他们在观看的过程中，通过将本地文化和外来文化相对比，为他们所熟悉的本土文化节目也许更能满足他们的民族自豪感；与此同时，竞赛式的节目进行方式更能吸引观众进行互动，比起在屏幕前被动接收电视剧传递信息的形式，竞赛形式会吸引观众不由自主地与参赛者一起共同回忆以前学过的知识，更能满足观众发挥个人主观能动性的潜在要求。

三、节目分析

作为一档文化类的电视节目，《中华好诗词》之所以可以取得这么大的成功，一方面与其独辟蹊径将娱乐与文化相结合的节目组合方式不可分割，另一方面也离不开其与时俱进地灵活运用新媒体平台为节目所进行的宣传。

（一）诗词传国蕴

《中华好诗词》顾名思义便是以诗词为主的电视节目，纵然在节目中使用了比较娱乐化甚至是综艺的方式去展现节目内容，但这一切都是围绕"诗词"，或者应该说是以"诗词"为代表的中华文化而进行的。

首先，"诗词"本身就是中华文化瑰宝的一部分，整个节目的艺术风格必须要彰显出中华民族的特色。而从节目的周边设计，包括节目开播前进行宣传的片花、片头、现场布置、主持人衣着等，都可以看出其中国风元素。例如，节目图标以红白相衬、极具古典气息的设计风格（见图3）；片头中以水墨画为画面风格，其间出现了"唐诗"、"宋词"等字眼，注重了对细节的运用，又点明

图2 《中华好诗词》图标

了节目的主题，更能衬托出节目的文化底蕴。

图3 河北卫视《中华好诗词》官网设计

其次，节目的内容始终不离诗词，"守关者"与参赛者间的诗词对答，无不反映出我国诗词之丰富，答题者敏捷的反应则表现出其个人在诗词上的造诣。例如，在"挑兵点将"环节，节目组通过不同题型的变换，围绕着各个朝代的诗词以及相关的文学典故等知识进行提问，"守关者"、"大学士"、主持人和参赛选手在答题之余对相关典故的解释更是丰富了节目的内涵。以首集中喻恩泰的表现为例，凭借《武林外传》中深入人心的书生形象和现实中的博士学历，喻恩泰被观众亲切地称为"博士泰"，成为选手们竞相挑战的对象。在该节目首场，"博士泰"连续应战两位选手，虽然轮番遭遇选择题，但他淡定幽默的回答也让现场笑声、掌声不断。他先是用排除法选出了杜甫笔下"功盖三分国，名成八阵图"的真名士诸葛亮；又以亲身游历北京香山的经历引出第二道选择题——一首"自评诗"："字字看来都是血，十年辛苦不寻常。"其作者是在香山附近创作《红楼梦》的曹雪芹；再凭借自己丰富的知识储备，判断杜甫诗中"锦官城"是其曾寓居的杜甫草堂所在地成都。几个回合看下来，观众大呼过瘾："原来'秀才'不仅会'子曾经曰过'，'诗云'也不错哦。"在校大学生黄烨说："整场看下来，'博士泰'的发挥就一个字'稳'，诗词接句干净利落，选择题回答有理有据，好不佩服。"①

又如第一季年度总决赛的"状元"之争，李四维和王悦笛两位选手要互相答出带"酒"字的诗句，直到一方答不出来即为"榜眼"，对方则是"状元"。在短短四分多钟的时间内，两人从李白的"天若不爱酒"、"酒

---

① 陈静桐. 《中华好诗词》接力中华文化盛宴. 人民日报（海外版），2013－10－28.

星不在天"、"地若不爱酒"、"地应无酒泉"开始，到岑参的《戏问花门酒家翁》、王维的《渭城曲》……一来一往，足足对了22个回合才分出胜负。而这一势均力敌的较量也博得了在场众人的赞赏，纷纷在赛后表达对两人深厚诗词积累的肯定。

（二）巧用"星"效应

在《中华好诗词》的舞台上，主持人王凯的声音也许比他个人的名字更为大众所熟悉。毕业于中国传媒大学播音主持艺术学院播音系的王凯，在毕业后一直从事配音工作。2004年调入中央人民广播电台文艺之声任主持人，其间演播大量小说。2005年开始任中央电视台经济频道《财富故事会》栏目主持人，曾任中央电视台财经频道《对手》（原《商道》）主持人。2009年9月初，由于马斌裸照事件，央视二套《第一时间》的《马斌读报》栏目改名为《读报时间》，主持人则换成了《财富故事会》的王凯。2013年3月辞职离开央视后，主持或加盟《梦想直达》《中华好诗词》《中国正能量》等节目。① 不得不说，王凯的助阵使得节目的质量得到了一定的保证，而且其之前在央视节目所积累下的观众缘也为《中华好诗词》的收视率提供了一定的支撑。

与此同时，节目组所邀请的两位诗词专家赵忠祥和杨雨也是大有来头。赵忠祥是国人熟悉的播音主持人，在中央电视台40余年的工作中，担任过新闻、专题、综艺等各类重要节目的播音与主持工作，所主持的节目深受观众喜爱且多次获奖。赵忠祥具有深厚的文化底蕴，曾出版过诗画散文作品，晚年

图4 主持人王凯

沉迷于汉学，并将大量精力投入到旧体诗创作之中。杨雨，文学博士，现任中南大学文学院教授，精通法语、英语等数门外国语言，已出版著作七部，发表论文四十余篇，主持多项省、部级社科规划课题，获多项省级、校级科研或教学奖励。其在全国各大高校的人气相当旺，《湖湘讲堂》在对杨雨的定位中，将其炙手可热的"美女教授"身份置换成"才女教授"。正因为她的高人气、正口碑，"虽然年轻，但为人低调，治学严谨，对古

---

① 资料整理于百度百科"王凯"词条，http://baike.baidu.com/subview/3744/5628619.htm?toSubview=1&fromId=3744&from=rdtself。

典诗词的研究有自己独到的见解，在学术界也有着一席之地"[①]。杨雨在《百家讲坛》的主讲从诗词出发，投入地阐释情感，她的讲述迥异于之前诸多的百家（讲坛）"故事体"，"以情动人"的阐释方式拉近了她与观众的距离，也赋予了诗词情感和活力。节目邀来的这两位"大学士"，对相关诗词内容进行知识点评，为挑战选手指点迷津，妙语点评，充分凸显了文化节目的气质和内涵，更重要的是，体现了节目组对文化节目可能会遭遇"冷场"的充分考虑。这两位"大学士"在观众心中一个熟悉，一个漂亮温柔，首先在第一感觉上已经拉近了节目与观众的距离，让观众了解这不是一档"曲高和寡"、"阳春白雪"的吟诗作对节目，而是一档贴近普通观众、有利于观众重温中华瑰丽诗词的益智节目。而这两人之前在各自领域中所积累下的观众群和公众形象，也可以很好地为节目起到保质、保收视的作用。

当然，更加功不可没的还有一众明星"守关者"。节目首期便请来了综合文化素质不错的六位明星：在《武林外传》中扮演吕秀才的喻恩泰，在《甄嬛传》中饰演宝娟的梁艺馨，主持人刘刚、田源、左岩、安琥担当守擂嘉宾。后来更陆续请来人气谐星白凯南、快乐男声贾盛强等。正如某评论所说，将明星和文化结合，将娱乐和诗词结合，是《中华好诗词》的看点。如果说过去的歌唱选秀节目仅仅是娱乐文化的话，那么《中华好诗词》则是"有文化"的娱乐。[②] 这些出现在《中华好诗词》舞台上的明星基本都拥有不错的知名度，看惯了他们在自己平时所熟悉的领域内所展现的形象，也许他们还参加过其他综艺、访谈类节目，但观众还是可以在《中华好诗词》"窥见"他们更加不同的一面。《中华好诗词》现场面对面"诗战"的方式，可以让观众更加直接地捕捉到明星的变化，那种明星与选手间对答如流的"交战"场景往往可以引来观众的喝彩，可以说，节目成功展现了获邀明星在文化诗词领域方面的"造诣"，在一定程度上满足了观众"真实"、"全面"了解明星的"窥私欲"。如果说这样的做法一开始是为了给节目积累人气，不如说这样的做法更倾向于实现节目和明星"双赢"的目标。

在首期节目结束后，网上便是一片对喻恩泰、左岩的称赞肯定，"博士泰"、"美女状元"的称号随之而至，两位明星的微博粉丝更是一路猛涨。一如左岩所期待的那样"总觉得那（美女主持人）是个'花瓶'的

---

① 美女教授讲名士潇湘行. 中国经济网，http://www.chinanews.com/cul/news/2009/05 - 11/1685481.shtml, 2009 - 05 - 11.

② 佚名.《中华好诗词》，"有文化"的电视节目. 初中生，2014（2）：43.

意思，可是又甩不掉这个标签。我总想有一天帮很多艺人们正名，我们也爱读书，愿学习"。《中华好诗词》在依靠明星增加人气的同时，也让参加的明星得以展现自己的才华，最重要的是，让收看节目的观众对明星有了更加全面的认识。电视节目很多，"有文化"的电视节目却不多，能够适合家长和孩子一起愉快观看的文化娱乐节目就更少。《中华好诗词》既能让孩子们看到自己心仪的明星，又能通过明星的带动，让孩子们学习好中华诗词，更重要的是，通过这些有诗词修养明星的示范，让孩子们懂得了明星不仅是花瓶，而且也是"学习委员"。[①]

（三）联动"多"宣传

一档成功的节目离不开好的宣传，《中华好诗词》也不例外。据相关资料介绍及媒体报道，为配合节目播出，快速吸纳更多层次的收视观众，培养颇具消费能力的年轻受众，河北卫视发展研究部、新媒体运营部、河北卫视台广告发展总公司和品牌推广科一道策划实施了详尽的节目推广方案，数十家平面和网络媒体进行了消息发布。《中华好诗词》节目还借助微信、微博、线下游戏等新媒体形式吸引观众参与互动，多种渠道传播诗词文化。

从河北卫视微博、微信的数据资料来看，不得不说这样的宣传攻势是全面而有效的。根据各个平台的不同特性，河北电视台进行了不同的宣传策略。例如微博和微信两个社交软件，河北电视台在官方微博上发布"诗词接龙活动"，这个活动的微博阅读量达到138万，转发超过7万条，参与诗词接龙的条目达到700余条，微博圈里"《中华好诗词》是一档继《汉字英雄》和《汉字听写大会》之后又一档适合全家收看的电视文化节目"的评论引发高度关注，业界好评不断，为节目赢得口碑；而在节目播出当晚则在微信开展"微信互动，免信息费诗词接龙"的活动，在线上、线下同步启动节目内容的形态，让观众真正参与到节目中，打破无趣，做到"不止看还能玩"的电视新体验。这两种展示新媒体特性的互动方式，有力地体现了社交媒体传递信息的优越性，吸引了更多年轻人的参与。收视统计数据显示，从观众构成来看，《中华好诗词》年轻受众比例大幅提升，其中，25～34岁观众增幅明显，55岁以上观众明显减少；从知识层次来看，高中以上文化学历观众占到70%以上，节目改变了河北卫视传统的受众结构，开始影响主流消费人群。互动的节目参与方式让观众不再只是被

---

① 佚名.《中华好诗词》，"有文化"的电视节目. 初中生，2014（2）：43.

动地坐在电视机前"接收"信息，而是可以通过社交软件参与到喜欢的电视节目之中，节目组通过新媒体平台的线上、线下互动，有力地增强了观众对节目的黏性，使观众在不知不觉中增加了对节目的好感。

另一方面，传统媒体对该节目的宣传采写也增强了节目的影响力。《人民日报》（海外版）两次发文对《中华好诗词》进行报道，分别以"《中华好诗词》接力《听写大会》继续中华文化盛宴"和"有文化的《中华好诗词》体现电视正能量"为题，对《中华好诗词》进行正面报道，其中，在结尾段更是点评道："有文化的娱乐是文化和娱乐的双赢，有文化的娱乐体现电视节目正能量，文化节目流行是电视的社会责任担当，电视文化节目多多益善，文化气息弥漫的荧屏格外清新，电视节目越来越文化和文艺范，我们有理由期待，电视文化的春天必定春色满园关不住，花团锦簇无限好！"这样积极的评价是对节目大力的肯定，而且出自具有一定权威的传统媒体——《人民日报》，更是让没有看过节目的观众对节目产生"先入为主"的好感。

四、结　语

波兹曼曾经说过，"识字的头脑创造了新的媒介，而这些媒介又使识字文化所依赖的'传统的技能'变得毫无意义"，"每一个可以插入墙上插座的传播媒介，都对将儿童从有限的童年情感范围内解放出来起了推波助澜的作用……凭借符号和电子这样的奇迹，我们自己的孩子知道别人所知道的一切，好的、坏的，兼收并蓄"。[①]与《中国汉字听写大会》等文化类电视节目一样，《中华好诗词》于孩子、师长而言都是一档富有教育意义的益智节目。作为一档文化节目，《中华好诗词》在弘扬中华传统文化方面显然做得比很多选秀节目都好，在这档节目中，不仅可以帮观众重温已学或学习新的诗词，还因其益智实用成为一些学校推荐学生收看的节目。

河北卫视发展研究部主任朱新在接受《中国新闻出版报》记者采访时说："《中华好诗词》与汉字节目相比有一定的劣势，那就是节目的'代入感'。说通俗一点，汉字可谓人人都会写，是我们生活中的必需，而诗词毕竟是一部分人的爱好，面对灿若星河的诗词佳句，有易有难，如何让更多的人通过节目了解诗词，喜欢诗词，是我们节目出题首先要考虑的。"而在谈到节目形式时，其认为，"文化与娱乐并不矛盾，寓教于乐是我们

---

① 〔美〕尼尔·波兹曼. 童年的消逝. 吴燕莛译. 桂林：广西师范大学出版社，2004. 129，138.

最想达到的目的。我们必须承认，在竞争残酷的今天，在人心浮躁的环境里，电视通过娱乐达到教化于人是一种必然要求。先有到达率，才有收视率，才能产生关注度、影响力，这本身无可指责"。①

电视属于客厅文化，虽然多屏时代已然到来。但只要电视节目能找准这个定位，能让全家人在休闲之余坐下来一起看电视，未来的文化节目依然有可以发力的基准点。② 从"汉字"到"诗词"的备受热捧，所反映出的并不仅仅是电视节目市场在某一方面或某一领域的空缺，而是一种对中华传统文化、对民族精神财富长久以来的"漠视"。当各卫视忙着引进各种韩剧美剧、急着投拍各种选秀"梦想"节目时，《中华好诗词》这一类文化节目的人气高涨折射出观众对中华文化瑰宝的一种自豪感，相比起"水土不服"的外来文化和泛滥成灾的"追梦之旅"，这样的文化节目更能让观众从中受益，更易让观众因为产生共鸣而增强其对节目的粘连度。因此，像这样的文化节目应该大力鼓励其积极发展，让我国的传统文化得以利用新时代的手段，利用各种新媒体新平台的优势，焕发出新的活力。

但与此同时，必须要看到国内电视圈仍然令人担忧的发展问题：在某类型节目取得收视佳绩后，就往往会出现其他电视台随之而来并且蜂拥而至的"跟风"问题。一档电视节目的成功与其精准的定位、周密的策划分不开，若只是一味地盲目抄袭，只会加速观众的"审美疲劳"。有鉴于此，今后文化节目的走向更应朝多元化、多形式方向发展，并且积极利用更加丰富多样的表现形式和更好地利用好新媒体平台，让文化节目真正围绕着主题而进行，不让"媚俗"侵染文化节目，而广电总局一方面要鼓励创办更多质优原创的文化节目，另一方面更要把好电视节目的审批关，让观众可以看到更多优秀的能够学习到知识或者了解中华博大文化的电视节目。

（撰稿：黄嘉伟）

---

① 牛春颖，李英格.《中华好诗词》边文化边娱乐. 中国新闻出版报视听专刊，2013 - 11 - 12.
② 刘志峰. 大数据时代的文化正能量——《汉字英雄》现象分析. 南方电视学刊，2014
(5)：33 ~ 35.

以《超级演说家》看中国语言节目
的现状和发展

【摘　要】2013 年 8 月，《超级演说家》在安徽卫视首播，这是由安徽卫视和能量传播在继《爱传万家——说出你的故事》和《鲁豫有约》之后重磅推出的又一综艺节目力作，节目以"挑战中国最会说话的人"为宗旨，在播出以后受到了各方的共同关注。本文将综合性分析《超级演说家》通过说话来选秀并得到公众的认可，从而掀全民演说热潮的诸多原因，并且根据西方发达国家语言类节目的发展特点，来探索我国语言节目未来的发展方向。

【关键词】《超级演说家》；语言节目；脱口秀；综艺节目；全民选秀

如今是一个全民选秀时代，在我国各路卫视的电视荧屏上诸多音乐选秀节目疯狂上演，从 2005 年曾经创造了选秀节目神话的湖南卫视的《超级女声》开始，各种选秀节目风起云涌，百家争鸣，而且几乎都是以歌唱类节目为主，其中形形色色的歌唱选秀良莠不齐，使人应接不暇。而 2013 年之后，荧屏上的音乐选秀节目更是迎来了大爆炸时代，各大卫视展开了激烈的收视混战，这时候观众出现审美疲劳在所难免，而《超级演说家》的横空出世令观众眼前一亮，从而使人们把关注点转向了这一人人都掌握却不见得精通的"说话"能力上来。

一、我国对于"说话"能力的看法

说话是人类作为高等动物的一种本能，而且也是一种技能。掌握说话这门技能将使我们拥有自信，在工作、生活中往往能起到事半功倍的效果。以美国为首的西方国家，素来非常重视青少年的说话能力，从孩子上学起就不断地创造机会使之掌握说话这门技能。可在中国，对于语言，一向偏重书写的功夫，而轻视口头功夫，说话向来不被视为孩子们从小就应该娴熟掌握的技能，这与我国的封建传统息息相关。

（一）封建传统下的"说话"压抑

在中国，由于历来的中庸之道，古圣先哲崇尚"敏于事而讷于言"，把"说话"能力视为华而不实的才能。这与当时小农经济下，长期的自给自足和封闭保守息息相关，在几千年的封建社会中，经济发展缓慢，几十年甚至几百年也没有太大的变化，而当时取士之道就在于科举考试，古人无论是考秀才还是考举人，一律都是笔试。而只有考上进士之后，到金銮殿由皇帝面试、口试来决定状元、榜眼和探花这前三名时，才需要用到"说话"。而且，在封建社会的专制统治下，所谓"能言善辩"的说话能力，被认为是"乱法"之举，甚至被进一步看成是对国家政权的威胁，所以当时无论是政府选才，还是民间相亲，都重文才而轻口才。"文才"是为人老实、忠厚可靠的重要标志，而那些说话滔滔不绝、口若悬河的人，则被认为是哗众取宠。

（二）"祸从口出"的历史传承

"病从口入，祸出口出"历来是我国尊崇的老话和古训，在封建时代一言灭家的事时有发生，而这一情况即使在新中国成立之后也未能幸免。在"文化大革命"前后，有多少人就是因为口语无心而获罪，而这种情况的一再发生，使国人不得不因"慎于言"而必须"讷于言"。"口语时或无心"，虽然大家都明白，但因口成祸的后果却很难承担得起，这也使得我国不可能像西方民主国家那样，把说话能力摆在个人能力的首位而进行全方位的锻炼。

（三）信息社会的畅通交流

西方社会很早就把"舌头、金钱和原子弹"并称为三大武器。我国自20 世纪 80 年代改革开放以来，日趋与国际大环境接轨，科技的发展使地球变成了"地球村"，人与人之间的交流越来越频繁。同时，电视、广播、电话等现代信息设备的发明，对人的表达能力提出了越来越高的要求。很难想象，一个人如果没有一定的说话能力，在这种信息社会里该如何通过表现自己让人家认识自己，从而在这个信息社会中有所作为呢？故此，有识之士纷纷认识到，说话是一种技术，也是一门艺术，这也是 20 世纪 90年代之后，各大高等院校，甚至是中学、小学，纷纷开展各种演讲大赛、辩论大赛的原因。同样地，在 20 世纪 90 年代我国第一个谈话类语言节目出现在荧屏上，而这之后，从中央电视台到各省、市电视台，语言类节目从来没有停歇过。

可见，社会的时代变迁使那种默默耕耘的老黄牛已经不再时尚，而能说善道的百灵鸟，才是我们这个社会对人才的最基本要求。在当下的职场上，无论做什么都离不开说话，而擅长说话对我们事业的发展往往能起到事半功倍之效，所以，现代人必须能言善辩而非笨嘴拙舌。而当我们的社会进入社会主义民主时期，大家可以敞开来说话的时候，人们却发现因为网络科技的进步，使得大批宅男宅女出现，他（她）们每天习惯于敲击键盘伴在电脑身边，或者是拿着手机玩微博、微信，却抽不出时间和精力去和人面对面地进行沟通交流，说话这一能力似乎成了一种摆设。通过网络时常可以看到父母们对儿女不善言谈的担忧，以及社会上对于现代年轻人不会"说话"的感慨，人们急切希望"说话"的回归。

因此，《超级演说家》这一档语言竞技类节目应运而生，并受到全民的追捧，也就成了理所当然的事。因为，这是时代对中国人提出的要求，其体现在电视节目中也就成就了《超级演说家》。

二、我国语言节目的发展

一般来说，电视荧屏上的语言节目主要是谈话类节目。其他还有各种相声、小品一类的语言节目，更偏重于演艺，故不在本课题研究范围之内。这种谈话类语言节目在时下的社会中，是比较火爆的节目形态之一。

比如说西方国家的脱口秀（talk show），其影响力和社会权威性越来越大，成为一种独特的文化景观，如果长期观看脱口秀节目，我们会发现它是一个可以解读资本主义国家经济、政治和文化的万能钥匙。

而在我国，个人 talk show 一直以来并没有很好地发展，反而是多个人参与的谈话类（由一个既定主持人和几个嘉宾、观众共同组成）节目，一直以来发展良好。

因为发展落后，在美国 20 世纪 60 年代就有大量的脱口秀娱乐节目充斥荧屏的时候，我国的电视于 1958 年才刚刚开始发展，历经了三四十年后，电视才进入千家万户成为必备的家用电器，而从 20 世纪 80 年代末开始，我国的电视节目才由单一的新闻起步，而后不断丰富，经历了一个从无到有、从简单到成熟的历史过程。语言节目也由此起步。

（一）我国语言节目的兴起阶段（1993—1995 年）

这一阶段基本上可以认为是从上海东方电视台直播的《东方直播室》

开始，到中央电视台录制的《实话实说》开播之前。

《东方直播室》可以说是我国最早的谈话类语言节目，当时东方电视台每晚的 7：00—7：30 正好是《新闻联播》的播出时段。节目有一个重大突破，就是第一次把观众请到了演播室里和主持人、节目嘉宾以及现场观众一起，通过一种"大家谈"的节目方式来探讨与民生相关的问题，谈话内容涉及多个层面，比如说社会、经济、家庭、文化、历史等多个视角。当时这个节目属于区域性节目，东方电视台还没有升级为卫星电视台，所以引起的关注很有限。同时，这一类型节目还包括上海电视台《今晚八点》、黑龙江电视台《北方直播室》、广东台《岭南直播视》和山东台《午夜相伴》等，但这些节目也和《东方直播室》一样，影响力十分有限。

（二）快速发展阶段（1996—2000 年）

这一阶段基本上可以认为是从中央电视台崔永元主持的《实话实说》这一节目开播起，到湖北电视台的《财智时代》节目开播之前。1996 年，《实话实说》节目开播，这一节目采用了脱口秀的方式，无论是从话题的选择、涉及的谈话层次、相关节目的前期调查、选择和搭配的嘉宾乃至主持人的风格定位，以及现场的基本组织、灯光、乐队、大屏幕、摄录和后期的编辑，可以说颇多借鉴脱口秀节目，并结合我国国情特点，进行了部分的修改和创新。

而《实话实说》的成功又引发了相似节目的大量录制，但与《实话实说》节目相比，差距不是一两句话的事，所以这些跟潮的节目都没能获得成功。而这一段时间，也出现了不少特点较突出的节目，比如央视的《文化视点》和周末版的《影视同期声》《半天边》，另外，地方台也有一些出彩的语言节目，如北京台《荧屏连着我和你》、深圳台的《魔方舞台》、重庆台的《龙门阵》、上海台的《有话大家说》等。

这一阶段语言节目还有一大突出点，就是湖南台模仿港台等的与婚恋交友这一类话题相关的谈话类语言节目，从而掀起了一波风潮。比如说1998 年 7 月，受到台湾电视台的《非常男女》启发而创办的节目《玫瑰之约》，后来大批电视台跟风，海南的《好心劝你》、重庆的《缘分天空》、陕西的《好男好女》、辽宁的《一见倾心》、福建的《真情相约》等，都是这一类节目。

（三）趋近于成熟阶段（2001 年至今）

自湖北电视台开播《财智时代》发展到今天，这是我国语言节目的成熟时期。《财智时代》这栏节目可算是我国谈话类语言节目的里程碑，它从原来似乎大家都习惯的社会生活、婚恋交友类话题转向了经济类话题，而在我国发展社会主义经济的今天，这是一个极具时代气息的转变。

另外，就是 2001 年央视的《艺术人生》，这是当年央视的亮点节目之一，还有央视 2000 年的演播室谈话语言节目——《对话》，也是一档高端、大气、上档次的节目。它致力于给同一时代的精英人物，包括新闻人物、政府官员、经济专家、企业高管等诸多有为人士，提供一个可以直面对话交流的平台。

这一阶段语言类节目的特点就是所涉及的话题以及内容范围更加宽广，节目数量也持续上升，比如说湖北卫视的《往事》、央视的《讲述》、云南卫视的《人生》等，而这一阶段特点突出、影响力深远的主持人也相继成名，比如说《艺术人生》的主持人朱军。

（四）语言节目存在的问题

虽然这些年语言节目蓬勃发展，但自 2005 年《超级女声》这种音乐类选秀节目播出之后，曾经风光无限的语言谈话节目，逐渐地退居二线，成了陪衬，而音乐类选秀节目却扶摇之上。一时间，中央电视台推出了《梦想中国》，东方卫视有《莱卡我型我秀》等，而这种全民娱乐的电视音乐节目在我国受到了公众的一致吹捧。时间到了 2013 年，几近 10 年过去了，这种音乐选秀节目却仍旧拥有不小的市场份额，比如说如今湖南卫视的《快乐男声》和浙江卫视推出的《中国好声音》。相比这些音乐选秀节目，谈话类的语言节目显然已经跟不上时代发展的步伐，人们对于几个嘉宾坐在一起，或者是家长里短谈生活、谈婚恋，或者是谈论经济、政治等，都已经没有太大的兴趣了，毕竟我们同处一个网络时代，在网络上各种话题应有尽有，而且通过微博等新媒介，也很容易对接到观众感兴趣的明星，了解他们的日常生活。所以，谈话类语言节目淡出荧屏、关注度有限，也是理所当然的事。

语言节目目前存在的问题，可以归纳为以下几点：

1. 主持人地位需要平等化

我国现有的谈话类节目，主持人在节目当中处于主导位置，当主持人面对来自民间的普通人时，在谈话过程中，时不时流露出优越感；而当面对政府高官显宦时，又时或有卑微的姿态。这与我国长期的封建传统下人们对于地位权势的追求有一定的关系。而在谈话节目中，主持人要摆正心态，无论对方是权贵还是平民，都应该把自己放在平等谈话的位置，并且尽量地把自己放在一个倾听者的位置，这样才可能使坐在电视机前的观众更投入节目中，跟随着节目的节奏一起思考。

2. 节目题材的深度挖掘

我国大多数语言节目，往往存在话题片面化的迹象，而对于观众真正关心的问题或者可能引发观众兴趣的问题，或者是由于语言忌讳，或者是由于挖掘不够，或者是因为主持人准备不足，总觉得没有谈到点子上，使观众意犹未尽或者没有感觉，久而久之也就不再对此类节目有兴趣了。

3. 节目观众的准确定位

我国许多语言节目，往往在开播的时候，并没有对自己的节目受众进行一个精准的定位，因此导致节目播出之后，因为不了解节目对应的受众情况，所以不能根据受众的需要进行题材的挖掘和抓住谈话的针对性。而如今节目的发展，应该是往专业化和小众化方向发展，所以语言类节目尤其需要通过精准定位，从而寻找最适合的主题和相应的嘉宾，而且定位的时候，也不能过于狭隘地只针对精英阶层或者是年轻人团体，还应该考虑围绕老年人、农民、民工等弱势群体开展，这样才有可能引起目标受众的关注，从而把节目做好。

三、《超级演说家》概述

《超级演说家》是我国电视语言节目发展的一个高峰，甚至有人称之为巅峰时期，这是一档由我国首创的语言竞技类节目，节目形式借鉴了《中国好声音》，但不同于《中国好声音》的是，这是一档完全的语言节目，一方面既考察参与人员的说话能力和临场发挥能力，另一方面又考核参与人员对社会潮流时尚以及知识面等的掌握程度等。

1. 节目定义

《超级演说家》（Super Speaker）为我国首档并完全原创的新锐型语言类竞技的真人秀和选秀节目。在安徽卫视首播，自2013年8月1日开始于每周四晚上黄金时段播出，余声是这档节目的主持人，这档节目同时拥有强大的导师阵容：陈鲁豫、李咏、林志颖和乐嘉。

2. 节目宗旨

作为我国首档语言竞技选秀节目，《超级演说家》自陈自己的节目目的是"寻找与挑选最会说话的人"，从而在我国现阶段电视荧屏上音乐节目"模式"扎堆这一大背景之下，通过不走寻常路而异军突起。而这一节目宗旨也吻合了中国人在长期说话受压抑时代发展到如今信息开放时代，对于提升说话能力的强烈需求。

3. 节目基本设置

这一档节目中担任评审的导师是林志颖、李咏、陈鲁豫和乐嘉。赛制规定由来自各地的不同职业、不同行业的 60 位新锐演讲精英以及意见领袖制定，选手通过 5 分钟舞台演说，表现自己的语言风格和演说能力。其晋级经过如下：

（1）在演讲过程中由 300 名观众，通过手里的表决器来为选手投票，或者支持或者反对，如果反对数达到一半以上，选手将被直接淘汰。而如果支持数超过一半，选手将晋级进入评委选人的阶段；

（2）进入评委选人阶段之后，如果选手不被评委所选择，也将进入淘汰环节，在这一点设置方面，类似于《中国好声音》；

（3）根据不同的环节设置，节目当中存在多重的关卡和针对选手的考验，60 位选手当中，只有一名将成为总冠军。

4. 节目过程

（1）第 1~5 期，由导师分班来产生前 24 强。

这一过程由四名导师进行分班，入选的选手按顺序进场，每个人进行 5 分钟的讲演，台下的观众 300 名，通过表决器为选手投票，如果反对票≥150，选手直接淘汰；如果支持票≥150，选手晋级进入导师选拔阶段。

而晋级之后的选手，如果没有导师接收，也将淘汰；而如果有多位导师选择同一人，这时候选手有权力自己决定跟哪一位导师。

每一位导师手中有 1 个复活权和 6 个名额，其复活权指的是把观众淘汰的选手选择救活纳入自己麾下。

（2）第 6~9 期，选手跟随导师组队对抗，24 强进入 16 强。

这一时段为进一步晋级时段，由 4 位导师组成自己的团队轮番对战其他团队。每一期都由 2 个导师战队进行对抗，分别派出 3 名队员，互相 PK。

每一轮的演讲主题都由主持人提供，导师根据题目选择自己的出场队员，仍旧是 5 分钟的演讲，然后由没参加对决的两位导师和一位节目组请的嘉宾评委进行投票，2∶1 对决，胜者晋级，败者待定。

一轮轮下来，最后待定的选手（3 位）进入三角决战，进行仅有 30 秒钟的即兴演说，由台下的 300 名公众评委投票选出得票最高的选手晋级，剩下的淘汰。

（3）第 10~13 期，15 进 4 的决赛厮杀。

这一阶段为组内决赛，第一个团队之内的成员需要进行残酷的比拼淘汰，队友中只有 1 个进入终极决战的名额。每一期考核一个团队，由导师进行分组和决定入场顺序，并通过演说来揭晓团队的出场队员。每个团队演说结束之后，4 位导师共同投票，先得到非团队导师 2 票的队员进入下一轮，而得到团队导师 1 票的直接进下一轮，其他淘汰。

进入下一轮之后，选手就要进行终极的决赛选择，按照第一轮入场顺序，团队导师设计一个情景，由选手在一分半钟时间内进行即兴演说，最后由团队导师确定唯一的晋级名额。

（4）第 14 期，终极巅峰决战之夜，4 进 1 决定冠军选手。

总决赛在一个晚上搞定，经过筛选最后冲出重围的 4 强选手，将在最后一夜争夺总冠军。

四、《超级演说家》节目的成功以及对语言节目的启示

（一）节目的成功

2013 年 8 月，正当我国各路卫视疯狂大战音乐选秀节目时，安徽卫视却联手能量影视，另辟蹊径，制作大型的语言选秀节目《超级演说家》，由此打破了我国荧屏上唱唱跳跳的相对单一格局。而且，这一节目高额的奖金以及强大的导师阵容，还有各类时尚的话题，选手之间的针锋相对等，都具有十足的看点，使得这一档节目连续四周夺取周四档全国综艺节目收视率第一。同时，使人们把目光由音乐类选秀节目转向了语言节目，而且还引发针对目前综艺节目新模式的相关热议。

《超级演说家》取得了良好的收视率已经毋庸置疑，而这背后的诸多话题，如"演讲意味着什么"、"演讲能够带来什么"、"我为什么没有那么好的口才"等，也同时被放到网络上进行深度的探讨。

在信息社会的今天，由于数字科技的发展使得各种宅男宅女只能在家敲打键盘，当面却无语，所以，《超级演说家》带来的风暴，在宅男宅女心中将荡起何等的涟漪，其意义非凡。

（二）节目成功因素

安徽卫视首播《超级演说家》，使观众的眼睛牢牢锁住安徽卫视周四晚黄金档，官方的数据统计也表明自开播之后，这档节目始终受到业内人士以及观众的共同关注，而收视率也始终在同档栏目内首屈一指。节目成功的因素，基本上可归纳为以下四个方面：

1. 国内荧屏第一档语言类竞技电视节目

选秀节目一直是歌舞类节目的天地，从湖南卫视的《超级女声》开始，接下来的十年时间，我国各卫视不停地模仿，可结果却往往是"一直被模仿，从未被超越"。可以说《超级女声》在刚推出的时候，其风靡程度几乎可以比拟 20 世纪 80 年代《渴望》热播时万城空巷的景象。而后不断推出的同类栏目，直到今天，除了《快乐男生》和浙江卫视的《中国好声音》还有相当的收视率，其他音乐类的选秀节目，已然不能引起人们的兴趣了。而《超级演说家》却超出了局囿，以演讲作为切入点，从而以一种强势的姿态进入大众视野，并且以一种全新的角度来阐释说话的魅力，使得人们重新认识说话能力对于人生的重要性，并引起全民演讲热。

2. 强大的导师阵容，而且配合默契

《超级演说家》请了四位导师，分别是公众耳熟能详的陈鲁豫、李咏、林志颖和乐嘉，他们都是各自领域的佼佼者，而且在节目录制过程中配合默契，相当出彩。无论是"毒舌"功能，还是煽情基调，都把握得相当精到，其功底丝毫不弱于音乐类的选秀节目。而且这一档节目，因为首先特别重视语言功底，所以本身就具备言语实力的导师具有非常大的发挥空间。

图 1　《超级演说家》四位导师

3. 炒作与节目并行

在开播前后，《超级演说家》一直带着各种各样的话题进行着，可见其在新闻炒作方面的能力。节目的导师每个都是擅长炒作的能家。比如说节目还没有录制播出之前，就已经对外宣称要请一个重磅级明星加入，节目组还神神秘秘请大家猜是谁，并且透露出"不老的传说"，使人一看就觉得是林志颖，而林志颖对人们来说是演艺界明星而非广播界的说话明星，尤其还来自台湾地区，所以又有些不可思议，因此在节目未开播之际，人们就迫不及待想要揭晓谜底。

而在节目开播过程中，又不停地有新的话题加入，比如说乐嘉说错话了，于是诚挚地在自己的微博上向迈克尔·杰克逊的粉丝道歉；而林志颖在节目开播之际正值新婚，落下新婚妻子前来参加，于是通过节目向妻子表白；鲁豫也在节目当中吐槽自己曾经有过的恋情等。这些明星级导师的个人影响力，大大加深了人们对《超级演说家》的关注程度，无论是对节目本身还是对相关微博的关注。

4. 对成功者有效的模仿

有这么一句俗话："对成功者的模仿，就是成功的前提。"《超级演说家》成功地模仿了浙江卫视叱咤江湖的《中国好声音》，几乎所有的观众一眼都能看出其中的借鉴之处。比如说，选手上台前要先介绍自己，然后再开始演讲；导师可以选择是否让选手加入自己麾下，而如果有多个导师选择了同一选手，这时候选手就占据了主动权，可以主动挑选自己想要的导师；当选手进入不同导师团队后，节目又进入了一个新环节，就是由导师分组并由不同组的选手 PK 等。

此外，还有这档节目的剪辑和制作方面，也充分地借鉴了《中国好声音》，观众们认为："除过没有导师转椅子这个环节，《超级演说家》基本上就是《中国好声音》的演讲篇，是超级模仿之下的衍生型节目。"显然，模仿借鉴得很是成功。

（三）对语言节目的启迪

1. 创新的模式

自湖南卫视的《超级女声》成功之后，歌唱类的选秀节目，迅速占领了各路卫视的黄金时段，也成为十年来我国最流行的综艺类电视节目形态，而相似模式的音乐节目在扎堆的情况下，不停地重复着已有模式，这无异于戴着镣铐跳舞，观众已经从最开始的惊艳转变到现在的审美无能。

而《超级演说家》却创新了节目模式，在我国原有语言节目的基础上，有效地加入选秀元素，一方面填补我国谈话类语言节目的单一化空缺，另一方面由于加入了最接地气的真人秀和选秀元素，节目中的选手都是来自全国各地不同行业和不同领域的演讲高手，为我国的后选秀时代，打了一剂无比震撼的强心针。

2. 时尚的节目主题

《超级演说家》这一档节目的宗旨是寻找中国最会"说话"的人，这个主题很容易吸引人的眼球。在节目未开播之际，就引发全国各地相关权威媒体，以及知名网络评论家们的关注，而这基本上就可以预见《超级演说家》在播出之后所取得的成功。同时，《超级演说家》中选手所演讲的主题以及演讲的内容，都是一些具备时代感的现代潮流性话题，其吸引力自然非同一般。比如说，"女汉子"这一时下最流行的话题之一，就由一个选手在演讲中提出，而这个话题，节目的导师之一林志颖曾经定义为"上得了厅堂，下得了厨房，修得了电脑，打得了流氓"，显然，这样一个话题，不仅仅是导师关注，社会公众也相当关心，因此自然引起了热议，并由此引发了人们对于导师家事的寻踪探底。

3. 明星人物的倾情加盟

比如说著名的节目主持人陈鲁豫，她是我们熟知的节目主持人之一，身上带有许多光环，诸如十大"中央电视台最受欢迎主持人"之一、"东方奥普拉"、"中国国家形象宣传人"等，而陈鲁豫加入凤凰卫视后主持的《鲁豫有约》更是家喻户晓。这次加盟《超级演说家》，陈鲁豫曾经明确表示："《超级演说家》完全就像自己的孩子，在做节目初期，感觉其中会有一些不确定的因素，比如说导师人选这一方面，其实就是一个冒险。"可见，陈鲁豫在做《超级演说家》这一档节目时，所站的角度已经不仅仅是节目的导师，同时还是节目全程的参与者，陈鲁豫还进一步表示："节目肯定会有一些不足之处，但更多的是节目组付出的爱，就像看到自己的孩子一样，充满爱意。同时，也希望给电视这个热闹的圈子，增加一些新鲜的血液。"

再比如重磅加入的不老明星林志颖，为了《超级演说家》这一档节目，他在蜜月期就离开新婚妻子赶来参加节目，而且，林志颖通过经纪人表示自己非常喜欢这种具备挑战性的节目，因为这样可以更多地展示自己、挑战自我。而在节目录制过程中，林志颖还借助自己的个人魅力与安徽卫视频频进行互动，在微博上主动参加到《我为歌狂》这一话题的讨论之中，从而提升公众对安徽卫视的关注度。

4. 适应时代对于说话能力的需要

时代发展到网络信息阶段，各种技术日新月异，而许多年轻人的生活因为网络而变得空前丰富多彩起来。有了 QQ、微信就可以足不出户，只要通过键盘敲击便能联系天下的朋友，刺激的网游使得年轻人可以没日没夜不停地玩电脑。但日趋沉迷于网络这个虚拟社会，会使得年轻人因为远离社会而逐渐丧失了人类说话这一本能，成为网络的巨人和语言的矮子。同时也有越来越多的人关注到这一点，并深刻地反省网络给人们在直面沟通交流方面带来的障碍，并呼吁年轻人应该走出虚拟世界，回到现实社会中来，重新恢复自己说话的能力。

因此，《超级演说家》正好应和了社会这一需求。通过这一档节目，刺激了许多人对于说话的欲望，使年轻人逐渐认识到说话在生活中的重要性，明白了即使有好的思想、想法，如果没有好的表达能力，那也是没有用的。因此，就这层含义上来看，《超级演说家》的社会意义非同小可。而适应时代和社会的需要所推出这一档节目，其成功也理所当然。

五、结　论

《超级演说家》的成功，原因是多方面的，其中最重要的一方面就是具有观赏性，作为一档电视节目，只有好看才具备吸引力，从而实现节目的价值和意义。毫无疑问，《超级演说家》在好看方面，做足了功夫，正如专家所评讲的那样："节目好看，而且很有料，观众通过节目可以轻易看到自己，看到自己的想法、意见，或者是观点，通过演讲者在大庭广众之下传达出来，这样观众很容易获得共鸣，同时在观看节目过程中，还得到很多启发，这是很难得的价值体现。"

说话是我们人类在生活工作中必须具备的最基本能力，所有的成功都离不开有效的语言表达，《超级演说家》在这一方面开启了一道成功之门。有专家评述："每一个人，都会有机会成为节目的参与者，而且《超级演说家》在选择参与人员时，特别注重差异化选择，并且在说话上大胆拓展，把话题深入评述；导师也充分打开了自己的话匣子，不是一味追求对故事进行煽情的相关选秀套路，而是努力发展专业化层面。"可见，《超级演说家》的成功，并不是偶然的因素，完全是多方面共同作用的结果。我国的语言节目如果想要盘活，也需要充分学习《超级演说家》成功的经验，走具有自己特色的发展道路，把节目办得"好看"。

（撰稿：郑佳超）

《变形计》栏目的现状与发展

【摘　要】湖南卫视大型真人秀节目《变形计》自开播以来，每一季的播出都引起了观众的广泛关注，从一开始的社会各界、各年龄层的人们互换生活，演变到今天的农村孩子与城市孩子互换生活，节目中真实出现的主人公也在录完节目之后，迎来了自己人生的第一次蜕变。本文主要从《变形计》的发展历史开始谈起，并选取其中的几期《变形计》来简单探讨一下节目的意义、影响与不足之处。

【关键词】《变形计》；真人秀；蜕变

一、《变形计》的前世今生

《变形计》是湖南卫视继《超级女声》之后重点研发的一档生活类角色互换纪实栏目，号称"新生态纪录片"，是中国第一档生活角色互换类节目。《变形计》在湖南卫视首播，从 2012 年 6 月 18 日起，《变形计》正式登录中央电视台财经频道 CCTV－2。从 2006 到 2008 年，这档节目结合当下社会热点，寻找热点中的当局人物，采取一对一互换的形式，安排他们进行 7 天的人生互换，体验对方的生活。

作为一档在社会热点中寻找题材的创新节目，《变形计》的社会意义不言而喻。节目关注时下热点新闻，挖掘新闻中带有社会普遍意义的内涵，通过精心设计的节目形式放大这些内涵，并谋求寻找某些热点问题的解决之道。另外，心理学认为，体验是人们达到相互理解的最佳途径。《变形计》秉承"换位思考"这一思维理念，而且推至极致，在节目中，主人公不仅要站在对方的立场去设想和理解对方，还要去过对方的生活，真正体验对方世界的大小风云，品察对方最微妙的情绪触动。"变形"主人公就在与相关对象的互换中，体验不同人生，达到改善关系、解决矛盾、收获教益的目的。

刚刚迈入电视娱乐新纪元的中国，电视娱乐节目正如火如荼地在全国开播，而火爆的电视真人秀节目引起了政府和公众的重视。随着各地电视真人秀节目为争夺收视率而开始变得庸俗、低俗、媚俗，2011 年 10 月 25

日，广电总局在其官方网站公布了"限娱令"公告，宣告从 2012 年 1 月 1 日起，34 个电视上星综合频道要提高新闻类节目播出量，以防止过度娱乐化和低俗倾向。2006 年，打着"换位思考，互相理解"旗号的《变形计》在吸取前四季的经验教训后，作为一个独立栏目全新推出。第五季《变形计》在总结以往经验的基础上，结合当下青少年最典型、最突出的问题，聚焦都市子女的现代病，如网瘾、厌学、脆弱、暴力、物质、冷漠等，让节目影响更多电视机前的青少年，突显其节目的教育意义。第五季《变形计》第一期节目《少年何愁》，在 2012 年 1 月 4 日晚 21：20 开播就取得了惊人的收视率，第二期节目《美丽加减法》，当晚 CSM28 收视率达 1.18%，市场份额 3.04%，同时段居全国第四（非电视剧栏目第一）。这样每集 30 分钟的小节目，在众多电视节目中收视排名领先，证明了其社会价值与艺术水准。毋庸置疑，《变形计》栏目的成功，很大程度上取决于其对当今社会热点话题的把握和对节目合理的议程设置。

在网络普及率如此之高的今天，网络上涌现的"我爸是李刚"、"李双江儿子打人"、"合肥毁容门"等各类热点事件被疯狂报道，这么多由青少年引出的事件，使我们不禁反思，现在的青少年都怎么了？电视媒体人正是嗅到这类事件所反映的社会问题，青少年身心健康问题才被媒体提上议程。《变形计》之所以在第一集播出后就触发了全民热议，是因为《变形计》节目适当的探讨与试验，创造性地提出了问题的解决之道。节目拍摄的故事是 7 天互换位置的生活与际遇，观众能发现孩子们积极的改变，即都市问题少年在爱的感化下也展现了其内心深处善良可塑的一面，农村少年在繁华都市中并没有迷失自我，而是更加发奋图强，节目所倡导的价值观在"变形"过程中得以明示，变形少年人性中有关善良的一面得到点燃，电视观众在观看《变形计》中领悟到人性本善之精髓，这是观看其他电视娱乐节目所未曾有过的视听体验。

二、《变形计》的节目特点

1. 屏幕文字

首先，电视上的文字与画面相比，有着更为清晰明确的表意功能。例如在《他乡有爱》中，张爸在网吧中找寻儿子，神情焦虑，屏幕上赫然出现了一行字幕，"这一夜，他们依然没有找到他们的儿子张寓涵"。他的辛酸与无奈，借助屏幕文字刻画得淋漓尽致。其次，屏幕上文字能加强节目的记忆深度，易于被受众理解和接受。再次，颇具创意的屏幕文字增添节目娱乐效果。《变形计》中一些字幕恰到好处地调侃一下主人公，活跃气氛，娱乐大众。如《网瘾少年》中，魏程做自我介绍时说自己喜欢打球，屏幕上马上出现"喜欢打网络游戏《街头篮球》吧，哼哼"，幽他一默。

2. 声画结合

《变形计》中采用的电视声画结构，主要有"声画合一"、"声画对位"两种形式。声画合一，指电视画面和声音同时指向一个具体形象的结合形式。它的特点是声画同步发生、发展，视听高度统一，声音和画面具有较高的保真性。《网瘾少年》中，当高爸爸将多年积攒下来的20元钱交给魏程，满足他一看黄河的玩乐之心时，魏程的眼角红了，接过钱的手在颤抖。他哽咽着说："谢谢，阿爸！"高父淡然一笑："谢啥呢，儿子！"看到此处，无数观众已潸然泪下。声画对位，指电视节目中画面与声音对列，它们按照各自不同的规律，独自表现不同事物的信息，却又有机地围绕和表现同一内容。例如，魏程到工地打工，筋疲力尽后领到20元工资。他开始理解自己的父母，面对镜头失声痛哭，表示要悔过自新，以求得父母原谅。伴随着轻扬的音乐，画面中呈现的却是冷漠少年昔日的"光辉岁月"，上网、抽烟、辍学、离家出走，往昔的不懂事与镜头前悔恨的泪水形成鲜明的对比。

3. 解说语言

解说词是引导画面走向的"灵魂"。《变形计》中主持人的更替，也带来了解说风格的变化。从王姬到陆立，再到魏哲浩和张怡筠，体现的是从感性视角向理性视角的转化。王姬的点评过于主观，表演的成分居多，倾向性太强。陆立的表现不够严肃，没有很大起伏。然而，魏哲浩的理性点评和张怡筠的心理解析，恰到好处地弥补了节目的感性风格。同时，节目的细节捕捉也很到位，通过细节刻画能够塑造形象，使人物形象丰满。比如，《他乡有爱》中张寓涵、孔爸爸和妹妹一起赶集，三人忙于生意都没有吃饭，懂事的妹妹找爸爸要钱买包子给张寓涵，他接过包子旁若无人地吃起来，丝毫没有考虑到饿着肚子的爸爸和妹妹。这个细节体现出妹妹的善良与体贴，张寓涵的自我，然而后来妹妹风湿病发作时，他不声不响地为妹妹轻轻揉手，想让妹妹安然入睡，这个细节则让我们看到张寓涵体贴温情的一面。《变形计》在拍摄过程和后期制作时对戏剧冲突的设置也是下足了工夫，如《他乡有爱》在节目开头就向观众设置悬念：郑州迷茫少年在湘西深处可否找回他失落的善良，孔小龙这个清贫的土家男孩将会给这个城市带来怎样的感动，这在节目预告的时候，就吸引了观众的注意力。

4. 坚持平民视角

"以人为本"的节目制作理念要求从平民的视角出发，关注平民生活。

娱乐节目的主角从明星变成了身边的普通人，节目内容从精雕细琢的舞台走向原生态的生活场景，节目形式从单向变为双向的互动模式。第一季尝试了不同的主题，分别为网瘾少年、官员互换、母女互换、行走学校，将生活中的矛盾和差距大胆地搬上荧幕，观众受好奇心驱使不断关注事态进展。上网成瘾已成为多数城市问题孩子的"病症"，当观众在《网瘾少年》中看到魏程感动流泪并决心悔过时，似乎看到了救赎身陷网络游戏问题少年的希望，于是节目迅速蹿红。坚持以原创为主，《变形计》的原型来自美国电视真人秀节目《交换配偶》。《变形计》主要吸收了《交换配偶》中的"交换"概念，但剔除了在中国绝对行不通的"换夫"或"换妻"方式，改为更为广义的交换人生，更利用这一概念来与时下热点结合，从而使节目具有了更广泛的社会意义。

三、《变形计》的节目意义

1. 热点问题对比分析

就第五季《变形计》节目来看，参与"变形"的主人公们具备一定的通性：一边是城市中的"佼佼者"，他们生活在物质条件优越的家庭，却十足地骄纵厌学，是让老师头疼的问题学生，有些甚至遭到学校的多次劝退；另一边则是大山深处土生土长的穷娃娃，与城市公子们相反，虽然生活条件艰苦，但是他们好学、善良、懂事。家庭教育是青少年心理发展的基础，家庭关系、家庭教育方式、家庭教育内容都是造成问题少年的因素。父母对孩子深层情感与内心感受的忽略在变形过程中得到了弥补，因此，变形互换中关于青少年身心健康成长的议题得到了讨论。第一期《少年何愁》的主人公易虎臣，厌学、顽劣，完全不把老师放在眼里，常常与老师针锋相对；镜头一转，在农村，吴宗宏每周日都要带着弟弟，背上一周的干粮，走几十里山路赶到破旧的中坡小学。节目通过编排将其进行对比，把两位主人公之间巨大的落差搬上屏幕。对于《变形计》栏目来说，在全方位曝光主人公生活的状态下，一方面能比较准确、真实、全面地展示真实情况，为公众提供深度思考的材料，另一方面也能把来自社会底层，关于人性的优良品质与真、善、美的社会核心价值观，以极具冲击力和感染力的方式呈现给观众。

2. 聚焦社会弱势群体

构建和谐的社会环境仅靠媒介之力是远远不够的，而积极引导人们探讨社会问题是媒介的责任和义务，媒介的适当参与，对于提高政府和社会公众对这类社会问题的重视程度，具有深刻的现实意义。全国妇联调查数据显示，全国留守儿童人数约为 5 800 万，2011 年，在湘西凤凰农村做完留守儿童的调研后，全国政协委员、湖南师范大学文学院教授汤素兰写下了这样一段话："孩子的教育，是社会、家庭、学校共同的责任。社会仅为孩子提供受教育的机会是不够的，还应该提供公平的受教育条件。如果没有公平的受教育条件，孩子和家长虽然有梦想，现实的鸿沟也太巨大，而这巨大的沟壑仅靠梦想是无法填平的。"由于财政能力、师资力量等方面的因素，农村地区和贫困地区的教育现状依然堪忧。《变形计》节目关注教育均衡、关爱留守儿童，通过媒介影响力号召社会关注弱势群体。第一期《少年何愁》中体弱多病的小黑和第五期《化不开的网》中以背煤谋生的兄弟俩等的际遇被媒体报道后，在网友和社会爱心人士的关心与帮助下，生活状况得到了有效改善，相关部门也开始进一步解决当地所面临的教育、生活等问题。第五季《变形计》虽然结束了，但爱心接力却没有结束，一笔笔来自社会各界的捐助，让《少年何愁》中的中坡小学有了新校舍，让《美丽加减法》中后所乡中心学校的每一位学生都拥有了一件抗寒棉服。截至 2012 年 4 月 24 日，《变形计》联合中国社会福利基金会通过支付宝募集网络善款达 287 983.52 元，这些善款将用于救助需要帮助的人。

3. 媒介应担负的社会责任

节目成功的意义不仅是高收视率，也是媒介合理议程设置产生的积极效果。栏目的议程设置体现了如下价值特点：首先，《变形计》接受观众报名参与"变形"，"草根性"让节目更贴近百姓生活，更能与普通观众产生共鸣；其次，通过在变形过程中设置热点话题，例如通过健康问题、亲人犯罪问题、生活材料紧缺问题等制造正面舆论，引发观众和网友讨论；最后，节目的编排保持时间的一致性，《变形计》在对城市主人公与农村主人公互换的拍摄中，双方变形交替穿插，形成强烈的对比，也更容易在观众头脑中产生积极、清晰的正面认知。在节目播出后，又增加了对主人公们的回访拍摄，并在论坛、微博等网络媒介上与观众互动，一来检验变形成果，二来增加节目真实性和话题延续性。例如，第一期《少年何愁》中的易虎臣，我们看到曾经的叛逆少年已经开始了新生活，懂得了感恩；第二期《美丽加减法》中的城市主人公李耐阅，通过变形，已经从一个泼辣蛮横的少女蜕变成乖巧懂事的孩子，并在期末考试中取得了年级第二名的好成绩，与父母关系也变得融洽了。

《变形计》这一独特的节目模式引起了学者们的关注。北京大学新闻与传播学院副院长程曼丽在《变形计》节目中说："应该把这个节目作为一个研究的案例，可以把它延展到学生教育中，包括家庭教育、学校教育更深广的层面，让更多的孩子从中受益。"

四、《变形计》节目的争议性

1. 媒体人文关怀的缺失

第一季《网瘾少年》，聚焦城乡文化的裂痕，借助体验的方式，让来自青海乡下的孩子高占喜与城市孩子魏程互换生活环境。对于城市孩子魏程来说，这是一次人生的体验教育、磨难教育。而对于农村娃高占喜来说，更像是游走城市的"南柯一梦"，当他爱上了打游戏、吃零食、看电视，孩子最本真的一面暴露在摄像机前时，却遭到了诸多责难。报道视角不平衡。首先，《网瘾少年》中魏程的心理任务是发现真善美，明白富足生活背后的艰辛。而高占喜呢？让他充分认识到城市的繁华后，再让他发现城乡差距如此之大，追求美好生活的道路举步维艰，由此想充分享受 7 天城市生活却被冠以忘本的罪名。其次，两位主人公尽管生理年龄相差不大，但生存环境的巨大差异却使得两个孩子的心理年龄存在很大差异。魏程在青海流泪时，他对着镜头说不要拍了；而连移动电视都不知道的高占喜却不知道他的一举一动都被拍摄下来了。再次，在一些解说词中不恰当地表达着对高占喜的批判，这是媒体专业素养缺失的表现。媒介干预而影响真实，在《变形计》的拍摄镜头里，主要有两种：安装在主角活动场所的摄像头固定拍摄和工作人员随时跟拍。这两种镜头都处在拍摄主角知晓的范围内，很难保证拍摄主角没有表演的痕迹，或是刻意隐瞒内心的真实感受。此外，为了保证节目的戏剧性，编导人为地设置冲突，将主角的心路历程浓缩在这几小时的节目中，真实性与导拍的矛盾由此产生。

2. 对主人公的心灵伤害

《变形计》有一个口号是"变形计，普通人的奇迹"，不过从第五季开始《变形计》的开头用了一段引言"如果有一天我的理想被风雨淋湿，你是否愿意回头扶我一把？如果有一天我无力前行，你是否愿意陪我一个温暖的午后？如果我问你什么，你是否想到妈妈梦中的惊起？如果那是一个你不熟悉的家，你会不会把善良当作路牌？如果这是一个国家的未来，你是否让他酣睡不再彷徨？——《变形计》：一份来自远山深处的力量！"这样一段文字的加入使得《变形计》的主题显得更为深刻，"一份来自远山深处的力量"切中要点——节目组是将来自大城市的"问题少年"放在农村进行变换的，那些被动与城市少年进行互换的也都是些质朴的农村少年。

一直以来湖南卫视在节目的策划、创意和商业运作上都表现出非同凡响的胆识和智慧。"娱乐立台、快乐中国"是湖南卫视的宣传口号,这种立台宗旨在无形中也削弱了其作为媒体所应该承担的社会责任。《变形计》节目的推出正是湖南卫视将媒体的视野投向更加广阔的社会生活,力图将媒体的社会责任与国家社会的命运变迁自觉相连的一种大胆尝试。《变形计》的"交换人生"创意在中国业内尚属首发。首先,我们分析一下那些所谓的"问题少年"。参与"变形"的主人公们真的都是普通人吗?没有很明显的官二代、富二代,但是富贵的人还是有的,在这样的环境下孩子出现了问题,进行一个变形也是可以理解的,但是对那些一直渴望城市生活的乡村孩子呢?节目组和观众或许对这些乡村孩子的关注一直都落在"孩子是否会乐不思蜀"。可是本人认为,我们关注的重点应该是"这种变形是否会对孩子的心理造成伤害"。恺元教授的幸福学理论指出,人的幸福感来自比较,而物质相对来说容易形成直观比较。相反,当另一种生活清楚无疑地呈现在面前,并且更明确的是只有 7 天时,原有的秩序已然解体,而明天生活还要继续。城市的灯红酒绿我们已经司空见惯了,但是对于那些来自农村的孩子来说呢?当真正的落差摆在他们面前的时候他们的心态真的可以保持得很好吗?

变形节目结束了,或许他们的淳朴还没有改变,但是这并不代表成功。如果大众仅仅将目光聚集在这里,那无疑是,我们花了大把的时间将一个农村孩子放到城市里"表演",而由我们残忍地来观看。第一季《网瘾少年》中来自乡村的高占喜刚到长沙就哭了,看到路边的风景哭,理发哭,被防盗门关在门外也哭。现实的落差无一例外地还是在他幼小的心灵上留下了自卑的阴影。每次看到这个镜头的时候,我想大多数观众都应该是觉得孩子不容易,但是我认为大家此刻关注的应该是这个孩子的内心。第三季《春天有多远》中农村孩子秦干说"有同学的眼神觉得是乡下小孩,看不起你,很可怕",敏感的乡村孩子到长沙的第一个晚上在宾馆就哭了。她参加节目的目的是体验父母亲情,这种变形是在普通城镇都可以实现的,但是她在节目组的安排下,来到了城市长沙,在 7 天的变形里每天晚上却在宾馆里哭泣,接受节目组工作人员的安慰。变形结果的断定侧重于城市问题少年。城市少年和农村孩子互换的结果最后大体可以表现为"某城市少年成功变形,开始上学,某乡村孩子带着 7 天的体验继续回去生活",城市孩子变化了,乡村孩子得到了一种体验,这种体验对他到底有多少影响,我们无从知道。《变形计》节目组自身也感受到了这种质疑,所以在第五季的时候,节目组推出了两期"感恩回访",对之前参与"变形"的"问题少年"在变形后的现状进行了介绍,并带着这些城市少年再度回到之前交换的农村去，探访当地的情况。不得不说，在节目组的影响下，之前来自农村的孩子的生活情况在社会的帮助下确实有一定的好转。这些孩子从大都市回来之后便更加热爱学习和珍惜自己的生活了。不过，对于这些孩子的未来，我们也不能过于武断地说就一定会从此灿烂无比。参加了节目之后，社会上过多关注的聚集，我们也无法确定是好是坏，正如参与《美丽加减法》变形的李耐阅所说，现在走在路上都觉得有人在观察你，自己也不敢乱说话。我们也无法确定，之后的之后，这些参与了"变形"的孩子会不会因为社会的过多关注而压力过大，再次走向极端，还是因为这些关注而更加努力。

五、结　语

普罗霍罗夫认为，面对社会弊端和不良风气，记者"似乎既是侦察员，又是检查员，既是辩护人，又是审判员，何况又是在终审法庭里当众审理案件。因此，他所做出的判决应该是全面斟酌、准确无误"。虽然《变形计》号称是原生态拍摄，但是在各期《变形计》节目播出后，仍然有观众对节目表示质疑。首先，变形过程是否早已精心策划，告知当事人，或者某些话题的发展是否是在导演督促下完成的；其次，播出的节目是否是对真实情况的断章取义，故意制造舆论效果；再者，媒体的介入，是否能真实记录主人公的生活，变形少年是否存在表演意图也有待查证；最后，节目被人为地加入解说旁白，是否在一定程度上引导了观众的意识。以上种种都有待栏目组给出公正的答复。据《变形计》制片人谢涤葵介绍，在新一季节目中将有心理专家全程参与。心理专家可以在节目中一边对孩子的表现进行评点，另一边适时卧底，以"编导"的身份与孩子们接触，推进故事的发展。金鹰网如此评论该栏目："《变形计》节目不仅仅是记录两个孩子的互换，更是希望通过深度的人文关怀，将多个社会层面的东西，向世人展示，从教育、贫富差距、世界观、尊严、善良、爱心等不同的角度，去引发观众进行思考。"《变形计》准确定位了社会热点话题，其议程设置有效地引起了广大公众探讨问题，并通过节目建设性地探索了解决之道，在实现节目的娱乐性外，担当起了媒介应有的社会责任。观众期待《变形计》保持求真、向善、臻美的职业操守，让孩子们通过身份互换的方式来学会自我成长，这个过程对家长、未成年人，一定都会带来很多的启发。

（撰稿：董　达）

新闻脱口秀《笑逐言开》的成功因素

【摘 要】脱口秀节目具有反应敏捷、应答巧妙、脱口而出等特点，由于期节目内容通常涉及人们的日常生活，谈论的话题多为社会公众最关心的话题以及其语言具有多元化、通俗易懂的特点，深受电视观众的喜爱。从 1992 年上海东方电视台开播《东方直播室》以来，国内各大电视台争相开办脱口秀电视节目。其中，凤凰卫视中文台于 2011 年初推出一档全新的周末新闻杂谈节目——《倾倾百老汇》，以"脱口秀"形式传递资讯，让人耳目一新。节目一经推出，立即引起关注。2014 年《倾倾百老汇》改版为《笑逐颜开》。作为一档新闻类的节目，《笑逐颜开》其节目内容丰富全面、视角独特，其内容具有较强的时效性，包容性，补充性，娱乐性的特点；节目形式多变，不仅做到贯穿古今、以新带旧，还将丰富的咨询内容结构重组，与观众形成良好的互动；同时，节目主持人尉迟琳嘉极具个人魅力，他的幽默风趣、足智多谋成为该节目最为点睛的成功之笔。

【关键词】脱口秀；新闻杂谈；内容丰富；形式多变；主持人魅力

一、概念阐述

（一）脱口秀节目的起源

"脱口秀"是对英语"talkshow"的音译，指的是主持人对来宾的访谈或者是上门对人物进行的访问，通常主持人和来宾都不准备讲稿，而是靠现场随机应变，美国业内人士通常将日间和夜间时长在一个小时左右的聊天或杂耍节目称为"talkshow"。这些节目的特征是：语体的谈话是节目的主体；主持人、嘉宾和观众，构成脱口秀的传播者群体；谈话内容往往与广大观众有直接或者间接关系，谈话方式以随机型为主；演播室为基本谈话空间，热线电话和邮件的介入使谈话空间得到无限延展。在美国，电视"脱口秀"是从广播"脱口秀"中走出来的，早期的"脱口秀"以新闻评论为主，主要对近期发生的新闻热点进行谈论、评说。1948 年，由艾德·萨文莉主持的一档娱乐型"脱口秀"节目《小城大腕》，开创了不谈政治的轻松聊天节目风尚。至此，"脱口秀"分为两个类型，即新闻评论型

"脱口秀"和娱乐型"脱口秀"。

（二）电视脱口秀节目的现状

1. 国外电视脱口秀节目目前的发展

在美国，人们可能不认识隔壁的邻居，也许从根本上就不想认识他们，人们可能害怕街上的陌生人，而电视上的脱口秀节目却是他们家庭中最受欢迎的"客人"。脱口秀已经成为影响美国人思想和行为方式的一种新的不可忽视的力量。"脱口秀"是人际交往的"双向交流"的原生态展示，它更强调的是自然流露，在轻松、和谐、平等、幽默、轻松的氛围中展开讨论。"脱口秀"在当今的电视节目中占的比例越来越大，以美国电视业为例，日间和夜间都会安排"脱口秀"，从星期一至星期五的 12 点到 18 点，各大电视网都开设了"脱口秀"。

2. 国内电视脱口秀节目的发展及其必然性

在国内，电视脱口秀节目的产生与发展离不开社会文明的进步。社会的日益发展和大众物质生活和精神生活质量的提高，给电视行业的发展带来了不小的冲击，电视节目也在不断地更新变化，整个节目的形式和内容越来越大众化、平民化，给观众带来了耳目一新的感觉。1992 年，上海东方电视台开办的《东方直播室》被认为是中国最早的电视谈话类节目。随后，各个电视台争相开办"脱口秀"节目，花样繁多，质量参差不齐。如央视的《实话实说》《艺术人生》《东方之子》，凤凰卫视的《锵锵三人行》《鲁豫有约》《有报天天读》，东方卫视的《东方夜谭》，华娱卫视的《夜来女人香》，以及港台的《康熙来了》《麻辣天后宫》等。像央视、凤凰台这样的重量级电视台开办的"脱口秀"很少走纯娱乐化的路子，一般定位于社科类或新闻专题类，强调人与人之间要求沟通的本能。而地方台、港台开办的节目，一方面突显地方特色，一方面偏向于娱乐化。如东方卫视的《东方夜谭》，其创办主旨就是"无益无害"、"纯讲笑话"。据悉，1996 年诞生的《实话实说》直接参照了《奥普拉·温弗里秀》，《东方夜谭》则完全模仿美国已经走红 30 多年的夜间谈话节目"Tonight-show"。而湖南经济电视台推出的《娜可不一样》完全照搬台湾走红的娱乐"脱口秀"《康熙来了》，连取名方式、演播室布景都与之类似。

（三）脱口秀节目特点

脱口秀节目特点是反应敏捷、应答巧妙、脱口而出、出口成章。脱口秀是目前广播电视媒体使用频率最高的词汇之一。在这个广播电视时代，它不仅仅是一个广播电视的名称，也是节目主持人的象征。对节目主持人来说，脱口秀是一种新型的、机智的、充满才能的节目形式。与传统的播音方式相比较，它有三个基本特点：一是节目所涉及的话题内容更贴近人们的日常生活，是社会公众最关心的各种社会实践及社会问题；二是语言更加通俗易懂，让受众容易理解和接受；三是主持人运用语言的方法和技巧趋向多元化，时时刻刻都体现出主持人在节目当中的巧妙与机智，让观众接受信息成为一种享受。

二、《笑逐言开》成功因素分析

1998 年，随着《凤凰早班车》开播，一种全新的新闻播报模式——"说新闻"正式进入荧屏。如今，"说新闻"面对同质化媒体激烈的竞争环境，也逐渐呈现出选材局限、主持人素质低下、过分娱乐化等诸多问题。与此同时，凤凰卫视中文台于 2011 年初推出一档全新的周末新闻杂谈节目——《倾倾百老汇》，以"脱口秀"形式传递资讯，让人耳目一新。节目一经推出，立即引起关注。2014 年《倾倾百老汇》改版为《笑逐言开》。本文将从节目内容、形式、主持人魅力等方面探讨它的成功因素。

（一）内容丰富全面，视角独特

1. 时效性

一档新闻节目，"怎么谈"很重要，"谈什么"同样不容小觑。该节目在"谈什么"上延续并突破了传统的"说新闻"。在资讯内容的选择上偏重"软性新闻"的传统，但不回避政治、经济等"硬新闻"内容，且涉猎广泛。在改版前，《倾倾百老汇》的第一个版块"百里挑一"解读近期发生的某一重大新闻事件，突出了新闻性与时效性。在《笑逐言开》里虽然取消了这一明确的节目版块，但是重大新闻事件依旧贯穿节目当中。例如，在 2014 年 3 月 1 日的节目当中就剖析了乌克兰的紧张局势；在 2014 年 2 月 8 日的节目，也就是新年第一期节目中就说到了日本最新公布的"水陆机动团"的全貌。

2. 包容性

《倾倾百老汇》的出现，可以说是对"说新闻"模式的延伸与改革。节目在借鉴传统"说新闻"模式的基础上，将节目定位扩大到国际化的媒体视角，依托凤凰卫视的权威、开放与影响力。节目吸收全球各地社会民生、政经花絮、文化动态、娱乐八卦等各类资讯，题材宽泛，内容丰富。

这种关注国内外的国际化视角也使其受众多元化，获得了精英和普通大众的喜爱。改版后的《笑逐言开》依旧保持着国际性的视角，好似世事大杂谈，各种"料"十分充足，再加上主持人对世界各地、各类资讯进行的辛辣、犀利而不失轻松、幽默的点评，增加了节目对观众的吸引力。

当然，节目的包容性还远不止它的国际化视角。在2014年2月15日关于酒文化的节目当中，还请到了香港科技大学社会科学部教授丁学良做客节目组。丁学良在学界是有名的"酒神"，不论到哪里都喜欢"喝两杯"，在节目当中，也为嘉宾配上了美酒，嘉宾与主持说道进行时就会喝上两口，好不惬意！在国内其他的时政新闻节目当中，没有人会将酒杯端上来。《笑逐言开》就是具有独到的包容性，让观众和嘉宾都有宾至如归的亲切感，让节目更加吸引人。

3. 补充性

我国的新闻媒体在节目中将传播视角主要集中在社会主流价值观的弘扬与传播上，即使国内出现大量"说新闻"的节目，受众与节目的距离感总是免不了，在这样的环境中，观众只能被动地接受新闻传播媒介自上而下的主流价值观的灌输。而今，观众需求逐步多元化，而新闻节目的传播内容趋于单一，受众难免产生视觉疲劳。面对观众日益疲劳的视觉审美，《笑逐言开》另辟蹊径，对主流新闻事件进行拓展、对严肃性新闻进行多角度报道。独特的视角、幽默的言辞让《笑逐言开》突破了传统新闻的严肃性和单一性，对传统新闻模式产生了冲击与重新解构，拓展并完善了观众的视野，对主流新闻进行既有益又有趣的补充，满足了受众多元化需求，迎合了媒体市场发展的需要。

例如，在2014年1月4日这期节目当中，尉迟谈到了最为敏感的话题——日本参拜靖国神社。尉迟说"日本参拜神社，导致中日关系、韩日关系又陷入了冰点，这就是典型的'见鬼之旅'啊"，并通过"人民问答"环节询问了人民最想对安倍晋三说的话。尉迟一改往日幽默风趣的语言风格而变得具有严肃性和愤怒感，而广大市民发自肺腑的言辞在表达中国人内心最真实的声音之时又带有一丝幽默色彩，让观众知道了原来时政新闻可以这么播。再如，这一期谈到"钓鱼岛问题"，他说"只靠军事手段来对付日本这是远远不够的……要快、准、狠地建设钓鱼岛，所以，我再给个建议，让各大电商把服务器都搬到钓鱼岛上去，就'双十一'这一天的成交量就直逼港交所的日成交额，到时候钓鱼岛就是我国第二，全球第四的国际金融中心"。有哪个时政节目会这样解读钓鱼岛事件？又还有谁会将"双十一"与钓鱼岛联系在一起呢？独特的传播视角，让《笑逐言开》用不一样的方式诠释了新闻，也让观众看到了一档不一样的时政节目。

4. 娱乐性

新闻脱口秀节目立足于以"说"的形式解读新闻资讯，这也是其异于传统播报形式的最大特点。改版前《倾倾百老汇》用诙谐的方式吸引观众的注意力，观众不再只是接受枯燥的新闻信息，而可以通过主持人的"说"参与到节目当中，对信息进行思考。改版后的《笑逐言开》因为观众的增加、人民问答环节的设置让现场的互动感更强，也让娱乐的效果更好。这种具有"中国特色"的时政脱口秀也是追求的目标。

主持人在节目当中的妙语连珠，是娱乐大众最直接的方式，许多时候尉迟都是声情并茂、幽默风趣地来解读严肃性的时政新闻，再加上适当的表演元素和内地方言的运用，让整个节目欢笑声不断。人民问答环节，许多市民都表现出了最真挚的一面，有的不愿意面对镜头仓促"逃跑"，有的则发表自己"内心的声音"，让现场和电视机前的观众看到真实的自己，也发现其中隐藏的小幽默。在嘉宾设置的版块，许多嘉宾自身的幽默风趣也为节目增色不少，例如，中国投资银行家、睿智金融集团主席胡野碧，香港著名导演李力持。而面对一些不善于制造气氛的嘉宾，主持人尉迟的调侃配合也总能让现场的观众笑声不断。

（二）形式变化多样，与内容相得益彰

1. 以新带旧、贯穿古今

大量背景资料的使用使得纸媒的新闻深度毕现，这让纸媒在这个电视网络迅速发展的时代找到了自己的"一技之长"。而《笑逐言开》不仅拥有时政节目"短、快、新"的特点，更吸取了纸媒之长，打造了一档时效与深度并存的时政脱口秀节目。在改版前《倾倾百老汇》的"不老传说"版块，主持人解密历史与神秘事件，并与当前新闻热点相联系，把新旧资讯整合起来，追溯其历史源头，对当下的新闻观点进行补充，让观众了解相关事件的来龙去脉，加强新闻的深度、丰富其意义，延展观众的古今中外视野，挖掘事件中曾被忽略的细节或新鲜观点，让看似单纯的新闻事件展现其完整的历史面貌与现实价值。

在2014年1月25的节目中，节目谈到了当时最热的话题之——索契冬奥会。应验了索契冬奥会主题"火热的冬天属于你"，许多观众看冬奥会的时候发现运动员在艳阳高照的晴天，赤裸着上半身在雪地里比赛。观众们只知道索契属于俄罗斯，而对于它"冰火两重天"独特气候的形成

则一无所知。这一期节目当中，主持人尉迟、琳嘉为此就做了解释："它背靠高加索群山，挡住了背后的寒流，而面对浩瀚的黑海，储藏了夏天的热量，每年有250天都是阳光普照的。"节目不仅讲述了它的地理气候环境，更回顾了索契有关各届俄罗斯领导人的历史。"从斯大林开始到赫鲁晓夫、戈尔巴乔夫一直到现在的总统，俄罗斯最高领导人都喜欢来这里度假，但是因为度假发生了很多事故。当年，赫鲁晓夫在索契度假后回到莫斯科，就被勃列日涅夫'强制退休'被迫下台；戈尔巴乔夫在索契度假时被软禁，叶利钦政变导致苏联解体……"

2. 形如其名，欢声笑语不断，与观众互动性强

改版前的《倾倾百老汇》一改新闻节目定名的惯例，用一个看似娱乐节目的名称来定位一档新闻资讯类节目，突显了其播报方式的"杂"与"幽默"。"倾倾（偈）"，广东话指"聊聊天"的意思，尽管谈资来自于一周内的大事小情、新闻资讯，但聊天与字正腔圆的"播读新闻"以及且播且论的"说新闻"还是有所区分的，它更强调一种人际传播中的轻松闲适的氛围营造以及议题跳跃但形散神聚的聊天效果。《倾倾百老汇》的"倾倾（偈）"是尉迟单口相声版的独角戏，在主持人精彩论点处适时加入隐形于现场观众的"笑声"，增强主持人与观众隔空聊天的氛围。而改版后的《笑逐言开》在风格上依旧沿袭了《倾倾百老汇》轻松幽默的氛围，依旧致力于打造形散神聚的聊天效果。但改版后最大的变化在于在现场增添了观众人数，在主持人与观众之间有了实质性的互动，尉迟幽默风趣的语言、节目精彩巧妙的设计总能让现场观众发出爽朗的笑声。这种轻松闲适的聊天氛围就不再需要刻意营造而自然地流露出来。除了在现场增添了观众，还通过"人民问答"的版块设置让场外的观众也能在无形中参与到节目当中来。采访当中许多观众想说又不敢说的态度反映了当前民众的真实的生活态度，而一些很实在的民众的回答不仅让大家看到了温情还带来了许多欢乐。至此，节目的互动性不仅从虚设变成了真实，还从场内延伸到了场外，让更多的观众参与到节目当中，也让更多观众通过节目看到了真实的自己。

《笑逐言开》另外一个大的改变是在节目中设置了嘉宾的版块。每一期节目都会根据节目的热点话题、最新的新闻延展出的话题来邀请相关嘉宾。比如，2014年1月25日的节目是农历春节前的最后一期，顺应过年的大背景，节目邀请了香港著名玄学家麦玲玲。在节目中她不仅从玄学的角度预测了几位外国首脑的马年运势，还给各个生肖提出了马年小建议。这样的嘉宾选择无疑是恰到好处的，中国人过年很讲究，在春节前请到玄

学家来做嘉宾不仅仅是顺应了观众心理，更是一种传统的继承和发扬。再如，2014年3月1日的节目当中请到了中国投资银行家、睿智金融集团主席胡野碧，就最新的移动支付进行了一些探讨。节目邀请到的嘉宾不仅是特定领域的佼佼者，更重要的是嘉宾本身也同尉迟一样充满幽默感，并且很好地融入节目当中。在那一期节目中，胡野碧先生一上来就说了个小笑话："我在此给大家披露一个惊天大秘密，我这个胡主席和北京的胡主席其实是亲戚。我们拥有同一个母亲，那就是伟大的祖国，但是我们拥有不同的父亲，我在香港，中英混血，所以长得像菲律宾人。"恰到好处的幽默，让这位金融界的领军人物瞬间将身份拉低，让观众与嘉宾的距离在笑声中渐渐拉近，从而使节目达到浑然天成的境界。

3. 自由拼贴、消解重构，后现代式的资讯解码

美国文学批评家哈桑认为，后现代主义倡导的是一种不用单一的、固定不变的逻辑看待世界、阐述世界的思维方式，它主张不断地改变，强调多元性和开放性。后现代主义带来的后现代文化是消费主义和媒介化高度发展的产物，二者的高度互动，逐渐消解了艺术的严肃外壳。后现代的影像表现出一种对完整叙事的解构与拼贴以及语言的反讽与调侃。这在王朔、冯小刚、夏钢等的影片中都屡见不鲜，他们共同的特点就是"借助于影片中人物的调侃，表达出一种对历史、现实，以及人生困境既了如指掌但又一笑置之的游戏姿态。这些影片经常把'庄严'的政治语汇用于琐屑的日常经验，因为语言和语境的不协调，产生出一种幽默感，使人意识到语言作为一种表意系统的非神圣性"。而用这种后现代方式来对新闻资讯进行叙事重构与影像拼贴，《倾倾百老汇》算是一种尝试。正如上文所提到的，尉迟琳嘉极具个性化的语言充满后现代式的反讽与调侃，"这种调侃既满足了观众的政治无意识，又带来了一种挣脱了语言规范而获得的解放的快感。这是一种'口腔快感'，一种典型的后现代式的'狂欢'：它嘲笑别人的同时也嘲笑自己，所以轻松自如、游刃有余；它讥讽种种现实规则和符号秩序时并不实际地去反抗它们，所以嬉笑怒骂皆自由；它虽直言不讳却并不一意孤行，所以既不会引起'超我'的焦虑，又能宣泄'本我'的郁积"。《倾倾百老汇》将新闻资讯类节目的时效性、重要性和脱口秀类节目的随意性、娱乐性完美结合，开启了一个用娱乐方式演绎时政新闻的新尝试：它用新闻资讯让脱口秀的话题常说常新，源源不断；用脱口秀让新闻资讯形式立体化、具象化、多样化。其结果是，这档新闻杂谈节目内容"杂而不乱"，形式"谈而不散"。

（三）优秀的主持人为整个节目画龙点睛

尉迟琳嘉凭借几年主持娱乐节目积累的经验、"80后"敏锐的洞察力和极强的表演欲等优势，在这档为其度身定制的新闻杂谈节目中成就了自己的主持魅力。他用娱乐的精神来演绎新闻资讯，看似无厘头的嬉笑怒骂却皆成文章，在保持对新闻事件的真实传达的前提下，用只言片语点出事实的本质，用搞笑的言辞切中事件肯綮。他曾获得2011年度"中国电视榜"最佳脱口秀主持人奖。尉迟琳嘉能把新闻玩出新花样，让脱口秀更具内涵，善用纯熟的幽默感串起话题，以国际化视野提供观点，让人回味无穷。在脱口秀节目中，主持人是核心，也是新闻呈现方式最直接的体现者。随着大众娱乐化的倾向和受众群体的年轻化，相对轻松、活泼的新闻解读方式成为观众的新宠，这对主持人的主持魅力和主持方式提出了更高的要求。

1. 由大众传播变人际传播，主持人是核心

所谓人际传播，是指个人与个人之间的信息传播活动，也是由两个个体系统相互连接组成的新的信息传播系统。它是社会生活中最直观、最常见、最丰富的传播现象。在人际传播中，传播者和受传者传递和接受信息的渠道多种多样，语言、表情、眼神、动作等都能够成为人际传播的途径，并且双向性强，互动频度高。更为重要的一点是，人际传播比大众传播具有更容易被接受的亲和力，说者和听者地位平等，心理贴近，交流感强。《笑逐言开》的节目主持人尉迟琳嘉具有丰富的电视脱口秀主持经验，不仅具有国际风范的外形特征，风格更是轻松幽默。观看节目时，你会被尉迟风趣的语言所吸引，会被他的表演搞怪能力而逗乐。而正是尉迟这种无拘无束、平易近人的主持风格，拉近了与观众之间的距离，让观众感到亲切。在该节目中，从监制到主编再到主持人是一个团结的制作团队，他们每一个人都真正参与了每一期节目的策划。从内容的选择到串词的撰写与修改，主持人都深度参与到其中。可以说，主持人对新闻事件理解深刻，有感而发，由此写出的稿件再由自己表现出来，是打动人心、深入人心的另一个重要原因，这也是该节目在播出的短期内就获得成功的重要原因之一。

2. 对自身个性的把握和张扬

一个具有个性魅力的主持人，所突显的个性特征深刻地影响着他所主持的节目。这使观众将节目和主持人糅合在一起，分不清是在看主持人还是看节目。主持人要根据节目风格去调整自己，以使自己更贴近节目。尉

迟琳嘉在《笑逐言开》个性化的主持中展示了他收放自如、机智幽默的表达能力，搞怪幽默、声情并茂的模仿表演能力。作为"80后"新生代主持人，节目中的尉迟琳嘉发挥中国式说、学、逗、唱的功力，用独特的方式来解说新闻，让观众眼前一亮。例如，在2014年1月25日这一期节目当中请到香港玄学界大师麦玲玲，在农历新年之前她为各个生肖的朋友提出了马年的小建议，由于普通话不太好，所以让尉迟来给大家转述。尉迟一听，就说这个需要唱出来，并即兴来了一段，给节目带来了小高潮。节目当中很多的改编歌曲也都是由尉迟演唱，充分展现了他优秀的说唱能力。再如，2014年2月5日这一期节目讲到了索契冬奥会的一个"吐槽点"，说到运动员在洗手间门口拍到的一组图，尉迟用模仿的形式来解说了那几幅图，再配合他幽默犀利的语言，让现场观众笑声不断，在他的表演天赋展露无遗的同时，又通过他的说唱、表演、模仿让整个节目的气氛活跃起来。

3. 风趣幽默的语言表达

成功的主持人不仅妙语连珠，更能出口成趣，达到"慧于心而秀于口"的境界。语言的运用如果能够恰到好处，就能画龙点睛，制造轻松欢快的节目氛围。对于脱口秀节目，观众期待主持人能够在语言表达上有较高水准。语言内容要言之有物、言之有趣，表达要准确清晰、形象生动而不失幽默。主持人的语言不仅要表达节目的主要内容、实现节目的娱乐性，还要提高观众的参与度。主持人制造的出乎意料的幽默不仅可以热场，还可以救场，让观众在笑过之后将自己的情绪融入节目当中，形成良性的互动。"深度无厘头"的评论，这个定位曾被尉迟琳嘉戏称为"在我们业界，就是给你挠痒痒"。其实能做到这点就特别不容易，主持人甚至栏目组都希望能够让观众会心地笑，评论的笑点就一定是要让大家都明白的社会现象，找准有笑点的评论点很重要。而尉迟琳嘉在多次的编稿、改稿中，找准了方向，从而在"无厘头"包袱中"甩"出了深度的评论。

例如，在2014年2月8日那一期的节目当中，也就是农历新年的第一期节目，尉迟总结了正月的五大杀伤性武器。"第五名，渔民。惊涛拂面不改色，一寸赤心唯报国。攘内有城管，安外靠渔民。在中国渔民的身上我们看到了维护中国领土完整的海上力量。正月杀伤性武器第四名，宰客。一旦他突破渔民的防线，登岛成功，不要怕，海南岛，国际旅游刀，宰你没商量。你要是个普通市民，不能报销公款吃喝的，你还真不敢随便上岸啊。第三名，空城。春节一到，各位路易斯、劳伦斯、查尔斯、安娜、戴安娜都回老家了，同时高铁、民航、高速，各大交通枢纽是人满为患，根本就出不去，而这时的北上广深，已是一座座的空城，没有劳动力，也没有食物的供应，部队出不去，物资进不来，进退两难，困兽之斗。第二名，空气污染。本来PM2.5就高，春节一到，各地烟花爆竹一点，能见度更低，加上善男信女求神拜佛，抢头香的、迎财神爷的、求桃花运的，那是烟雾缭绕，犹如人间仙境。首先，敌军就无法辨明方向。用指南针？指南针能够让你看清东南西北，但是这么大的雾霾，你根本看不见指南针。第一名，丈母娘。她们承载着中华民族的小康梦想，敦促着万千女婿买房的目标，她们有的喜欢抢黄金、有的爱跳广场舞，她们为新中国的伟大复兴写下了光辉的一笔，中国丈母娘的名字注定要被历史铭记。"也许这看上去只是一段幽默的文字，但是字字珠玑，每一点都直指中国最现实和最严峻的问题，让观众在欢笑间看到最现实的问题。

娱乐化作为一种电视文化现象越来越引发人们的关注，这既符合电视媒介娱乐的本质特征，也是现阶段政治、经济、文化和社会等多种因素相互作用的结果。

《笑逐言开》对"说新闻"节目最大的贡献，就在于它开创了一种用娱乐的精神讲时政新闻的新风格。但它又避免了新闻过度娱乐化，大量的时政类新闻满足了人们的需求，加之主持人的个性突出，收放自如，与节目特色吻合，从而给受众呈现了一场脱口秀类说新闻的盛宴。希望《笑逐言开》的这种尝试能够给其他相同类型的节目提供经验和借鉴，让"说新闻"节目在我国真正走上一条可持续发展的道路。

（撰稿：胡殷英）

《甲方乙方》到《私人定制》
——从冯小刚电影的改变看中国贺岁片发展之路

【摘　要】1997 年，冯小刚于国产电影市场低迷时期推出了第一部贺岁片——《甲方乙方》，3 000 万的票房让中国电影真正将观众请回了电影院，之后拍摄的多部影片更是长期占据中国电影票房的头把交椅。无论是《甲方乙方》《不见不散》《没完没了》等这样的贺岁片，还是《一声叹息》这样的文艺片，以至古装片《夜宴》、战争片《集结号》《温故 1942》，灾难片《唐山大地震》，爱情故事片《非诚勿扰》（1、2）等类型，冯小刚都有涉猎，并且还创造了一个个票房纪录。

【关键词】冯小刚；贺岁片

一、从《甲方乙方》到《私人定制》

冯小刚从《甲方乙方》开始，正式涉足贺岁电影，当时人们普遍不知道何为贺岁片。冯小刚的贺岁电影采用了香港贺岁电影的基本形式。一般的贺岁片是轻喜剧风格，看起来热闹喜庆、老少皆宜，有一个圆满美好的结局，远离社会政治主题，着重满足普通老百姓的兴趣爱好和情感需求，以娱乐功能为主。[①] 而我们现在说起冯氏贺岁片，总是会从《甲方乙方》开始。《甲方乙方》可以说是冯小刚贺岁片的开始，也是中国贺岁片的开始。十年后，冯小刚这样回忆《甲方乙方》的创作过程："一开始我就没有按照香港、好莱坞的喜剧章法做文，既缺少滑稽的表情又没有依靠夸张的形体表演，不仅如此，演员的表演甚至是很严肃的，正是这种煞有介事、一本正经的现实生活的调侃，让观众获得了对变革了的生活的认同，用话语的宣泄化解了由利益分配不公所积聚在心里的郁闷和面对生活种种不如意的尴尬。"[②]

---

① 南政. 冯小刚和他的贺岁电影. 美与时代，2003（8）.

② 余楠. "1997 过去了，我怀念它"中国贺岁片的时间节点. 新世纪周刊，2007（31）.

（一）相同之处

1. 情节相似

《甲方乙方》讲的是四个年轻人姚远（葛优饰）、周北雁（刘蓓饰）、钱康（冯小刚饰）、梁子（何冰饰）突发奇想，开办了一个"好梦一日游"业务，承诺帮人过一天梦想成真的日子。人们离奇古怪的愿望接踵而至，似乎人人都想给自己现有的生活来一个 180 度大转弯。于是，富贵的想尝试贫穷、明星想体验平凡、小平民想做巴顿将军、守不住秘密的厨子想成为守口如瓶的铮铮铁汉……在搞笑荒诞的愿望中，四个年轻人忙碌着扮演各种场景角色，他们把真情融入到了这些故事当中，生活过得充满乐趣，有滋有味。

《私人定制》则是讲述了愿望规划师杨重（葛优饰）、情境设计师小白（白百何饰）、梦境重建师小璐（李小璐饰）与心灵麻醉师马青（郑恺饰）四人组成的公司"私人订制"，以"替他人圆梦"为自身业务，专门为不同客户量身订制"圆梦方案"，无论客户的白日梦多奇葩、要求多严格，"圆梦四人组"统统来者不拒，甘愿满足客户的任何需求，正如"私人订制"公司的口号——"成全别人，恶心自己"。

一时间，许多怀揣着"奇葩梦"的客户纷纷找上门，私人订制公司也接连面临各种挑战：一心想过"烈士瘾"的陕西女青年（苗圃饰）、立志追求高雅而且想要跟"俗"一刀两断的全球最"俗"导演（李诚儒饰）、想要当清官"自愿"接受钱色诱惑的司机师傅（范伟饰）、生日愿望是想变成"有钱人"的河道清洁工人丹

主演：葛优 刘蓓　　　编剧：冯小刚 王刚
　　　冯小刚 何冰　　　导演：冯小刚
友情演出：英达 徐帆　　　演唱：韩磊
　　　杨立新 叶京 李琦

图 1　《甲方乙方》海报

姐（宋丹丹饰）……"寻梦者"络绎不绝，"圆梦四人组"也绞尽脑汁为每一位客户私人订制圆梦方案，过程中发生了许多令人捧腹的荒诞事儿，每一位客户也都在最后"梦想成真"了。

（1）男烈士李琦与女烈士苗圃。

《甲方乙方》里嘴不严的厨子李琦找到"好梦一日游"，想圆一个守口如瓶的梦，于是姚远跟李琦说了一句"打死我也不说"，并将李琦设计成为一个革命党人，周北燕等人轮番上阵色诱威逼，李琦一口咬定"打死我也不说"，让"好梦一日游"的员工大费周折，而李琦也感受到了革命先辈的不易。到了《私人订制》，苗圃饰演的女青年就想过一把烈士的瘾，于是"私人订制"的几位成员给她穿上了纳粹军装，将革命党苗圃关入了地牢。很快苗圃发现，原来身边的这些纳粹军官都是潜伏

图2　《私人定制》海报

在敌人队伍里的同志，在他们的帮助下苗圃成功越狱，出来后却发现原来葛优也是自己人，想当烈士的苗圃没能当成烈士，强烈要求再回地牢。

在两个片子所有的情节中，《甲方乙方》中李琦的一段与《私人订制》中苗圃的一段几乎一模一样，相似度已经到了两个人连梦想都完全相同的程度。只不过《甲方乙方》里嘴不严的厨子李琦，人物更饱满，想当烈士的理由更充分，苗圃这个人物就显得太过想当然，完全是臆造出来的人物。

在剧情方面，厨子李琦被安排的逼供情节明显出自早期的中国电影，对于观众而言非常熟悉，戏仿意味十足，效果自然不错；而《私人订制》中的苗圃被升级到了"二战"期间，虽然场景与剧情都要更为夸张华丽，甚至还涉及了曾经大热的"越狱"话题，但是对于普通观众而言亲切感并

不高，表演痕迹太重，喜剧感也自然大打折扣。曾经当过文艺兵的冯小刚一直有英雄情结，反映在喜剧片中就表现为对传统英雄人物的戏仿，不过李琦版的戏仿还算正面，也让观众和人物得出了革命先辈确实不易的感悟，而苗圃版的戏仿则沦为了简单的瞎胡闹，既不好玩，也没意义。

（2）想吃苦大款叶京与想脱俗大导李成儒。

《甲方乙方》中生活富裕、"闲得蛋疼"的大款叶京请"好梦一日游"帮自己实现吃苦的梦想，于是姚远等人将大款送到了自己乡下的穷亲戚家，临走时收走了大款的豪车和手机，约定好一个月之后再来接大款。一个月之后，当姚远等人再开着豪车出现在村口的时候，大款叶京已经彻底变成了一个乡下恶汉，不但吃光了全村的鸡，还恨不得一辈子抱着龙虾睡觉。在《私人订制》中则是一个得过全球各种电影"最俗"大奖的大导李成儒请"私人订制"来帮自己实现与"俗"一刀两断的梦想。杨重等人本着"俗人不喜欢的就是雅"的原则，将大导李成儒送进了工棚，却不想引发大导"雅"过敏而差点丢了性命。最后还是找来了弹棉花的王宝强与大导换血，完成了大导脱俗的心愿，而一身俗血的王宝强则成为新一代大导。

《甲方乙方》里想吃苦的大款形象其实来源于 20 世纪 90 年代的暴发户形象，在那个"忆苦饭"流行的年代，这种"没事找抽型"的人物可谓极具代表性，而影片中对其的讽刺也满足了普通观众对于有钱人自"作"自受的心理期待。而到了《私人订制》中，暴发户变成了大导演，"想吃苦"变成了"想脱俗"，虽然依旧是在王朔"永远不要给有钱人好脸"的指导思想下继续拿成功人士开涮给老百姓找乐，但《私人订制》明显是在脱离群众的道路上越走越远，目光只局限在了创作者身处的文艺圈。虽然"脱俗"比"吃苦"的手段更为极端，但是笑果却远不如前。

（3）想恋爱小伙刘震云与想有钱大妈宋丹丹。

《甲方乙方》中的第三个故事讲的是和"好梦一日游"同住在一个胡同里的小青年刘震云因为失恋闹自杀，姚远等人决定送孩子一个好梦，让其鼓起生活的勇气。于是"好梦一日游"假扮成阿拉伯大款，刘蓓假扮阿伊土拉公主在颐和园里摆下豪华宴席，佯装看上了刘震云，美食、美酒、美人，迷得刘震云神魂颠倒，使得他"自杀这年头是绝了，相思病算是落下了"。《私人订制》里则是为一个在颐和园里做清洁工的大妈宋丹丹圆梦，因为她曾经救过落水的马青一命，于是被免费赠送了一次"私人订制"。穷了一辈子的大妈最大的梦想就是有钱，于是杨重等人先是把大妈从头到脚打扮成一个有钱人，又给大妈看股票，带着大妈逛商场，让大妈看全北京熄灯，过了一把"钱多得数不过来"的瘾。

《甲方乙方》中苦闷的恋爱失意小青年开启了编剧刘震云的演员生涯，这段小品式的故事虽然荒诞，但因为苦闷小青年的形象塑造得生动，倒也不显得脱离群众，反倒能赢得不少年轻观众的会心一笑。而到了《私人订制》，虽然同样是给生活中的失败者制造一个不切实际的美梦，宋丹丹饰演的"感动中国"大妈可是远远没有当年刘震云的苦闷小青年接地气，阿伊土拉公主设宴的这个神来之笔也比带着大妈逛商场看北京来得高级，逛商场、看北京不仅显得俗气，还时刻流露出一股铜臭味。草根出身的冯小刚其实骨子里一直记着要帮劳苦大众搞点精神胜利法，但是这种心灵慰藉到了《私人订制》里已经将生活的美好与希望等同于有钱，在反复玩味金钱至上的过程中，不见了当年阿伊土拉公主对刘震云的那种单纯与自然。

（4）走上街头送表扬与给大自然道歉。

《甲方乙方》最后一段时值香港回归，"好梦一日游"的几个青年也想为国家的大喜日子作贡献，于是决定走上街头见谁夸谁，免费给人民群众送欢乐。他们从护城河边扭秧歌的大妈到练气功的女青年，从家具店到公共汽车站，一路夸得人见人爱，花见花开。到了《私人订制》，变成了世界道歉日，"私人订制"的几个员工决定带头道歉，而道歉的对象则是污染日益严重的大自然。杨重等人分别来到城市、草原、河流等受到污染的自然环境当中，以诗歌朗诵的形式向大自然道歉。

冯小刚自己也承认，《私人订制》中向大自然道歉这一段的确是与《甲方乙方》中的"见谁夸谁"互为呼应的，而他本来计划的也是让"私人订制"的几位员工在大马上路上见谁给谁道歉，但是因为太过荒诞而作罢。这两段在形式上几乎完全一样的戏码却体现出了完全不同的气质，之前是喜气洋洋，后来是忧心忡忡。而且比起葛优和刘蓓的"一唱一和"式表扬法，《私人订制》里诗歌朗诵式的道歉法显得做作而不真诚。虽然冯小刚认为这段道歉是他内心情感的真实抒发，但是作为一个贺岁片的结尾，这样一个装模作样又垂头丧气的桥段显然不是特别合适，即便其出发点是好的，但还是不能改变其强烈违和的事实。

2. 票房大好

《甲方乙方》是冯小刚与葛优合作的第一部贺岁影片，也是中国大陆第一部贺岁片，投资约 600 万人民币，但票房却达到了 3 600 万，创下了当时的票房新高，是一部低投入高回报的影片。这部影片在中国电影史上创下了两个"第一"：自 1949 年以来第一部为特定档期所拍摄的影片；第一部采取导演不领取片酬而于影片利润中提成的"风险共担"形式，并就此掀起了中国贺岁片的风潮。

当《私人订制》上映之时，贺岁片市场已经慢慢完善。据不完全统计，该片上映 7 天票房飙至 4.3 亿，登顶华语 2D 电影最快"破 4"影片榜首，（仅次于华语 3D 电影《西游·降魔篇》），同时也成为华语 2D 电影 7 天票房最多的影片。①

（二）不同之处

《私人订制》看起来像是《甲方乙方》的复刻版，但精神气质上不太一样。我们不能否认它的与时俱进，它观察到了这个时代特有的疯狂与粗暴，它有着更强的讽刺欲望，但不幸的是，由于商业的原因，却又逼着它去装出无害的温顺热闹模样。

从剧情来说，《甲方乙方》更接地气，《私人定制》更荒诞。《甲方乙方》里圆梦公司送李琦回家，李琦体验了英雄梦以后在胡同里家门口的路灯下说英雄真不是一般人。《私人定制》里圆梦公司送宋丹丹回家，宋丹丹体验了有钱梦以后转身又回到了漆黑窄小的胡同，留下一个路灯下孤独的身影。《甲方乙方》里徐帆演的大明星变成普通人以后被演艺圈和观众忘得一干二净，后悔没有珍惜以前的风光生活，《私人定制》里李成儒演的大导演变成曲高和寡的疯疯癫癫的所谓艺术家以后还是回到了以前的纸醉金迷的怀抱。《甲方乙方》里刘蓓的色诱是大青衣水袖一甩，《私人定制》里的色诱是李小璐的高衩低胸泳衣。《甲方乙方》里圆梦公司的办公室在一排小平房里，《私人定制》里圆梦公司直接在海南的阳光雨露椰林美景里办公。《甲方乙方》对老百姓来说更像是身边的故事，《私人定制》对老百姓来说更加虚无缥缈。《甲方乙方》更多是街坊间刻薄与宽容皆有的笑谈，而《私人订制》看起来更像是一个公众的视角。

从投资制作上来说，《甲方乙方》还不知道何为广告植入，《私人定制》已将广告植入做到深入"骨髓"。从张艺谋的《英雄》开始，中国向来都是以历史题材为主，对于这样的大制作，基本上靠广告收回成本显得不太实际。因此，越来越多的大片走向商业化道路，而冯小刚则是从经营现实题材的贺岁片起家，现实性题材的贺岁片制作为植入性广告提供了十分便利的条件。《私人定制》里十多个植入品牌，超过 8 000 万的广告植入收入，再次刷新了国产大片商业合作的新纪录。其实，熟悉冯小刚的观众不难发现，从 2003 年《手机》的 700 万元广告植入开始，到 2013 年的 8

---

① 资料来源：http：//news. gmw. cn/newspaper/2013 – 12/27/content_ 2667674. htm。

000 万元，其影片的植入广告收入十年间涨了 10 余倍，冯小刚也将广告植入发挥得淋漓尽致，他的电影就像他自己拍的《大腕》一样，无处不在地宣传。但是，赚得越多质疑声也越响。当《私人定制》中主演对三亚、苏州、呼伦贝尔、海拉尔等地大赞"太美了"，当剑南春、红牛、珍爱网的广告等大摇大摆地走上镜头时，很多人感到了不舒服，认为"没创意"、"太生硬"。开创了贺岁档时代的冯小刚近年来因此而又多了一个"称号"——电影植入广告的鼻祖。

二、冯小刚贺岁片的改变

很明显，《甲方乙方》和《私人定制》有类似的剧情，但是观众看完却得到了不同的感悟。冯小刚自己也意识到这两部片子的差异，从"成全了别人，陶冶了自己"（《甲方乙方》台词）到"成全别人，恶心自己"（《私人定制》台词）。无论今天的学者或者观众怎样看待冯小刚和他的电影，《甲方乙方》无疑将在中国电影史上留下精彩的一笔，它创造的很多纪录到今天都难以打破。究其原因，在于《甲方乙方》深入民心。冯小刚的电影就像一面镜子，折射出了这个社会中的各种事件和各种人物。这位"来自老百姓，服务老百姓"的草根型导演，将生活化的细节表现在了电影里的方方面面，他把影像直接伸入市民平常的生活中，瞄准普通老百姓过日子的那点事，表达普通人的梦想和意愿。而中国观众长久以来形成的这种观看心理和观看习惯被冯小刚很巧妙地抓了个正着，因此《甲方乙方》的成功是必然结果。

（一）走向商业

以贺岁片起家，相继拍摄过如《甲方乙方》《不见不散》《没完没了》《一声叹息》《大腕》《手机》《天下无贼》的冯小刚，其贺岁片集合了轻喜剧的幽默风格和情节剧的意识形态色彩，在岁末档期这一时段推出，十分契合中国普通民众的观影期待。[①] 而从《大腕》开始，冯小刚在他的贺岁电影中不断糅进新的元素，冯小刚的电影出现了一定的变化。中国的商业大片在张艺谋的《英雄》和陈凯歌的《无极》出现之后呈现出一个高峰期，而冯小刚的贺岁片也从此时慢慢地走向了商业大片的道路。

在《天下无贼》中，出现了大量的广告，可以说是符合中国特色的电

---

① 王冰冰. 从贺岁片到商业大片——兼及冯小刚电影的转型. 艺术广角，2011（2）.

影营销模式的。植入式广告在此片中的运用可谓登峰造极，宝马汽车、诺基亚手机、惠普笔记本电脑、佳能摄像机、长城润滑油……无一不在影片中出现。冯小刚曾说过："在我智商还清醒的时候，我会毫不犹豫地站在商业电影的队伍里。但是世界上没有绝对的商业，也没有绝对的艺术。电影只有好看和不好看之分。"① 在一定程度上，对广告的巧妙应用是冯小刚成功的关键因素之一，其成功运用对中国大片的发展无疑提供了有益的经验。

（二）接轨国际

国内导演们纷纷走上国际化的道路，给冯小刚的电影转型打了一剂强心针。2001 年，李安导演的武侠片《卧虎藏龙》率先在美国实现了艺术和商业的极大成功，深深触动了中国电影的"大片"神经，同时也引起了一股拍摄古装大片的热潮。在张艺谋和陈凯歌的商业大片双重夹击之下，冯小刚也不甘落后，于 2006 年也跟风推出了自己有史以来的第一部古装片《夜宴》。

冯小刚为了走上国际化大片道路，在演员的选择和情节的构造上都改变了以往的模式。2004 年斥资 3 300 万元制作的《天下无贼》是冯小刚第一部跨出了中国式"贺岁片"模式，具备好莱坞类型片特点的影片。从投资结构到演员组合，从剧情安排到外景选择，无不显示出出品方和冯小刚兼顾非北方、非内地观众、追求更大的商业效益的良苦用心。② 而《夜宴》中章子怡、吴彦祖、周迅、黄晓明这样的明星阵容加上美术叶锦添、动作袁和平、音乐谭盾这样的"奥斯卡"级别的制作班底更是体现出了他的进击野心。

情节上，严密的叙事逻辑和紧张的情节叙事替代了片段式、小品式的游戏组接。袁玲在其硕士论文《冯小刚电影风格流变研究》中对《天下无贼》的情节有以下看法。冯小刚开始改变这种过度依赖语言的喜剧模式，严格实践商业类型片的美学特征："一个目标（傻根儿和他的人民币），三组争夺（王薄＋王丽情侣盗匪、男女警察和贼老大＋女贼＋贼群），一辆封闭的火车、限定的行驶时间、最后的善恶陡转、所有人为自己的罪行受到报应，这些都是好莱坞最典型的也是永远有市场效果的情节剧模式。"

---

① 王芳. 冯氏贺岁片近五年的变化趋势及发展. 网络财富，2009（14）.
② 袁玲. 冯小刚电影风格流变研究. 重庆大学硕士学位论文，2007.

（三）脱离平民

葛优是冯小刚的御用男主角，《甲方乙方》中的姚远，《不见不散》中漂泊异国他乡的刘元，《没完没了》中想尽花招追讨欠债的出租车司机韩冬，《大腕》中美国著名导演的摄影师尤优……虽然这些角色的身份、生活背景、个人遭遇各不相同，但他们的主导性格却是一致的。"轻松喜剧片的男主人公多寄寓小人物的人格：理想世故但不油滑，自我奋斗但不投机取巧，深知金钱力量但又鄙薄富人，追求爱情但又洁身自好，诙谐幽默但又具绅士风度。"也就是说，这些小人物既有世俗的一面，也有高尚的操守，可谓平民英雄。但我们看到，近年来冯小刚的贺岁片却慢慢脱离了平民的视角。《非诚勿扰》中的日常生活虽然没有完全脱离冯小刚早期喜剧电影的典型风格，但这种日常生活无疑更具有象征性，已明显脱离了冯小刚贺岁片中一以贯之的小人物的悲喜剧，代之以丰裕的中产阶级的喜怒哀乐。而《集结号》更是将男主角塑造成一个肩负着历史与道义，颇有另类特性的英雄形象。百姓对于冯小刚的这一个转变其实并不买账。王芳在《冯氏贺岁片近五年的变化趋势及发展》中对这个现象进行了分析：冯小刚的转型抛弃了普通百姓的喜怒哀乐，成为和广大观众的生活没有交集的另类空间。影片中的语言完全没有了原先带有京味儿幽默调侃的冯氏特色，转而追求起了冯小刚并不擅长的哲理与深刻，台词的文白夹杂和长短句结合最终导致了出乎导演预料的观众笑场。

三、冯小刚贺岁片的继承

专业影评人眼中的《夜宴》固然存在诸多弊病，被媒体放大的"《夜宴》惹笑场"的风波也从一个侧面证实了冯小刚电影转型所面临的难度。但不得不说，从《大腕》到《夜宴》，冯氏电影的转型历程折射着国家电影体制的改革和产业环境的良性发展。随着一系列相关政策相继出台，行业内宽松的扶持和融资政策为参与者提供了更多的发展空间。[①] 冯小刚在走上商业片道路的同时，也保持了自己的几点初心。

（一）保持欢笑

转型后的大片《非诚勿扰》继续了冯氏贺岁片一贯的市民娱乐套路：

---

① 沈莹莹. 从冯氏幽默到冯氏悲情——解码《夜宴》和冯小刚电影的转型. 电影文学，2006（14）.

观众在观赏过程中不时发出会心的笑声，并且到最后还能感到轻松愉快。要不时引发观众笑声，这是喜剧片的一种主要特征。当我们提到冯氏的电影，都明显带着那种专为葛优的"丑脸"所表现的幽默，能够让观众开怀大笑而突出了贺岁两字的笑料。这些笑料才是冯氏电影的精神支柱。

（二）贴近时代

在历经2008年若干大事件（低温雨雪灾害、汶川特大地震、两奥会、国际金融风暴等）的带有"悲欣交集"意味的交替震荡后，人们会更加注重解决越来越严峻的社会失谐问题，发出和谐的强烈呼声，从而对电影提出观影要求。这时，冯小刚及时地通过《非诚勿扰》并加以配合，显然体现了一种自觉的和谐诉求。并且《非诚勿扰》除了继续关注社会热点问题外，包括地震、战争、股灾、两岸关系等，还挑战了情感禁区：同性恋、婚外恋、谈性趣、吃花酒，逐一涉及，处处有彩，作为贺岁喜剧，这已足够。

（三）精彩对白

提到冯小刚电影的编剧就得提到王朔。从20世纪80年代末开始，王朔的"痞子文学"产生轰动与热卖，他的小说一度成为人们关注的热点，形成了一股王朔热。对王朔的影视改编也迅速掀起了关注热潮，冯小刚第一部贺岁片《甲方乙方》就是由王朔的小说《你不是一个俗人》改编的。

王朔小说的最大特点是取材市民化，语言口语化。题材上，小说内容多写日常市民生活；人物上，多塑造生活在社会和思想文化的边缘人物；语言上，调侃是其小说语言的最大特色。他将这种语言技巧大批量运用，形成作品的风格。在很大程度上，王朔小说的故事性并不强，高度依赖语言，其调侃的风格则是作品最为扎眼的地方。[1]

在冯氏电影中，往往可以看到影片巧妙地借助反讽、戏拟、调侃等策略来建构话语，形成一种特有的"冯氏幽默"，其实这些都是冯小刚对王朔的文学艺术转成电影的一种表达。"反讽"主要是指："一种用来传达与文字表面意义迥然不同的内在含义的说话方式。""调侃"，更多地运用于"黑色幽默"这种艺术形式中。[2] 电影要求所有的艺术家用很少的语言来表达丰富的内涵，每一句话都需要有一个明确目的。从观念上讲，对话必须一箭双雕——既丰满人物的形象又推进情节的发展。冯小刚的对话就做到

---

① 葛嬛. 试析冯小刚电影的语言艺术. 安徽职业技术学院学报，2011（3）.
② 韩诗. 浅析冯氏贺岁片的主要特征. 文艺生活，2012（2）.

了这点。

（四）展现人性

冯小刚作品中的人物无疑都和英雄不沾边，他们都是无法改变历史和自己命运的小人物，还原他们在都市生活中的窘迫、喧哗和躁动不安是他一贯的追求，迷乱、无奈、失落、自嘲、奇遇、误会、善良，外在的冷漠包裹着的是对内心火热的赤诚。冯小刚一直致力于还原小人物的现实生存状况，写出他们生命的艰辛背后的欢乐，个性阴暗背后的光明。《天下无贼》中傻根的真与善，唤起了盗贼夫妇王丽和王薄内心潜在的良知，为了守候傻根"天下无贼"的信仰，王薄最终与黎叔决斗失去了生命，王丽失去了爱人，带着自己的孩子坚强地生活。不论是好的人性还是坏的人性，都在冯小刚的电影中表现得淋漓尽致。从《甲方乙方》中让房给一对夫妻，到《私人订制》最后的互相道歉环节，冯小刚在自己的电影里加入了对这个社会美好人性的诠释。

2013 年，在经历了《1942》的挫折之后，冯小刚以他熟悉的手法拍摄了一部贺岁片《私人订制》。可是却得到了很多观众和影评人的批评。冯小刚在微博中这么说道："《私人订制》这部电影就电影的完整性来说，我给它打 5 分；就娱乐性来说，我给它打 6 分，就对现实的批判性来说，我给它打 9 分。最后的道歉和王朔没有关系，是我内心对这个世界仅存的一点敬畏。观众热衷爆米花喜剧我理解，但我无心伺候。"①

冯小刚在接受记者采访时就说过："大家都说电影要有市场，但我想这个市场不是单一个东西就能保证的。要保证有票房，一部片子至少得达到几点，比如说要有明星，要有一个好看的故事，要有特殊的人物关系。"然而近年来的冯小刚却与他所标榜的有票房的好片子渐行渐远。

英国著名理论家柯林伍德教授在《艺术的原则》一书中指出："……社会之所以需要艺术家，是因为任何社会都不能完全懂得自己的心；而一个社会如果不懂得自己的心，那它就会在一个无知等于死亡的问题上欺骗自己……"意思就是贺岁片不应只追求商业上的票房成就，而应将票房和艺术的传达紧密结合。真正能定义一部影片的价值不是它的投资额和制作方式，而是影片内在的思想性和导演就其要表达的价值与观众之间能否产生共鸣。换句话说，一部电影成功与否，看的是审美主体与审美客体之间

---

① 资料来源：http://weibo.com/p/1035051774978073/weibo? from = page_103505_home&wvr =5. 1&mod = weibomore#3660733126422359。

是否存在着互动。①

不可否认，我们看到了冯小刚电影的景色更美了，场景更宏大了，投资更多了，但是却不那么好笑，不那么接地气了。有人说，冯小刚还是那个冯小刚，他只是在用大制作的手法表现"欲望"和"梦想"的主题，虽然是在拍大片，但是还是把草根群众装在了心里。② 还有人说，冯小刚距大师只差一步。冯小刚自己说："过去盖起的宫殿中，没有他的位置，他只好在宫殿的旁边，另起炉灶，搭起了一间偏房。问题是偏房越盖越多，越盖越高，越盖越大，渐渐成了一个院落，它就成了另一座宫殿。"③

（撰稿：钱 艺）

---

① 史哲荣，宁静，赵伯飞. 电影商业美学的人性回归——冯小刚作品的价值蜕变之启示. 经济师，2013（7）.

② 苏冠元. "贺岁片"贺观众之岁. 河北大学硕士学位论文，2007.

③ 赵星，刘晓丽. 冯小刚电影创作十二年印象. 电影文学，2010（22）.

第二部分　年度新媒体

手指间的互动

——电视与视频网站之间的交融与合作

【摘　要】2013年视频网站和电视产业之间的互动愈发地频繁，视频网站不仅用高价购买各大电视节目的网络独播权，同时以乐视与电视制造业联手打造"智能电视"为代表，开创了互联网电视的先河。本文主要针对2013年电视行业与视频网站之间的互动，分析二者合作之前的背景和合作的原因、合作之后带来的利益与优势以及二者通过什么具体的方式展开了一系列的合作交流活动，通过以上分析能够对未来视频网站与电视行业之间的关系有一个比较良好的预测和把握。

【关键词】电视；视频网站；合作

一、事件简介及背景阐释

2013年搜狐视频成为第二季《中国好声音》的独家媒体平台，不仅享有在互联网上独家播放该节目的权利，并且能够参与打造和制作《中国好声音》。搜狐视频花了一亿元买入《中国好声音》的独播权，却取得了两亿元的利润，瞬间打破了网络视频不赚钱的局面。从2013年11月开始，各家视频网站开始了激烈的版权争夺战，2013年12月24日乐视网宣布拿下《我是歌手》第二季网络独家播放权，而《爸爸去哪儿》第二季的网络独家播放权被爱奇艺拿下，《中国好声音》第三季的网络独播权则落入腾讯手中，如此激烈的竞争同时标志着2012年形成的版权价格联盟的瓦解。

而另一方面，2013年成为彩电企业与互联网企业征战"智能电视"的元年，OTT TV的时代也相继到来，OTT TV也就是互联网电视，是通过公共互联网来开展的一项视频和数据服务业务。OTT TV的服务供应商可以是电信运营商，也可以是各种各样的视频网站和电视节目制作机构。2013年5月7日，乐视网召开了"超级电视"发布会，推出60寸、4核1.7GH智能电视——乐视TV超级电视X60以及普及型产品S40，这是全球首家推出自有品牌电视的互联网公司。随后在2013年9月3日晚，爱奇艺和TCL联合举办发布会，正式发布了"爱奇艺智能电视TV＋"，这是爱奇艺和

TCL 团队联合出品的电视。两款由视频网站出品的电视都标明视频网站开始着手打造自己的智能电视机，制作能够上网、具有适合观看网络视频功能的电视机。乐视的超级电视能够享有乐视网的 TVB 版和实现全网和本地搜索的乐搜功能。而"爱奇艺智能电视 TV＋"整合了爱奇艺和 PPS 在内的众多视频资源，用户无需另外付费即可永久免费观看到超过 20 万辑的高清视频内容，覆盖电影、热剧、综艺、动漫等领域。但是近几年的电视行业和视频网站的发展、经营的效果都不是很好。

图 1　乐视 TV 超级电视

图 2　爱奇艺智能电视

（一）电视行业的逐渐下滑

自从互联网开始流行并深入大家的生活，许多传统的东西便发生了天翻地覆的改变，而其中关于电视行业的冲突就是观众对视频网站的兴趣使得电视在观众心中的绝对霸主地位不复存在。观众通过互联网可以享受随时、随心、无广告的视频节目，并且可以非常方便地观看海外节目。大批固定的电视受众开始流向视频网站，特别是以青少年为主的群体，电视开始成为家里的一件必有但不常用的摆设品。

根据第32次《中国互联网络发展状况统计报告》的数据显示，截至2013年6月底，我国网民规模达5.91亿，网民人均每周上网时长达到21.7小时，其中网络视频用户达到3.89亿，网民中上网收看视频的比例为65.8%。[①] 网络视频在各个年龄层网民中都有相当的用户基础，以20岁至39岁之间尤甚；19岁至24岁用户收看网络视频的比例达到70.7%，已经高于收看电视的比例。[②] 视频网站迅速崛起的背后是电视开机率的持续走低。

电视开机率低就会导致电视节目收视率低，观看人数少使得广告商也不再愿意斥巨资来赞助和冠名，而刚刚兴起的互联网由于并不成熟，广告费用又比电视便宜很多，所以导致电视行业的收益越来越差。而网络兴起，人们更加偏好于利用电脑、手机、平板电脑来观看视频，电视变得不再重要，也就不存在更新换代的需求，从而导致电视产业的发展也同样不乐观。

（二）视频网站收益并不乐观

尽管电视的受众越来越少，绝大多数的观众都更加倾向于通过互联网来获取信息，网站的点击率和评论次数也更多，但是这些视频的观看都是免费的，视频网站要想从用户身上收取费用是非常困难的，用户已经习惯了网络上面的东西都是免费的，一旦开始实行收费政策就可能把顾客推向其他网站或者使得用户直接回归传统媒体，转而收看电视节目。因此，视频网站唯一的收入来源就是广告商投入的广告费用，由于网站是一种新产品，而且互联网上面的网站实在太多，广告费用其实并不高，甚至远远低

---

① 中国互联网络信息中心. 第32次中国互联网络发展状况统计报告. http：//news. xinhuanet. com/tech/2013 – 07/17/c_125023329. htm，2013 – 06 – 20.

② 中国互联网络信息中心. 2011年中国网民网络视频应用研究报告. http：//wenku. baidu. com/view/bdc8373743323968011c9240. html，2013 – 06 – 20.

于在电视台投入的广告费用。也正是因为价格低廉，使得很多中小型的广告商将宣传自己产品的平台从传统媒体转向互联网。依据长尾效应，这些利基产品同样也能带来收益，成功的关键则是要尽量降低成本，同时找准合适的消费群体，使其对这些利基产品产生兴趣。视频网站如果仅仅只靠广告费用是无法实现盈利的，但是也没有其他的方式来增加收益，从而导致网站的经营变得举步维艰。

近两年随着视频网站的发展，广告商投入的广告费用有所提高。但是我国的互联网有一个重大的问题，那就是版权意识不够强。在互联网刚兴起的时候，任何音像品都可以在网上免费收听、观看和下载，这对音像产业产生了巨大的冲击。近些年，国人通过几次海外官司逐渐认识到版权的重要性。但是随着版权概念的加强，视频网站的支出也在加大。据不完全统计，4 年时间里电视剧的网络版权价格最高涨幅达到 500 倍，2008 年《士兵突击》的网络版权为 3 000 元/集，2011 年《甄嬛传》独家版权卖出26 万元/集的价格，2012 年《宫锁珠帘》的网络独家版权价格飙升至 185万元/集。如此高价的版权费用单个视频网站根本无法继续承担，为了抑制高价，2012 年江苏卫视排名第一的热播剧《囧人的幸福生活》不再一枝独秀，而是采用抱团结盟的"视频内容合作组织"形式，由优酷、土豆、爱奇艺、腾讯和 PPTV 5 家视频网站联手买入，降低了网站的成本。同时视频网站通过推出自制剧和自制节目的方式来获取收入。

二、视频网站向电视靠近的原因分析

2013 年中无论是视频网站高价买入电视节目的网络独播权，还是视频网站开始尝试自己做电视，这些都表明电视与视频网站之间的关系越来越亲密。以往关于电视与视频网站是对手的言论已经被新的时代模式所打破，现在的电视与视频网站开始成为互利互助的战友和伙伴。那究竟是什么原因使得这两个曾经发誓老死不相往来的对头成为如今的最佳合作伙伴呢？

（一）行业之间竞争激烈

2012 年，网络视频行业经过收购、合并、淘汰等惨烈竞争，市场份额更加集中，至 2013 年仅余 5 家主流视频网站，即优酷土豆、爱奇艺、搜狐视频、乐视网和腾讯视频。而在这 5 家视频网站之间，有的已经上市，有的拥有资金庞大的靠山，有的则很难再一次发生整合，而其他的不入流的视频网站要不转型，被日益边缘化，要不则面临着被整合的命运。

在这5大主流视频网站中，优酷土豆属于中国视频行业的探路者，他们占据了领头羊的位置，开启了网络视频的先河。从9年前视频网站刚开始兴起到之后的几年时间里，视频网站的总数达到了数百家之多，优酷土豆在时间的历练中经历了无数次的大风大浪，最后成为元老级别的视频网站。优酷土豆在这个"拼爹"的年代完全是靠自己白手起家，比资金后台是远远比不上的，但是在流量上绝对占了先机。所谓的流量也就是市场占有率，在这点上元老级别的网站凭借多年在江湖中的跌打滚爬，毫无疑问目前占有着绝对的优势。有了这个优势，优酷土豆的盈利有所提升。依据美国著名视频网站Hulu的模式，广告依然根据流量等数据来计费，所以流量现在依旧是三大阵营竞争的第一步。虽然对于优酷土豆而言，拥有绝对优势的市场占有率的目标达到了，但流量的优化显得更为重要。网站争取做到精致，需要减少"垃圾流量"，提高流量对广告营收的贡献。

而其他的三家主流视频网站，爱奇艺、搜狐视频和腾讯视频都属于"富二代"类型的视频网站，他们有着强有力的后台，并且手握大量现金。比流量不见得能拼过优酷土豆，但是比资金他们则拥有绝对的优势。这三个视频网站的后台分别是百度、搜狐和腾讯，每一个都是具备了至少数千万美金的储备，而现如今做视频行业，宽带、服务器、版权都需要大量的资金投入，有了强大的后台，这三家主流视频网站运营起来可以毫无后顾之忧，不用担心资金问题，一心投入网站的创新、经营等其他方面。

至于乐视网，它既没有如此坚硬的靠山，也没有像优酷土豆一样拥有数量庞大的流量，它的取胜完全是靠优质的服务与质量，以及领导者的头脑。网友对所有视频网站的观影效果进行评测的时候，乐视网的评价几乎是最好的。乐视上看电影几乎都是高清流畅，观影效果好。乐视网真正被人们所熟知是通过《甄嬛传》的网络热播，因为乐视购买了该部电视剧的网络独家播放权，并最终赚了3个亿。乐视成了中国第一家通过购买网络独家播放权而丰收一桶金的视频网站，这也是乐视领导人决策的胜利，乐视在起步之后选择的是用户点播收费的业务形态，所以从一开始乐视就购买了大量影视作品的版权。所以当网络版权被重视起来后，许多视频网站为了留住人气不得不去购买热门电影电视剧版权，他们却发现收钱的竟然是乐视网。尽管乐视网被同行不屑地称为版权的"二道贩子"，但是领导者超前的眼光使得乐视成为同行中首先的盈利者。在2010年8月，乐视成为中国第一家上市的视频网站。

（二）寻求节目的差异化，打造个性化品牌形象

众所周知，电视有台与台之间的区别，而建立不同的电视台是为了让播出的内容差异化，使得电视台形成自己的品牌优势，能够明确目标受众，在树立自身的特色品牌之余也为广告商找到一个清晰明确又固定的广告客户。同样，在海量信息的互联网中，这种差异化就显得更加重要了。

视频网站的节目大多是来自于电视台，在以前那个版权意识不明确、盗版遍布天下的中国，视频网站之间很难产生竞争，因为每个视频网站都有一样的视频，顾客的选择性很大，网站的点播率靠的就是运气，这种"同质化"现象曾经是困扰各家视频网站最大的瓶颈问题。为了争夺观众和广告资源，视频网站如今也同电视台一般寻求差异化的竞争，强调自身的个性特质。现如今，版权意识变得越来越重要，电视剧或者是综艺节目并不是任何一家视频网站都能看到，只有在购买了版权的视频网站才能看到。我国综艺节目的优质资源不多，而且在电视台又有"限娱令"的情况下，视频网站的版权之争变得更加激烈。通过购买电视剧或者综艺节目的版权使得视频网站拥有唯一的网络播放权，能够区别于其他视频网站，增大差异化。

各大视频网站除了对国内各大热门节目、热播电视剧的独播权的抢夺，在海外剧场引进方面也着实费力不小。搜狐视频在"美剧"版权的争夺上使出了浑身解数，从 2010 年初到 2013 年累计引进百部美剧，成为搜狐视频的特色标签。而腾讯视频则在"英剧"上绞尽脑汁，腾讯不仅与六大制作公司达成中国最大英剧资源且上线英剧频道，还获得了对所有已采购剧目更新季的优先续约权。[①]

除此之外，自制剧成为新时代视频网站的谋生之道。自制节目一方面冲抵了视频网站大量外采版权而带来的成本压力，另一方面对于实现视频网站差异化竞争，打造自身品牌形象有着长远意义。

（三）客厅娱乐化，电视也需要改革

2013 年两大视频网站"乐视网"与"爱奇艺"都推出了自己的智能超级电视，可见电视的重要性并没有减小。根据 Google 数据显示，人们现如今在媒体上所花的时间中有 90% 都是用于屏幕，比如电视、电脑、平板电脑和手机，而在这其中又有 90% 的时间是属于跨屏消费。这种多屏时代

---

① 2013 年终观察八：视频网站量体裁衣，电视剧布局变装. http://www.ce.cn/culture/whyq/063/index.shtml.

意味着大家观看视频的空间更加广泛并不再受局限，时间也将变得更长。

在这个时候智能电视顺应"多屏"的局势而出现，从而引发了家庭客厅娱乐的革命。近些年，一些拥有家庭氛围的东西成为一大热议话题。而客厅与电视则分别是家庭成员之间相互交流和营造家庭氛围最好的场景与物品。爱奇艺创始人、CEO龚宇表示，随着家庭智能终端的兴起，视频行业的下一个浪潮可能将从移动端或者电脑重新回到电视上来，电视又将重掌大权，逐渐成为家庭娱乐中心。相应地，传统电视行业开始面临着客厅的娱乐化转型，智能电视不再局限于原来传统电视的范畴，而是将视频网站的功能加入其中。例如，爱奇艺智能电视能够无缝整合整个爱奇艺和PPS的视频资源，而且基本以高清1080P视频为主，还可以支持安装Android应用，比如可以通过智能电视使用微信的"摇一摇"功能。而网络的交互功能非常强大，在智能电视机中这种人机交互还在进一步的完善当中。爱奇艺智能电视机内部装置了语音控制，可以通过语音识别技术搜索视频、浏览网页以及打开应用。传统电视带来的"一屏"垄断客厅的时代一去不复返，现在是一个以内容为王、多屏无缝衔接、交流互动、个性化定制等应用和服务为主导的全新客厅娱乐化时代。

智能电视产业呈现的几种合作模式中要属电视机厂商、牌照方与视频网站合作最为主流。"乐视超级电视"是乐视网与富士康合作而成的，而"爱奇艺智能电视TV＋"则是由爱奇艺与TCL团队联合出品。时代在以我们想象不到的速度而变化，我们的需求也变得更加多元和全面。中国近4亿"80、90后"网民，他们都是在互联网大潮下成长起来的，对视频的需求量非常大，而传统的电视无法满足他们的需求。对于电视行业的TCL而言，传统电视行业面临着电视机开机率越来越低的挑战，电视成了一件可有可无的摆设，而与爱奇艺合作不仅让这个排名全球第三、中国第一彩电厂商为自己产品找到一个新卖点，而且这对于TCL自身并没有增加很大的额外成本，一旦成功，收益是巨大的。

三、视频网站向电视靠近后的优势

（一）媒体间的优势互补，使得跨媒体的合作有更大的发展空间

在观众群体方面的互补。来自于CNNIC（中国互联网络信息中心）一份关于网络视频网民使用习惯的应用研究报告显示，约有26.3%（近1亿

人）的网民不习惯看电视，43.2%（约 1.5 亿人）看电视的时间明显减少。① 视频网站高价买入电视节目的独播权能够有效地弥补那些不经常看电视节目的人的损失。对于基本不看电视的网民而言，网络视频可以增强节目的覆盖率，而对于另一部分正在减少看电视的网民而言，网络视频能够对电视形成有效的补充。现在有一部分网民开始慢慢回归电视，因为电脑或者平板电脑、移动端毕竟视野不大，观影效果没有电视好。但是传统电视也有不方便的因素，所以 OTT TV 的出现可以解决以上问题，它可以满足用户需求和实现个性化。互联网时代，在大数据中 OTT TV 可以对用户的需求进行分析和预测，能够更加精准地构建对内容、产品和广告营销的操控。而且在客厅看电视能够激发用户一种关于回忆和家的情怀，满足了他们心灵上的需求。

媒介自身的互补。通过电视与视频网站两者的交融和合作，电视行业可以借助互联网覆盖面广、交互性强、不受时空限制等特点克服电视单向传播、转瞬即逝、广告多等缺点。并且，智能电视的发展使传统电视行业将开始新的改革，在融入视频网站的优点的同时也避免自身的各项缺点。OTT TV 呈现出富媒体、强交互、超清晰、高能效和并终端的五大特点，能够有效地将网络视频的优势融入电视中去。

传播周期上的互补。传统电视所播放的内容转瞬即逝很难保存，而视频网站则克服了这个弊端，并且还能增加关键词搜索等功能，能够用最快的速度在海量信息中选出需要的内容。现在随着智能电视的推出，这些功能在电视上也能实现，在一定程度上达到用电视来上网的效果，克服了传统电视的缺陷。同时，视频网站购买电视版权使得播放平台更加多，可以增加电视节目内容的宣传和营销效果。

（二）利于双方的品牌打造和价值提升

视频网站通过购买电视节目的网络独家播放权使得自身占有了唯一的资源来吸引用户，同时通过自制剧的热播使得视频网站打造出自身的品牌和优势。而智能电视的制作使得视频网站不仅能够吸引足够多的目光，在同行竞争中脱颖而出，同时作为开拓者还能够为自己的品牌树立一定的积极、正面的形象。而对于电视行业而言，首先电视台的节目被高价买走，这不仅说明节目的高质量和高水准的重要性，同时也能够通过网络覆盖到更多的观众，通过传统媒体和互联网双方同时宣传来打造电视台的品牌，

---

① 高恩. "网台联动"：向更深处过渡. 广告报道，2012（2）：99～102.

而且智能电视的推出又进一步促进了这种品牌的推广。而电视制造商也能够通过与视频网站的合作为自己的品牌做宣传，并且在不增加额外成本的情况下实现转型和改造。

（三）双方合作，多方受益

首先是电视和视频网站双方受益了。高价的网络独播权的交易对于电视台而言除了巨额广告收益之外又多出了另一份收入，同时这也是对电视节目的肯定，尤其是综艺节目。电视剧版权的购买有时候是押宝，而综艺节目则更是百里挑一，只有本身足够优秀才能让各大视频网站争相购买。而对于视频网站而言，首先独播的优势使得网络用户不得不在自己的网站收看，赚够了这群人的流量的同时也能吸引到满意的广告商。与此同时，视频网站围绕购买的电视节目主题可以连同电视台策划、举办多项活动，实现线上、线下的互动交流，并能够产生多种衍生产品。例如2013年搜狐视频购买《中国好声音》第二季的版权后，不仅具有网络独播的权利，还有产品研发、营销拓展等权利。搜狐视频通过举办网络通道选拔优选学院直通《中国好声音》第二季等方式，使得该节目在网络平台上持续升温，这样也是在为电视做宣传，为电视台提高收视率。而乐视和爱奇艺推出智能电视则使得电视产业也变得备受关注，在不额外增加他们的成本的情况下既能受到高关注又能对传统电视进行变革，一旦成功，收益不小，这样的方式何乐而不为。

其次是广告主的收益得到提升。目前网络视频的成本要比电视低，而丰富网络视频的库存量也能提高点击率，广告主投入的成本降低而利润却在升高。同时网络视频上面的广告能够有效覆盖那些不看电视的受众，对于看电视少的观众而言，广告在网络视频的出现能够提高其知名度。

再次是媒体自身的经济收益。视频网站向电视靠近为媒体带来了丰厚的经济收入。视频网站学习电视台开始拍摄属于自己的自制节目，而这些自制节目收视率的大幅度提高，同时也带动了广告收益的提升。电视台通过卖出优秀节目的网络独播权，在扩大知名度和受众范围的同时既赚得丰厚的版权费用又拍卖到高价的赞助费和广告费。

最后是受众、消费者的收益提升。无论是智能电视的产生还是视频网站开始高额竞争电视节目的独播权抑或是开始拍摄自制剧或者微电影，消费者或者是受众都由原来的被动接受角色转换为如今的主动选择的地位。在这样一个媒介多样化的信息时代，消费者如何选择媒介形式是看它是否能在市场中占据主导地位。而通过视频网站与电视之间的融合与合作，开拓了崭新的媒体形态，同时也更加细分化地适应市场要求，在视频网站中对自身的定位更加精确，对目标受众也更加明确，更加完善地满足消费者的需求。

四、视屏网站向电视靠近的举措

（一）网络电视台

随着网络视频成为国内互联网第一大应用，越来越多的视频网站开始像电视台一样运营。从以前的"追剧"逐渐变化成为"追平台"。例如，2013 年湖南卫视的大型音乐真人秀节目《中国最强音》接档《我是歌手》成为这一年度又一大王牌音乐节目。不同于电视观众关注节目的播出时间、频道，互联网视频观众关注的是该节目在哪个平台上播出。56 网在《中国最强音》开播前一周就宣布和湖南卫视《中国最强音》展开深入合作，为用户提供多屏娱乐体验并共同推出一档网络特别节目《新闻速递》，第一时间呈现《中国最强音》台前幕后的精彩花絮，以及明星导师、热门选手的全程跟踪报道。同时，人人网的副总裁、56 网创始人周娟表示，在时间充沛的情况下，他们想把 56 网打造成视频网站上的"湖南卫视"。

除了引进各大电视台的优质节目之外，视频网站学习电视台开始自制各类节目和进行微电影的拍摄。2013 年最红的网络自制剧要数优酷与万合天宜共同出品的《万万没想到》，它刷新了网络自制剧的最高播放纪录。该剧时间短，内容量大，以其快节奏、恶搞的日系风格（《搞笑漫画日和》）为特点吸引当下年轻人，被称为"叫兽风格的真人版日和"。《万万没想到》的预告片一经曝光便引发热议，首日点击量超过 30 万次，第一季在优酷播放次数高达 1.6 亿次，并且剧中各种经典搞笑的台词和各类人物呆萌的表情都一度成为网络上交流的流行用语和流行表情，引领了网络的新潮流。

在微电影方面，2013 年 3 月 15 日，国内首个专注高品质微电影和网络剧的专属网络视频播放平台"微影院"在腾讯视频上线。2013 年腾讯视频在内容和战略方面对微电影进行了重大布局，腾讯的刘春宁提出腾讯视频针对网络剧和微电影的"双一百"战略，即在 2013 年自制出品 100 集网络剧、100 部微电影，打造大小电影同步上线。

（二）网台联动

所谓网台联动，是一种基于网络和电视的集播出、宣传、互动、效果反馈于一身的现代跨媒体合作方式。在网台联动中，主要以电视台为主，辅助以电视台的力量和视频网站的渠道。简单地说，就是在网络上做好电视台的服务，开设电视节目与活动的网络版块，而电视台在适当的情况下可将网站广告捆绑销售，帮助网站扩大其知名度并提高其存活率。

2013 年 7 月 11 日由河南电视台与爱奇艺联手打造的《汉字英雄》开始播出，这是国内首档完全意义上的"网台联动"大型原创节目，耗资千万，制作标准完全按照电视台规格，代表了目前视频网站自制节目的最高水平。利用网台互动，可以通过高品质的节目内容，结合电视台的优势，共同将内容做到最好、令观众喜欢，实现商业上的成功。

之后，湖南卫视、爱奇艺共同推出暑假减压大剧《天天有喜》，2013 年 11 月，土豆网和深圳卫视联合主办"青春的选择 2013 年度盛典"，该活动被主办方称为"网台互动 3.0"。2013 年 12 月，北京卫视推出由北京电视台与华谊兄弟传媒集团等联合制作的同名电影大型体验类真人秀栏目《私人订制》，该栏目首次将电视与互联网相结合向全国观众征集梦想。

2013 年这一年中互联网发生了许多变化，这里面掺杂着电视台、电视制作方、广告商的各种因素，但是不管怎么说视频网站都在开发和拓展新的方式，向好的目标努力着，它不再是仅仅依靠单纯的操作模式和自身力量，而是开始借助多方力量打造属于自己的平台和领域。在未来的一年中，将会有越来越多的互联网企业开始向电视产业靠近，这也将为整个电视产业带来革命性的变化。互联网与电视产业两者的合作与交融，将技术与内容有效地结合起来，可以大大提高我们未来节目的质量和满足观众的需求，使得我国相关产业蓬勃发展。

（撰稿：邹　晔）

试析移动互联时代电视媒体的发展路径

——以湖南卫视官方 APP "呼啦" 为例

【摘　要】在移动互联网高速发展的背景下，电视媒体也未能避免卷入这场浩荡的洪流中。电视媒体如何利用自身优势，整合内容资源，在移动互联网时代获得发展新机，一直是被广泛热议的话题。本文以湖南卫视官方 APP "呼啦" 为例，研究电视媒体在移动互联网时代的发展路径选择，为其发展创新提供值得借鉴的思考。

【关键词】移动互联网；电视媒体；湖南卫视；呼啦

一、移动互联网发展进入高速通道

"移动互联" 正在深刻影响着人们的日常生活，移动互联网市场进入高速发展通道。据艾瑞咨询数据显示，2013 年中国移动互联网市场规模达到 1 059.8 亿元，同比增速 81.2%，预计到 2017 年，市场规模将增长约 4.5 倍，接近 6 000 亿元。

2013 年中国智能手机的保有量为 5.8 亿台，同比增长 60.3%，智能机价格不断走低，不断向三、四线城市渗透，功能机用户加速换机促使智能机的保有量呈现高速增长。伴随移动终端更新迭代加速和模式创新，终端产品价格成本大幅度下降，这进一步加速了移动互联网生态环境的演进。2013 年，电脑网民的规模达到 5.9 亿人，增速为 6.8%；移动网民的规模将在 2013 年底达到 5 亿人，增速为 19.5%。

随着智能手机的快速普及和 4G 时代的到来，越来越少的观众愿意按照传统电视媒体固定的时间表来观看节目，他们更加 "随心所欲"。据中国互联网络信息中心（CNNIC）发布的《第 33 次中国互联网络发展状况统计报告》显示，截至 2013 年 12 月，我国手机端在线收看或下载视频的用户数为 2.47 亿人，与 2012 年底相比增长了 1.12 亿人，增长率高达 83.8%，手机视频跃升至移动互联网第五大应用。

二、移动互联网给电视媒体带来的挑战

（一）电视以其自身独特的优势成为移动互联网公司争夺的焦点

电视屏幕大，表现力丰富，在品牌建设和促销方面的广告效果都非常好；电视能聚集多名观众一起收看视频，克服电脑与移动设备由于屏幕较小使得一起观看的人偏少的缺点。电视屏幕是继电脑、手机之后的第三块网络视频显示屏，是移动网络视频企业争夺视频显示出口的又一大焦点。当前，不少网络视频企业已经推出了机顶盒、路由器、智能电视以及围绕互联网电视产生的配件产品，以此布局互联网电视产业。

（二）面对移动互联网公司的发展，传统电视媒体面临着转型的巨大压力

内容是媒体赖以生存的基础，这一点从未改变，未来也不会改变。但连接内容和受众的渠道在发生变化，新媒体渠道相比传统媒体的渠道，变得互动化、移动化、多屏化，并连接了更多的用户。近些年来，电视媒体其实一直在尝试改变，跨媒体融合、全媒体记者、多屏分发、台网联动等实践就是试图跟上时代的脚步，建立连接受众的新渠道。但是国内传统媒体在自建新媒体渠道方面，由于缺乏互联网人才储备和基因、技术、个性定制、与用户互动、资金与运营能力等诸多因素，成功的案例并不多见。

也有专家提出"电视转型为专业的内容提供商，通过外部的新媒体渠道将内容送达互联网用户"。这条道路广受质疑，纸媒是前车之鉴。借用他人的渠道，用户及产生的数据很难由传统媒体掌握，财务上的回报也不可期。优质内容的生产并不容易，作为单纯内容提供商，还有可能让自身的话语权越来越小。

（三）鉴于以上问题，许多传统电视媒体进入移动互联网领域

自传统电视媒体转型以来，众多媒体在移动互联网拓展方面迈出了积极的步伐。出现了诸如查看电视节目表的电视搜索引擎服务、类似 LBS 的电视 Check - in 服务、类似 Shazam 原理的电视或广告识别应用，国外的 IntoNow 就是其中的优秀代表，可让用户的朋友了解他们正在观看的电视剧、电影、游戏、广告等内容。而在国内，有一个背景雄厚、玩法特殊的移动互联网平台值得关注，那就是湖南卫视的官方 APP——呼啦。

三、电视媒体发展移动互联网的几点思考

（一）借助品牌优势，实现"用户"的快速增长

在 2013 年，湖南卫视凭借多档王牌综艺节目成为全国观众最喜爱的省级卫视频道，观众数达 3.58 亿，居省级卫视第一。在全国电视娱乐行业竞争越演越烈的背景下，湖南卫视在 2013 年初推出《我是歌手》《爸爸去哪儿》等节目，获得巨大的品牌影响力。但湖南卫视的品牌影响力不只限于荧幕资源，在互联网受众市场上，湖南卫视电视节目视频点击量已达 73 亿之多，网民微博提及量超过 3 000 万条，同样为省级卫视之首。

在湖南卫视强大的娱乐品牌影响力下，2012 年 12 月 31 日，湖南卫视牵手上海宏蝠网络，打造了首款移动社交应用"呼啦"，并在新年狂欢夜晚会上由快乐家族隆重推介，"呼啦"诞生 13 天，用户总互动次数便已破千万，每天新注册用户更以近 5 万的速度增加。

湖南卫视宣布在 2013 年 7 月推出全新版本"呼啦"2，以"点亮新世界"为主题，以近乎蜕变式的方式革新和重构产品，在缩短人与电视距离的同时，也为人与人之间的沟通搭起了一座特别的桥梁。2013 年 10 月湖南卫视全新启动"呼啦"2.2 新版，平台首次开放第三方登录及注册，属性多元化，用户数进入一轮新的爆发式增长。2013 年 12 月 29 日，湖南卫视推出"呼啦"3.0 正式版，新增电视全屏识别功能，升级图像识别功能。"呼啦"的每一次升级和优化都使得观众和呼啦用户的操作和互动更快捷，体验也越来越有趣。

湖南卫视推出的这款手机互动应用——呼啦，凭借湖南卫视强大的品牌效应，截至 2013 年底，"呼啦"上线一年注册用户近 1 000 万人，活跃用户近 800 万人。电视与手机媒介如何互相辅助并有力互为推动，湖南卫视打破常规，利用手机移动端的便捷性，通过电视二维码资源，彻底打通线上、线下，"呼啦"近 1 000 万的注册用户正逐步印证这个模式的成功。

（二）集聚内容和渠道优势，打造"移动互联"产业链

湖南卫视基于强大和丰富的内容资源，给移动互联网转型提供了更多的参考和选择。在构建移动互联网产业链的过程中，湖南卫视的策略是内容提供商与渠道分发商的双重角色相结合。湖南卫视强大的内容资源是许多网络视频企业所无法比肩的，湖南卫视与网络视频企业建立"合作探

索，互利共赢"的理念，与爱奇艺、搜狐、优酷等互联网视频企业签订合作协议，向网络视频企业提供独家内容资源，湖南卫视扮演内容提供商的角色。

但是，如上所述，仅仅依靠提供内容不足以在移动互联网时代立足，还应该建立与内容资源相匹配的分发渠道和传播平台。湖南卫视在新媒体领域的尝试较早，比如湖南卫视的新媒体金鹰网，以湖南卫视强大的内容资源为依托，搭建了一个相对完整的传统媒体与互联网媒体的产业链平台。金鹰网遵循湖南广电的发展要求，整合湖南广电频道群的核心内容资源。

在移动互联网时代，湖南卫视希望借助"呼啦"为平台入口，重新构建和延伸湖南卫视的移动新媒体产业链。"呼啦"通过整合湖南卫视的核心资源，相对完善的移动新媒体传播平台已初见端倪。

在具体内容方面，"呼啦"3.0版本有"头条"提供日常新闻资讯，资讯以传播湖南卫视的核心内容资源为首要目的。在"栏目编辑"中，用户可以根据自己的兴趣添加想要关注的栏目，栏目分类有专区版块、电影、游戏和湖南卫视四个分栏目。在这些栏目下面有具体的关注类别，比如游戏栏目有呼啦大冒险、呼啦秀和爸爸去哪儿三项，电影栏目有影视打分、八卦阵、电影新闻等几项。这些都对接湖南卫视品牌栏目，全面关注影视娱乐行业的热门话题。

在互动传播方面，除了界面右下角可以直接扫描电视画面的全屏识别功能，"呼啦"还集合了任务、好友、蛋圈、话题、公会等互动功能，这些互动功能极大地提高了湖南卫视内容传播的速度和效率，打造了湖南卫视的生态传播平台和内容分发渠道，实现了内容提供商和渠道分发商的双重角色构建。在这些栏目中，游戏是其中最有特色的一项，这一点笔者将在下面进行详细阐述。

（三）以"用户为王"，社交关系链创建全新互动社区

成功的移动互联网产品的核心并不是传播渠道，而是社交关系链。传统媒体自建新媒体渠道很难构建关系链，单纯的文字或者视频浏览工具成功的可能性越来越小。而在构建用户关系链方面，"呼啦"有独特之处。

在"呼啦"3.0版本中，"呼啦"的社交功能得到全面展现。运用全屏识别功能直接用"呼啦"扫描湖南卫视的屏幕播出画面就能与电视实现互动，大大增强了用户与电视互动的便捷性，用户直接坐在沙发上就可以实现互动，不再需要跑到电视机前扫描二维码。新增直播聊天室，邀请湖南卫视节目主创、嘉宾、主持人等做客，与用户零距离交流；新增呼啦星

球游戏排行榜，全球"呼啦"好友互动游戏PK；直播互动指引，直播过程中置顶消息将提醒用户扫描二维码及图形互动。

与一般电视所涉及的互动体验不同，"呼啦"打破时间、空间的局限，突破了传统的短信互动、网络征集和投票等互动方式，真正为电视观众和手机用户提供了新一代增值体验，让亲朋好友多一个渠道聚在电视机前，促进家人、友人之间一起享受欢乐时光，并让这份亲情和友情在这款社交应用中温暖蔓延。湖南卫视的创新一直领先于其他各大电视台，品牌创新力也频频得到观众和业内外人士的认可和赞誉。而此次湖南卫视创新研发的基于电视互动的社交应用"呼啦"，也引领了电视行业的创新变革。"呼啦"区别于传统的手机用户之间的强关系，而在众多电视观众相互之间的弱关系中使得手机成为用户与电视观众连接的一个纽带。

对于诸多社交应用而言，低门槛、简单易用，并能解决强需求，才是一款受大众热捧和追玩的产品。而对于电视观众，娱乐、快乐分享是最重要的诉求，这些特点也正如"呼啦"所给出的定义一般，基于电视互动的社交应用，所呈现和产生的互动，结合了传统的社交应用的优势，并将"电视"这一移动社交应用中所未大面积触及的方向和要素作为核心的平台。

2013年7月16日下午，"呼啦"在湖南卫视粉丝楼举行了首场"资深用户体验会"。呼啦星人（呼啦用户的昵称）和呼啦BOSS家族零距离接触，实现了线上与线下的第一次完美对接，完成了一次"O2O"的尝试。这不仅是"呼啦"的第一次线下聚会，还让呼啦星人们一起和湖南卫视热播的电视剧《追鱼传奇》的主演、《花非花雾非雾》主演和"快乐家族"主持人亲密握手、击掌和合影。而此次"呼啦"用户体验会是通过呼啦中的呼啦星球发布线上征集令，用户自发报名征集而来，邀请呼啦星人的代表参加"资深用户体验会"。线下的体验会吸引了60多万用户报名，主办方经过多轮筛选后最终邀请了60名幸运的呼啦星人齐聚粉丝楼，为"呼啦"2.0的全新上线助威。

由此可见，电视媒体要实现具有传播平台的社交属性，根本上要求其"实用"且"有趣"，通过社交关系链搭建一个实现线上与线下对接的全新互动社区。社交平台的实名或准实名制、便捷性、高黏性等特点都将为媒体的内容传播以及未来实现盈利创造有利条件。

（四）创新生态环境，搭建全新娱乐生态圈

湖南卫视拥有搭建创新生态圈的传统和基因。湖南卫视早在国内电视媒体普遍以"新闻立台"的环境中，就确立了以"娱乐立台"的宗旨。通

过举办选秀节目"超级女声"和"快乐男声"，自建了艺人明星圈。而湖南卫视众多的娱乐节目为这些明星艺人提供了大量的曝光机会，这种娱乐效应给湖南卫视带来了众多的观众，形成了规模巨大的"粉丝经济"，构建了娱乐生态网络。

在移动互联网时代，湖南卫视试图通过"呼啦"构建一个全新的生态圈。在一年的实际运营中，"呼啦"与食品、电商、饮料、游戏、出版等各大品类的合作伙伴都取得了非常优异的互动效果和传播价值，为用户与商家客户互动提供了便捷通道。

"呼啦"3.0版推出手机游戏，这种做法和微信、陌陌的模式比较类似。游戏专区配合湖南卫视的各档节目，陆续推出新奇好玩的手机游戏，它不仅能与电视互动，也能与呼啦好友同场竞技。首先推出的就是以热播的《爸爸去哪儿》开发的同名手机游戏，除此之外还有《呼啦Show》和《呼啦大冒险》这两款游戏。《爸爸去哪儿》手游由湖南卫视授权一家叫KunPo Game的游戏公司开发，属于跑酷类游戏，上线不到两周时间，目前下载量已经快接近1 000万。

湖南广播电视台党委书记、台长吕焕斌强调："湖南广电做的不仅是一个频道，一个节目，做的更是一个创新生态环境。"所谓电视的"创新生态环境"，除了本身的基因基础外，还包括创新思维、创作空间以及生产能力。吕焕斌认为："明年湖南卫视会加大创新和制作投入，建造一个电视节目和电视剧的制作基地，用来满足湖南广电节目的制作需求。新媒体业务上的拓展也在进行。简单归结起来，'创新生态环境'除了硬件上要有实力、拥有强劲的人才队伍和制作团队外，软件上也要有对创新的统一认识和判断，并能集团作战。"

四、结　语

随着智能终端价格的降低，移动网民的快速渗透和网络基础设施的日益完善，移动互联网市场将加速发展。湖南卫视拥有强大的内容资源，再加上与互联网渠道的合作，湖南卫视官方APP"呼啦"在移动互联网时代的顺势而生，是湖南卫视创新发展的战略构想。电视媒体应该深化差异化创新，以用户为核心，提升移动终端用户活跃度，挖掘移动终端入口对电视媒体发展的重要价值，形成移动互联网发展的矩阵。

（撰稿：张光照）

陌生人你好
——陌陌的特性与发展研究

【摘　要】自诞生至今，陌陌作为社交工具已历经三年，从初创时的大出风头，到受到同类软件的冲击，再到发展战略的调整，2013 年可以说是陌陌在发展方向作出调整最大的一年，在功能和传播方式上也都有所转变。本文主要分析在 2013 年，陌陌团队如何在激烈的竞争中不断探索，并以传播学的视角分析陌陌成功背后的原因以及微信从通讯软件到移动社交平台的挺进。

【关键词】陌陌；网络社交；商业化

一、陌陌的产生——"陌生人你好"

陌陌是由北京陌陌科技有限公司（该公司于 2011 年 3 月份成立，由前网易总编辑唐岩创建）于 2011 年推出的一款基于地理位置定位的移动社交工具，可以通过陌陌认识周围任意范围内的陌生人，查看对方的个人信息和位置，免费发送短信、语音、照片以及精准的地理位置。通过陌陌，你可以非常及时地将网络关系转换为线下的真实关系。陌陌可以帮助拓展你的交际范围，而不仅限于熟人圈子，不管在任何时候、任何地点，你都可以在陌陌上认识你感兴趣的人。[①]"通过地理位置认识新朋友"，这是陌陌创始人唐岩一直坚持的理念。陌陌相较于普通此类软件的最大优势就是可以精确定位。软件本身完全免费，使用任何功能都不会收取费用，使用时产生的上网流量费则是由网络运营商收取。至 2013 年 11 月，陌陌正式宣布注册用户突破 8 000 万人。

唐岩一直坚信中国人需要陌陌这样的社交平台。近些年来社会的发展让人所面临的压力空前加大，大城市中的人们除了工作圈子似乎已经缺少了传统的社交。街坊文化已被按单价划分的房价比例强行挤出社会，但人们内心的社交需求绝对不会止步于此，创造更加安全、拥有信任基础的社

---

① 陌陌官网，http://www.immomo.com/.

交平台在中国变得很有必要。正是基于这样的信念，陌陌不断有新版本推出。建立在网络平台上的陌生人社交并未因为用户的戒备心理而遭遇打击，相反，陌陌的发展速度十分迅速，在推出之后不久就登上APP排行的领先位置。①

（一）陌陌的特点

1. 特色功能

①精准定位，查找附近的陌生人（可以精确数字显示位置）；

②支持发送语音短信、视频、图片（包括表情）和文字；

③查询导航路线；

④支持通讯录、新浪微博、人人和腾讯微博的绑定和好友推荐。

2. 多平台

全面支持 iPhone4、iPhone3G/3GS、iPod touch 等苹果设备，以及 Android2.1 以上版本的手机，支持各种网络接入方式。

3. 场景表情

表情商店提供丰富的表情贴纸，让聊天不再单调，而是更加生动活泼，符合移动社交的聊天习惯。

4. 专注 LBS

LBS 全称为 Location Based Services，又称定位服务，指通过移动终端和移动网络的配合，确定移动用户的实际地理位置，从而提供用户所需要的与位置相关的服务信息的一种移动通信与导航融合的服务形式。在陌陌中，因为是 LBS 服务，所以用户关系是单向关注与互相关注，而不是传统的申请好友关系。这对于用户层面来说，会降低用户使用中的挫折感，提升用户体验。加好友可能被拒绝，但我关注你却一般不会被主动拉黑。LBS 服务也使精准定位成为可能：与微信等产品不同的是，微信提供的查找附近的人只给了一个大概的范围，而陌陌给的数据精确到米，这在一定程度上增强了陌生人之间的信任感，距离并不只是隔着网络的定位，而是可精确到米的数字。

（二）陌陌的成功生存技巧

从陌陌的特点及功能来看，可大致总结出作为一款主打"陌生人交友"的软件的生存技巧为以下几类：

---

① 吴雨燕. 陌陌"窄生存". 中国经济和信息化，2013（18）：64~66.

1. 差异化定位

陌陌的成功在于，它避免了与其他社交工具的正面交锋，确立了差异化定位：陌生人交际。

2. 陌陌最具特色的 LBS 特征

数据精确到米，增强了陌生人之间的信任感。通过陌陌可以提供真实的位置信息，解决了以往社交软件过于虚幻、缺乏真实的线下互动的问题。

3. 符合定位的用户体验细节

陌陌的用户展示页，可以与微博、豆瓣、人人等社交工具进行绑定，你可以从陌陌里看到陌生人，然后通过他绑定的社交工具来了解他的生活，这对于陌生人交友来说是一个不错的展示。

二、2013——危机中的博弈

（一）内外皆忧的危机

1. 外有同类软件竞争

学者及轶嵘在《纠结的陌陌》一文中这样写道：很多 2011 年出现的移动社交应用都消失了，当年 8 月上线的"陌陌"还活着，但是有点沉默。[①] 的确，陌陌在推出的第一年势头强劲，时至 2013 年，大批同类型社交工具随着时间的过滤或被淘汰或趋于小众化，在经历了一番物竞天择后，与陌陌一起留下的，也就是日后常常与陌陌相较而论的微信。微信对用户市场的抢占给陌陌造成了外部危机，令陌陌一时间变得"沉默"。

在微信带来的外部危机——对用户市场进行鲸吞蚕食的同时，曾经令陌陌在推出后短时间内势如破竹的"约炮神器"的特性，也令陌陌的陌生人交友之路越走越窄，整体的发展战略和陌陌本身的内部功能亟待调整。

众所周知，陌陌建立初期与微信的一些功能理念十分相似，一开始的陌陌凭借其专业性似乎占据着绝对优势。而综合了陌陌和 TalkBox 两大功能的微信一开始似乎并不被看好。可两年下来，微信基于腾讯庞大的客户群体很快进入主流社交圈，而陌陌却似乎逐渐被遗忘在角落里。一时间，陌陌被微信打死、昔日荣光不在等质疑风起云涌，微信的成功使得陌陌无法再与之抗衡。但唐岩似乎并不这样认为，在他看来，陌陌从成立到今

---

① 及轶嵘. 纠结的陌陌. 创业邦，2013（6）：20.

天，它和微信之间的竞争关系是非常淡的。"微信跟我们没有什么关系，我们做的就不是一个事情，他们的发展究竟如何对我们几乎没有任何影响。"陌陌从一开始就跟微信走的不是同一条路。陌陌的初衷就是做一个通过地理位置认识新朋友的平台。按照这样的说法去重新思考，拿微信和陌陌进行对比的人似乎一直都忽略了一个现实：使用陌陌的用户几乎百分之百都同时是微信的用户。同一款语音产品的并存性非常低，除非有很特殊的原因，否则用户不太可能同时用微信和易信。但陌陌的用户，自始至终都是在用微信的。陌陌和微信的整体冲突性不强。如果硬要比较的话，客户数据，或者某些功能，尤其从属性来看，似乎有一定的类似性。但对深度用户而言，两款产品还是很不一样的，社交关系也不同。至于把陌陌发展成为和微信类似的社交工具，唐岩更是没有兴趣："微信做得足够好了，去竞争和超越的意义不大，市场不支持，我也不想做。"单纯从这一点不难看出，唐岩对陌陌的定位十分明确。如果把陌陌完全当作通信工具来用，似乎就很难去区分二者的差别。就好比易信和微信，这二者分别应该在什么样的社交关系下使用很难定义。但若把陌陌与这二者对比，可比性就相对非常微弱。①

如果说微信在"聊天"方面已经攻城略地、占山为王的话，陌陌则更专注于与陌生人的认识，也就是交友。而交友除了聊天之外还包括其他很多方面，如朋友的动态、朋友的兴趣、共同的话题。所以陌陌在日后的功能转型上，着意于差异化，在动态、话题界面方面下功夫。

2. 本身特质反成发展桎梏

陌陌本身就有着一个为人诟病的名号——"约炮神器"，这个名字随着演员 Mike 隋的一个微视频被越来越多的人所熟知。从一定程度上来看，许多用户也确实是冲着这个名号来的，从而吸引了一定基数的用户。然而如果想要继续发展，这一名号却成了制约其发展的瓶颈。加上在 2013 年，以"陌陌"为主题的微电影连续推出了三部——《莫陌》系列，影片内容更是将"约炮"的特性强化，如果说这个特点在陌陌推出最初可为其招揽人气，那么也必然会成为其接下来发展的桎梏。

在这种环境下，陌陌的生存之路看似越来越窄，很多人都说陌陌就其定位（陌生人交友）来看就决定了其生命周期的短暂，其实不然，回想一下 Facebook 和 QQ 的兴起，都是通过陌生人交友起步的，熟人关系网是后期发展的必经阶段而非起步定位的必要之举。所以，陌不陌生不重要，重

---

① 吴雨燕. 陌陌"窄生存". 中国经济和信息化，2013（18）：64～66.

要的是怎样求新和怎样立异。陌生人既可以看作是不了解、不熟悉的对象，也可以解释为新鲜的、有深入了解空间的对象，如何抓住陌生人交友这一关键，将直接影响陌陌接下来的转型。

（二）陌陌的转型：2013 陌陌大事记

我们首先来看看，在至关重要的这一年，陌陌都做了哪些改变与突破。

2013 年 1 月 17 日，陌陌 3.0 版本发布。该版本新增了地点留言功能，整个产品开始从陌生人交友向 LBS 社区转型。新增的地点留言功能，旨在让好友之间能够产生更多内容和互动，但仍然基于自己的地理位置。你可以在附近的某些地点如咖啡厅、餐馆等地进行签到、留言和收藏操作，并且随时分享自己的动态。[①]

2013 年 3 月 12 日，陌陌用户数突破 3 000 万人。

2013 年 4 月 24 日，在 2012—2013 中国移动互联网应用评选活动上，2013iResearch Awards 金瑞奖揭晓，陌陌获得中国移动互联网应用年度最具创新力大奖。

2013 年 4 月 15 日，陌陌 3.4 版本上线。升级后的版本新增多人对话、附近群组搜索及微博好友推荐功能，安卓版本及 iOS 版本已同步上线。通过"多人对话"功能，用户可快速进行多人聊天模式，与已双向关注的好友进入互动，并能显示实时的动态地理位置。"群组搜索"让用户通过对关键词的搜索，能够便捷地搜索到附近的相关群组。新版本中还新增微博好友推荐功能，用户可以绑定微博，由系统推荐开通陌陌的微博好友，好友验证通过即可进行对话。在微博越来越轻社交化而重媒体化的当下，陌陌与微博的好友关系打通，完满地满足了用户对于沟通与信息获取的双重平衡。[②]

2013 年 4 月 29 日，陌陌推出首支平面广告"我是陌陌分之一"，分别由被《Time》评选为亚洲涂鸦第一人的 MC 仁、原创女性说唱歌手呆宝静、独立摄影师编号 223、公益创业家安猪、刺青师大飞、锤子科技设计师 Nod Young 拍摄。这些个性迥异的代言人通过独白的方式，展示着各自张扬的个性、真实的自我，将"我是陌陌分之一"的品牌理念直观地传递给用户，引起用户的情感共鸣。[③]

---

① 陌陌 3.0，http：//www.36kr.com/p/200522.html.

② 陌陌 3.4，http：//www.36kr.com/p/202583.html？vt = related.

③ GALA 乐队加入"陌陌分之一".广告门，http：//www.adquan.com/post – 1 – 26016.html.

我热爱街头艺术，
奉行坚持的态度。
我是社会观察员，
我是宁死不屈MC仁。

"我是陌陌分之一"平面广告之 MC 仁

2013 年 5 月 15 日，陌陌推出首款视频宣传片"我是陌陌分之一"。视频收录了五位真实且个性的人物故事，分别由 MC 仁、呆宝静、独立摄影师编号 223、安猪、大飞讲述他们的陌陌故事。宣传视频的推出也开启了全新品牌塑造之旅，这支广告，由五个个性迥异的角色，通过独白式的表达，试图给追逐个性的陌陌用户展示"和而不同"的理念，突出"我是陌陌分之一"的个性标签。该系列广告挖掘陌陌真实用户的内心世界，采用了人物内心独白的创作手法，在情感上引起用户的共鸣，做最真实的自己。

2013 年 6 月 1 日—6 月 2 日，陌陌走进西安草莓音乐节；2013 年 6 月 10 日—6 月 11 日，陌陌走进武汉草莓音乐节。线上开展"我是陌陌分之一，晒附近群组"的活动，线下通过"搭讪广场"，借助陌陌移动应用开展互动活动，搭建了陌陌用户与大众沟通的平台。

2013 年 6 月 27 日，陌陌 4.0 版本上线。新增表情商店和陌陌会员功能，表情商店推出了 18 套由国内外知名设计师专为陌陌用户定制的表情，包括获得国内独家授权的经典动漫人物"樱桃小丸子"以及由众多国内知名动漫作者设计的陌陌专属卡通动漫表情。陌陌从本版本开始推出会员增值服务，成为会员可享受的贴心服务达 12 项。如基础会员服务中的聊天信息同步可以让你在不同手机或者更换手机后同步查看聊天记录；提升服务中的关注上限服务则可以关注更多好友；可以设置 16 张头像更全面地展示自己；同时开通陌陌会员服务后还可以在表情商店中免费使用两套会员专属表情。此外新版本还将与腾讯微博打通，以及进行 12 项产品性能优化，使用用户之间的沟通、分享变得更加便捷。①

2013 年 7 月 8 日，陌陌用户数突破 5 000 万人，群组数突破 70 万组。

2013 年 9 月 17 日，陌陌发布 Windows Phone 8 版。

2013 年 10 月 22 日，陌陌发布 4.4 版本。该版本打破地理位置社交的限制，新增基于兴趣关键词的主题交流区"陌陌吧"和"地点漫游"功能。用户可以通过兴趣关键词申请创建陌陌吧。目前试用版上可以看到陌陌吧的类别主要包括游戏、体育、娱乐、时尚、生活、人物、情感、其他、陌陌专区等 9 类。陌陌此次加入兴趣社交因素，跳出了"陌生人点对点交友"的场景局限，是继推出群组功能后为其社区化转型做的又一次尝试。而 4.4 版本中的地点漫游则让穿越成为可能。哆啦 A 梦里面的抽屉时光机能送人到任意地方，而陌陌新版本中的另一主打功能"地点漫游"或许真能在移动社交方面让你梦想成真。用户进入"发现"页面的"地点漫游"，点住按钮，即可将自己的位置随机到其他地方，查看附近用户。"地点漫游"功能让用户不再局限于仅与周围的陌生人交友，使用户的社交圈得到拓展。②

2013 年 11 月 7 号，陌陌推出首款陌陌游戏《陌陌泡泡兔》。

2013 年 11 月 13 日，陌陌科技 CEO 唐岩在其微博上宣布，经过两年三个月，陌陌注册用户数已突破 8 000 万人，其中日活跃用户数达 1 300 万人，月活用户达 3 500 万人，日均消息 5 亿条；140 万个群组，日均群消息 1.5 亿次，每天留言 800 万条；新上线陌陌吧日均贴数 100 万条；首款联运游戏一周下载量达 200 万次。

三、分析与评价

不论是获得最具创新力奖还是与其他平台联手（草莓音乐节），抑或是推出陌陌专属的平面广告与视频，都能看出陌陌给自己贴上的"小清新"标签。年轻化、分类化是陌陌在 2013 年发展的新方向，而每次改版升级后，用户数的增加也表明，受众对此是"买账"的，受众喜欢，那么这些改变就是成功的。

（一）细化定位——分类搜索标与公共平台

陌陌作为一款交友软件，首先注重的应该是搜索功能，即怎样才能找

① 伏昕."爆红后"系列报道之陌陌织网. 中国企业家，2013（15）：98 ~ 102.
② 陌陌 4.4 iOS 刷机版发布. 新华日报，2013 – 10 – 10.

到你想找到的好友。陌陌主打的搜索功能是基于 LBS 的搜索，较其竞争对手微信，摇一摇、漂流瓶和扫一扫基本上成为主导搜索方式。可以发现，之前陌陌和微信都未在分类搜索上下功夫。但要想建立起用户之间长期的关系，必然要考虑用户与用户的相同点，而分类搜索就是一个个相异的"共同标签"的集合。在刚上陌陌的时候很多人会发现很难找到好友，特别是男性用户。如果在分类搜索里面输入"兴趣"（足球、音乐、电影等），院校、公司、年龄及有过相关团购经历或其他的资料关键字，系统将会对用户定义对象进行有效甄别，在相关爱好、经历等相同点的基础上用户才有更多的话题和机会进行深入交流，以培养长期稳定的联络关系。在此基础上还可以开发"好友推荐"功能（类似人人和微博），这个功能除了基于相同的关键字标签，还有共同好友的拥有。这就可以在一定程度上解决很多人上陌陌找不到人也没人找自己的问题，一方面用户可以根据个人情况进行分类搜索，另一方面系统也会根据用户的特点进行推荐。①

　　陌陌的运营团队自己可能也意识到要通过强化微关系来稳定目标用户，于是群组功能应运而生。就自身体验而言，用户在使用陌陌群组的过程中遇到了两个问题，一是自建小组没人加入；二是相同群组的用户相对固定，一般很难做到用户扩张，相反还会出现用户退出的现象。这是正常现象，但要吸纳用户并建立长期关系，公共主页似乎必不可少。以人人网为例，基本为在校大学生，一旦学生毕业将会流失一大部分使用群体，虽然每年都会有新生弥补空缺，但如果留住这部分用户无疑会创造更多的潜在收益。人人公共主页与人人小站的出现在很大程度上留下了这部分人。但微交友平台的公共主页，微信已经抢得先机，陌陌究竟应该如何做呢？求同存异。同，就是做公众人物或群体的陌陌平台，这么大的群体，肯定有微信没有覆盖到的，就找他们的覆盖盲点。异，草根化代表吸纳。目前就媒体的蓬勃发展而言微博是最好的代表，微博上有数量不少的草根公众，他们的粉丝基数对于陌陌的用户增加是一个很大的提升。

　　当代网络社交的核心，特别是微移动媒体的核心是线下关系，即如何通过微信息平台来还原现实社会，建立线下关系。这为微移动媒体的发展提供了很好的思路。近几年，"同城"和"团购"的概念被提到很多，陌陌也在这个区域看到了空白。以"同城"为例，用户可以通过陌陌发布同城书友会或观影活动，以此在共同爱好的基础上加深了解并深入发展，最终成为稳定用户，而陌陌则成为稳定交流的平台。以"团购"为例，用户

---

① 温宇. 陌陌、来往、云信、易信…… 移动 IM 差异化营销开打. 成功营销, 2014（1）: 21.

可以对商户的团购进行点评，另一方面也可以发起共同团购，陌陌一方面也可以同相关商户达成合作，凡是通过陌陌的方式参与团购的可享受一定的优惠。在此基础上做到平台推荐（后期可实现部分利润）与用户推荐并举，使线上与线下有机地结合在一起。①

（二）开启商业化——从表情商店到会员服务再到陌陌游戏

陌陌的商业化道路始于表情商店的开通，当时唐岩在回应为什么会开启这一功能时，笑答："穷得靠卖表情挣钱。"也就是说卖表情可以盈利，而通过网络付费等方式，陌陌在社交工具之余，相辅相成地踏上商业化的道路。在表情商店之后的会员服务、陌陌游戏都体现了这一点。

1. 从会员服务开始商业化试水

现在主流移动社交应用的商业模式都包括了游戏和表情，但陌陌在广告之外，最先试水的却是会员增值服务。

2013 年夏天，陌陌发布 4.0 版本的时候正式推出会员功能，付费成为会员后，用户可以获得诸如上传更多图片、对特定好友隐身等功能。几天后，陌陌宣布用户量突破 5 000 万人。

会员服务在传统互联网时代已经有过成功例子，比如腾讯的 QQ，但是在移动互联网时代并没有人做过，陌陌想做第一个吃螃蟹的人。原本负责运营如今专项负责商业化的高管王力在一次采访中表示："一个被验证可行的商业模式，怎么样跟移动互联网结合，和我们的产品做二次匹配，这是我们想的比较多的事情。"

在推出会员服务之后，陌陌也一直在增加新的会员独享功能。这一方面有利于老会员的续费，另外也能吸引更多普通用户为某些功能付费而成为会员。

陌陌的最大特点是地理位置，而在会员服务中陌陌有一项漫游服务，即用户可以将自己定位到任意地方，来查看身边的人。但其实在创业初期，陌陌内部就讨论过很多天马行空的想法，地点漫游也是其中之一。

不过直到两年多以后，2013 年地点漫游功能才正式推出，并且仅对会员开放。王力表示，一开始没有做这个功能是因为用户量少，漫游到一些地方并不能找到身边的人，而且如果和用户打招呼的都不是真正身边的人，容易破坏陌陌地理位置社交的生态。

2. 商业化第二步——专属游戏

截至 2013 年 11 月，陌陌已然拥有了 8 000 万用户。此前，陌陌已经

---

① 思考："陌陌"的产品定位及未来发展. 虎嗅网，2013 – 01 – 08.

推出了一款射击消除类游戏《陌陌泡泡兔》，第一个月就获得了 400 万用户，并在推出不久后就登上了苹果 App Store 免费榜第一的位置。第二款游戏《劲舞团》在时隔一个月后推出，这款从 2013 年夏天就开始测试的游戏正式发布，对于曾经的电脑端劲舞团老玩家而言，《陌陌劲舞团》在画面上带来的巨大亲切感毋庸置疑。在 2013 年年底对新游戏《陌陌争霸》进行了多次测验后，于 2014 年 1 月 9 号推出。

游戏已经是移动互联网中最赚钱的业务，推出游戏也被外界认为是陌陌商业化的重要一步。

不过游戏并不是陌陌商业化的全部。在游戏之外，陌陌还有会员增值服务、表情收费和少量商业广告，而会员增值服务是陌陌除游戏之外的主要收入。在推出游戏之前，陌陌也长期保持在 App Store 畅销榜前 50 位之内。

陌陌 COO（首席运营官）王力在接受腾讯科技专访时表示："移动互联网本身没有太多可以借鉴的成熟商业模式，所以在 2013 年夏天开始了商业化试水。"王力过去主要负责陌陌的运营，但现在他的主要工作就是陌陌的商业化。"我们差不多用两年的时候达到 5 000 万注册用户的目标，产品结构也相对清晰了。所以我们 2013 年把几个点都踩一下，看看能不能走通，别到时候发现这个走不通，再调头就很难了。不过现在看来我们做得还不错，"王力说。他还表示，2014 年上半年陌陌不会再想新的点，而会更多优化现有的商业模式。陌陌已经实现月度盈利，王力表示陌陌近期没有融资计划，接下来希望在市场上有一些大动作，做一些品牌宣传。近期陌陌推出的"陌陌分之一"地铁广告就是其中之一。[①]

3. IM + LBS 的另辟蹊径——用户粘性再开发

早在 3.0 版本，陌陌就曾打出过"IM + LBS = 陌陌"的口号，在基于 LBS 搜索之前，陌陌已然是一个 IM 产品。

回归到 IM 产品的本质上来，产品本身的审美取向是最不重要的，所以界面设计之类的都是锦上添花。对于 IM 产品来说，关系网第一，全平台覆盖第二，这两点做到了再难用也没人会离开。QQ 和微信在这两个最重要的点上做得很好，作为 IM 产品，留给陌陌通过功能上位的空间几乎没有了。

但如果是"个性社交"呢？在前文中提到过的"细化定位"、寻找共同话题都属于个性社交。因为有着同样的爱好或者话题而产生的群组。比

---

① 朱旭冬. 陌陌的商业化路径：从会员服务到游戏. 腾讯网，2013 – 12 – 12.

如在陌陌群组聊天里直接搜索并贴出，豆瓣电影影评、书评、乐评、万达电影场次、爱卡汽车数据、知乎热门问答等都会吸引产生共鸣的用户。深耕功能性群组，针对群组性质提供特别接入的功能，如大学社团群、班级工作群、白领午饭群、ACG（动画、漫画、游戏）新番群、小区业主群、广场舞群、APP分享群、婚礼筹备组、周末踏青组等。于是，陌陌用户在需要添加好友时有两种场景，第一种是发现该好友时除了查看其个人动态以外还可以查看其发帖跟帖记录，从而更加细腻地判断一个人是否值得交往，第二种是在贴吧发帖跟帖时发现有趣的人，与志同道合的人来进行关注。这两种场景给了用户两种新的"有趣"驱动力。①

陌陌创始人唐岩在《陌陌，唐岩不满意》（2012年）一文中写道：做一款与腾讯核心产品高度重合的东西不容易，比如悲情的米聊。2011年那一批社交应用，不少已经消失，陌陌还在默默地活着。虽然在2012年初陌陌的累计用户不到2 000万，微信已有2亿多用户，但活着就是胜利。②

正是基于这种想法，才会有在2013年的屡次改版。在这些改版中，在"有趣"这个关键点上做了很大的改动。陌陌与微信的不同点在于微信是强关系，用户的兴趣点永远是基于强关系的朋友圈，所以黏性极强。但是陌陌这样的弱关系，又该如何在用户对"附近的人"这一功能厌倦后寻找到全新的驱动力？这是陌陌最大的困难。"漫游"和"贴吧"无疑是针对已有厌倦现象的设计。漫游的设计机制依然只是遵循了老路，将范围扩大而已。但贴吧则有对自身重塑的感觉，贴吧无疑是留住用户的最好选择，附近的人永远有限，对一个人的兴趣时间久了就会厌倦，但是贴吧所能制造的话题却没有上限。不停地制造话题，这也是BBS类产品能够长盛不衰的原因之一。

张小龙说过产品设计的第一理念就是"有趣"，而陌陌的改版也同样遵循着"有趣"这一原则，漫游是一种将之前的"有趣"进行地理上的由近到远的扩大，而陌陌吧的"有趣"则是对以兴趣为社交行为的挖掘，对人性需求的再次扩大。虽然改变面临着诸多问题，但相信陌陌会一步一个脚印地走下去，为移动互联网时代的社交网络创造更多可能性。

（撰稿：陈　诗）

---

① 佚名. 陌陌：一个特色交友神器的现状与未来. 三联网，2013－06－08.
② 唐岩，和阳. 陌陌：唐岩不满意. 创业家，2012（12）：67.

第三部分　年度音频

2013 年广播经营概述：
固本开源　方式创新　融合发展

【摘　要】2013 年中国广播在经营上坚持内涵式发展战略，继续打造品牌战略，跟进差异化和技术领先战略，同时不断加速与新媒体的融合，加快技术创新，从而开辟了一条"固本开源"的创新型发展道路。

【关键词】广播经营；战略；新媒体

经营，本谓经度营造，语出《诗·大雅·灵台》"经始灵台，经之营之"，引申为筹划营谋，乃至专指经管办理经济事业。今天，经营活动的顺利进行，已经发展为从生产领域到流通领域两者统一、科学结合的一个完整体系。管理活动随着人群组织的出现早就产生了，本意是指通过别人或与别人一起使活动得以顺利完成的过程。经营表现在广播发展方面，自改革开放以来主要经历了以下的几个发展阶段：

（1）1978 年至 1984 年为广播经营的起步阶段；

（2）1984 年至 1992 年为广播经营多向求索阶段；

（3）1992 年至 2002 年为广播经营推进阶段；

（4）2002 年至今为广播经营深化发展阶段。[①]

笔者认为，2013 年，在新媒体尤其是移动新媒体不断深入发展的形势下，中国广播媒体在经营上一方面依靠着以往的宝贵经验，注重推进内涵式发展战略，打造"影响力经济"；另一方面变革理念、技术创新，继续积极适应新媒体，开辟了一条"固本开源"的创新型发展道路。

一、品牌战略为先——打造"影响力经济"

新技术和新理念的更新不断推动着新媒体的发展，传统的媒体格局进一步被打破，媒体之间竞争也越来越激烈。信息爆炸时代，人们获取信息

---

① 凌昊莹. 广播经营战略研究. 北京：中国传媒大学出版社，2009.8.

的渠道越来越多，获取内容也呈现碎片化趋势，传统的信息接收方式已经不能满足受众不断提高的信息获取需求。广播作为传统媒体，近几年因"车轮子"稳步发展，但也呈现逐步放缓之势。面对重重冲击和挑战，2013年中国广播从自身入手，以品牌战略为先，辅以差异化创新和技术领先战略，不断稳固内涵式发展战略，争取在媒介市场竞争中占有一席之地。

所谓品牌，是指一种商品（产品或服务）区别于其他同类商品（产品或服务）的名称、标志及其组合，具有简洁性、差异性和稳定性的特质。品牌象征着某种精神文化，代表着一定的法律效应和价值增值。[①] 现在企业经营的核心理念就是品牌战略，当然，广播也不能例外。广播媒体的品牌是广播频率、栏目与节目名称内容、宣传语、台标、台歌、主持人风格等多种因素的组合，这是一种多层次的理解，首先是受众对广播媒体的认知、感受和认同，同时又是广播媒体对受众的影响力及对受众的承诺；既是广播媒体的策划水平、编采水平、制作水平、管理水平的综合体现，也是广播媒体的资源、能力和内在价值的综合反映。

广播品牌战略是指广播媒介为了提高自身的竞争力而进行的，围绕广播频率以及广播节目展开的品牌打造活动。通过品牌的建树，提高广播知名度；通过经营品牌，开拓广播的市场，增大广播的市场份额，提高广播的市场占有率；通过品牌战略，提高广播的竞争力，提高传播力和经济效益，它是广播媒介为了生存和发展围绕品牌而进行的全局性的战略规划，是广播整体发展战略的重要内容。

2013年中国广播在品牌建设上主要有以下几个突出的特点：

1. 品牌核心理念的构建成为品牌战略的着力点

近几年，品牌战略一直是中国广播努力的方向，2013年几大广电集团构建核心理念，突破品牌重围，成效颇丰。其中，江苏广电集团在品牌核心理念的构建上一直走在省级广电媒体的前列。2005年他们就提出"以人为本，与您同在"的品牌核心理念；2009年启动品牌升级战略，将"幸福"确立为品牌核心理念，将引领"幸福"作为自己的价值主张，传递给受众积极、阳光、向上的精神体验和情感体验。通过这一品牌升级战略，江苏广电在省级广电媒体中率先实现了价值定位，品牌辨识度更加鲜明，品牌传播力和影响力进一步增强。2013年江苏广电总台进一步以"情感世界、幸福中国"为品牌定位，以"幸福文化"为价值引领，经过十年跨越

---

① 凌昊莹. 广播经营战略研究. 北京：中国传媒大学出版社，2009. 30.

发展，已经成长为综合实力最强、品牌影响最大的省级广电媒体之一。江苏广电集团 2010 年品牌价值为 73.38 亿元，2011 年为 95.75 亿元，2012 年为 120.68 亿元，2013 年为 156.18 亿元，不出意外仍然会呈上升趋势。江苏省广电整体品牌升值的同时还扩大了江苏广播子品牌的影响力，带动了江苏广播的发展。同时，广播节目的红火也进一步促进了整个江苏广电母品牌影响力，两者相辅相成。

图1　江苏广播电视集团首页总台概况

2. 品牌栏目定位独树一帜

一个品牌在形成过程中，环境在变，受众的价值取向也在变，因此，栏目如要保持长久的生命力，创新是栏目品牌历久弥新的重要保证。2013 年，中国广播创新理念，在栏目定位上下功夫，催生了一些独树一帜的品牌栏目。比如，广西人民广播电台"970 女主播电台"以"听听资讯听听歌"作为频率推广口号，以 25～45 岁城市移动人群作为目标听众，打造了一个充满时尚、温暖的频率。首创"广资讯、浅收听"模式，以短、频、快资讯为节目风格，匹配移动人群收听规律。"做广告于无痕、有效更有情"的理念，提升了广播品牌美誉度，最大限度地聚拢听众和广告商，进而抢占市场。作为首家不以内容定位命名而主打"品牌标识"概念的电台，广西女主播电台通过"推广口号"实现关联记忆及销售，其艺人化的主持人管理，开创了广西女主播电台独特定位的发展战略。① 浙江电台提出"名牌铸造栏目"的理念。

浙江广播电台在2013年度主张"名牌铸造栏目"，独创广播情景喜剧——阿亮、蟒哥烦恼生活系列，剧中人物性格鲜明，阿亮、蟒子、阿奎、华健、耀扬……生活有时很烦恼，但是《烦恼生活》却用幽默、搞笑、无厘头的方式让听众开心一笑，抓住私家车主"追求快乐的耳朵"。

图2　浙江广播电台《阿亮的烦恼生活》

3. 活动营销常态化、规模化

活动能帮助广播电台在目标群体中树立良好的形象，提高其在目标听众中的品牌美誉度，同时还能拉近与目标听众的距离。以湖南电台893汽车音乐电台为例，该频率在2013年隆重推出了"十万油卡快乐颂，全城闪耀亮大灯，加满一箱油，快乐一整年"等系列活动，即在上班日指定时间、指定路口听893的统一指令，闪车灯示意，就可能获得合作企业送出的一箱汽油。与此同时，893还在市区多个地点每天的11点到17点之间派送快乐车贴。这一系列的活动不仅增加了本地区驾车听众对893汽车音乐电台的好感度，而且加强了该频率与驾车听众群体之间的联系。据赛立信媒介研究的调查数据显示，893汽车音乐电台1月份的市场占有率为11.8%，活动结束后市场占有率已经上升至12.7%。

除了一般性的公关活动，公益活动也成了一些电台打造品牌的举措。

---

① 郑永涛. 浅析广西电台的广播品牌创意. 视听，2013（5）：11.

通过举行爱心公益活动，提升电台的社会公信力，树立有责任感、有影响力的媒体形象。"音乐种子春蕾助学行动"是江苏音乐广播（FM89.7、FM97.5）与江苏省儿童少年福利基金会自 2012 年起联手打造的慈善公益活动，目标是帮助江苏境内因特殊情况导致学习、生活遇到困难的小学生顺利完成学业，2013 年的主题是"让孩子帮助孩子"。活动采用"1 对 1"资助方式，将资助者和被资助对象彼此锁定，以 1 200 元作为一名儿童三年的生活补贴，为爱心人士与贫困儿童架起一座桥梁。"2013 音乐种子春蕾助学行动"从 10 月到 12 月为期 3 个月，包含真情探访、爱心路演等系列活动。

图 3　江苏音乐广播 FM89.7 助学行动

安徽电台和浦发银行在 2013 年 7 月至 12 月合作开展了以"弘扬社会正气、传播文明新风、激发奋进力量、圆梦美好安徽"为主题的安徽省首届广播公益广告大赛，在广告和公益中找到了均衡的处理方式。2013 年年底，各个广播电台，例如佛

图 4　佛山电台 2013 跨年玩唱会

山电台、天津音乐广播等电台都举办跨年活动，在线下与听众充分互动，反响比较热烈。

二、辅以差异化创新和技术领先战略

1. 差异化创新战略——凸现广播优势

在经营战略中，差异化与创新是极其重要的策略。如果一个企业能够提供给顾客某种具有独特性的东西，那么它就具有区别于其竞争对手的经营差异化。① 诚如中央人民广播电台广告经营中心主任周伟所言："广播的特点有低成本制作、快速发播、纯音频媒体、投放成本低等特点，这些特点带来的是伴随性、移动性、多版本、可植入。只要把这几个特点发挥出来，广播就能成为所有媒体当中竞争力最强的媒体，成为能够战胜新媒体的媒体。"对于广播来说，差异化能够建立受众的忠诚度，随着受众对广播内容和服务的认识和依赖，差异化战略就可以为广播在与其他媒介竞争中形成一个隔离带，避免对手的直接冲击。创新就是产生差异化的一种方式，创新也是一些企业的发展基石。广播媒介的核心优势就是伴随性和声音感染力，为此，2013年各地电台纷纷通过改版以强化广播的核心优势，通过创新带来差异化效果。3月6日，南通新闻广播改版，在原有主体新闻节目《直播南通》《新闻今日谈》《政风行风热线》等基础上推出大版块早新闻《新闻天下》《970新闻动车》，广播新闻的快捷与互动优势得到进一步加强。随着新媒体的发展，广播更是能很好地借力新媒体将这两个特点发挥到极致。2013年新的技术手段进一步涌现，从而也引发了大数据浪潮。对于广播来说，2013年新的营销重点就是通过数据挖掘实现精准营销，利用数据来推进广播的经营转型，配合现有市场为客户提供解决方案，把客户需求放在首位，随着核心市场走向发展。

此外，应急性也是广播区别于其他传统媒体的最大特点。在遇到应急事件时，广播能发挥的效应远远大于其他传统媒体，应急营销也就应运而生。广播具有传播迅速、覆盖广泛、接收便利、不受电力制约等特点，利用广播传播应急信息是世界各国的普遍做法。应急广播是指当发生重大自然灾害、突发事件、公共卫生与社会安全等突发公共危机时，造成或者可能造成重大人员伤亡、财产损失、生态环境破坏与严重社会危害，危及公共安全时，应急广播可提供一种迅速快捷的讯息传输通道，在第一时间把

---

① ［美］迈克尔·波特. 竞争优势. 陈小悦译. 北京：华夏出版社，2005. 119.

灾害消息或灾害可能造成的危害传递到民众手中，让人民群众在第一时间知道发生了什么事情，应该怎么撤离、避险，将生命财产损失降到最低。①在我国 2008 年雨雪冰冻灾害、汶川地震，2010 年玉树地震、舟曲泥石流灾害中，广播发挥了不可替代的作用。2013 年 4 月 20 日芦山地震，中央人民广播电台联合四川电台、雅安电台、芦山电台紧急启动"国家应急广播·芦山抗震救灾应急电台"在芦山、宝兴两地面向当地受灾群众广播，历时 32 天，向灾区定向播发灾害预警、传递救援信息、普及防疫知识、进行心理疏导，对畅通和加快救灾物资有效发放和利用、消除志愿者救灾盲目性、排解群众心理压力、消除误解、阻击谣言、维护社会稳定起到了重要作用。2013 年 12 月 3 日国家应急广播中心的建立给广播营销提供了广阔的空间。

图 5 国家新闻出版广电总局局长蔡赴朝、中央人民广播电台台长王求为国家应急广播中心揭牌

国家应急广播在芦山地震救援中的表现触动了各级地方政府。2013年，各地电台纷纷加快了应急广播建设的步伐。不同地区根据自身需要设立了不同类型的应急广播。

2013 年 3 月，湖南交通频率被省政府授予"湖南省应急广播"称号并正式纳入省政府应急管理体系，成为湖南首家获得这一称号的媒体；12

---

① 百度百科，http://baike.baidu.com/view/4133155.htm? fr = aladdin。

月，湖北省政府指定楚天交通广播（FM92.7）为湖北省应急广播。至此，我国已有安徽、天津、湖南、湖北四个省份开通了省级政府应急广播。与省级应急广播多由交通频率承担不同，市级应急广播体系建设则具备更强的针对性。2013 年 8 月，辽宁抚顺遭遇洪灾，抚顺广播电视台以"抚顺广播电视台应急广播"为呼号，向遭受洪灾的清原县等地定向广播。该频率也由此成为国内首家为暴雨洪水灾害设立的应急广播。同样在 8 月，湖南凤凰古城在全国首先引入"消防应急广播系统"。该频率日常播出消防安全知识、古城旅游宣传等节目；一旦发生火灾事故，即转为消防应急广播系统，为火灾现场人员疏散、消防救援、灭火力量调度提供通信保障。2013 年 12 月 3 日中央人民广播电台国家应急广播中心揭牌，国家应急广播社区网站（cneb. cnr. cn）也同时上线，这标志着我国国家应急广播体系进入全面建设阶段，2015 年年底前将实现我国各类灾害预警通过国家应急广播体系实时发布。

2. 技术领先战略——保持竞争优势

技术是广播系统的支持系统，在企业经营战略里，技术领先也是一种非常重要的竞争战略。战略大师波特在《竞争优势》中提到："在所有能够改变竞争规则的因素中，技术革新属于最显著的一种因素。技术革新就其本身而言并不重要，但是如果技术革新影响了竞争优势和产业结构，它就举足轻重了。"2013 年，经过充分分析论证、强强合作，带有鲜明特色的新媒体——"安徽电梯音频广播网"正式上线，在众多优势特点中，"安徽电梯音频广播网"高度的有效到达率尤其引人注目：首先，电梯音频广播传播空间封闭，接近零干扰率，且循环播放，造就了显著有效的到达率保证。其次，受众人群吻合性强。针对性的布点使受众集中于 25～45 岁的都市白领，他们具有高素质、高收入、高消费的特性，确保了信息传达到这批有着深厚消费潜力的群体。再次，播报内容丰富。循环插播便民信息、生活趣闻、娱乐小品等受众乐于接受的内容，受众好感度高。目前"安徽电梯音频广播网"已经覆盖合肥市内入驻率不低于 70% 的高档商务及公寓楼内的近 1 000 部电梯，保证了每天 20 万人次以上的覆盖人群。

三、变革理念，技术创新，积极融合新媒体

2013 年，新媒体进一步发展，中国互联网络信息中心报告推算显示，截至 2013 年 9 月底，中国网民数量达到 6.08 亿人，互联网普及率为 45.4%。2013 年广播继续倡导"以广播为体，新媒体为用"的理念，积极

融合新媒体，开拓创新。

1. 台网互动进一步深化，电子商务成为营销契机

2013 年，广播台网互动呈现出新的趋势，主要表现为"广告 + 搜索引擎"的互动营销模式的出现。在互联网快速发展的今天，受众接受信息的特点是海量、快速，但这也正是其缺陷之一，海量的信息往往给人的感觉是互联网很活跃，但在互联网上真正活跃的只有其中百分之一的信息，其他信息都石沉大海，无人点击。这样信息就会缺乏权威性和可信性，这时"广播 + 搜索引擎"的营销模式就顺应而生。

广播和其他媒介相比，制作时间和成本较低，播放时间灵活，可以根据不同的受众需求变化成多种版本，适应了当今受众接受信息碎片化的需求以及广告客户，尤其是电子商务广告客户的精准营销需求。美国互联网流量跟踪分析与市场调研公司 comScore 发布的最新报告显示，中国大陆地区平均每人每月在零售网站上消耗近 150 分钟，高出全球平均值 187%，为亚太地区最高。中国工业和信息化部最新数据表明，中国电子商务市场交易规模已达 7.5 万亿元人民币，信息消费日益成为经济新增长点。另外，数据显示，电子商务类应用在手机端应用发展迅速，领域内各应用的使用率相较其他类应用涨幅更大，其中手机在线支付使用率的涨幅最大，相比2012 年底增长了 3.9%，手机在线支付网民规模增长了 43.0%。[①] 此外，手机购物、手机团购和手机网上银行的使用率相比 2012 年年底分别增长了3.3%、2.1% 和 2.7%。周伟还说："广播与搜索引擎联合对客户提案，将客户的广告预算进行拆分，70% 的预算用于中国之声，30% 的预算用于网络搜索置顶，这种模式就对单纯的互联网广告起到补充、强化的作用，起到良好的推进效果。在广播中展示产品的关键词可以多变，一天 8 个版本、8 个 5 秒钟，在 8 个 5 秒钟里面可以对产品不同方面进行阐述。"电子商务的崛起无疑给广播的广告市场打开了一条光明道路，相信在未来的一段时期内，它还将继续发光发彩，给广播营销提供更大的动力。

2. 移动终端资源不断创新

第 32 次中国互联网络发展状况统计报告数据显示，截至 2013 年 6 月底，我国手机网民规模达 4.64 亿人，较 2012 年底增加 4 379 万人，网民中使用手机上网的人群占比提升至 78.5%。在这种情况下，广播利用移动终端开发创新资源的空间巨大。2013 年，涌现出一大批广播应用客户端（APP）。2013 年是中国之声的"新媒体年"，中国之声在苹果播客平台开

---

① 中国互联网络信息中心，http://www.cnnic.net.cn/.

通了《直播中国》《难忘的中国之声》《千里共良宵》3档节目，节目总下载量已经突破百万，成为苹果播客首页推荐的播客栏目。搜狐新闻客户端中国之声专刊，每天以4档内容推送到订户手机上，截至12月24日，订阅户已近110万。北京人民广播电台融合移动互联网时代的媒介新技术，推出了北京广播在线APP，作为一个传统广播电台开发的APP，北京广播在线抓住了用户对广播收听习惯的变化，通过自身品牌效应吸引忠实听众收听，并以简洁的页面和简单的操作，解放用户的眼睛，不占用用户过多的视觉资源；使其一边收听广播，一边使用其他应用，发挥了广播最大的优势——非侵占性与伴随性。① 又如，2013年5月，山东广播经济频道推出的"山东经济广播"手机客户端，打造山东首家"社交广播"平台。不久前日产公司还宣布，将与苹果公司合作，成为第一个提供iTunes Radio的汽车制造商，也是苹果新流媒体服务的独家发布合作伙伴。

另外广播电台专属APP（客户端）也在2013年实现了由"直播终端"向"社交媒介"的转型。大量上线的新版APP以听众主动分享内容为特色，鼓励传受之间、受众之间展开互动。同年5月，山东经济广播自制客户端上线，受众可以通过客户端上传自制内容，在朋友圈中分享；内蒙古电台"云听草原"APP则允许受众共享电台的网络资源，同时拥有自己的内容库。通过"云+APP"模式，内蒙古电台正向其"互联、互通、互动、多媒体、云架构"的全媒体发展目标迈进。如果将缺乏互动、受众单向收听的"网络电台"视为网络广播的1.0时代，那么鼓励受众反馈，提供点播、回放功能的新浪微电台则可被视为网络广播2.0的代表。时至今日，强调移动收听、鼓励分享、友好支持UGC（用户原创内容）内容的微电台和广播APP，正在向网络广播的3.0时代进发。

3.　"微营销"浮出水面

2013年，微信进入了新的发展阶段，朋友圈功能的出现让平台更加开放，企业账户的关注和信息订阅让微信营销也变成了可能。微信是一款以语音、文字和图片传输为主的跨平台社交化移动工具，支持单人和多人参与。2013年中国广播将电台传统的互动模式"迁徙"到微信上来，以语音信息为载体，搭建了一个与听众沟通的平台。许多广播电台主持人和品牌节目都在微信公众平台上开通了账号。比如，上海东方广播公司将Love-Radio的《早安新发现》等三个节目开通了微信公众平台账号。听众与节目的交流距离也在不断缩小，互动更加及时有效。2013年1月，北京电台

---

① 顿海龙，王辰. 传统广播电台在移动互联网时代的战略转型——以北京人民广播电台为例. 经济视角，2013（8）：17.

正式启用了微信平台，由专人负责维护并发布电台的原创报道内容，为听众和网友搭建了新的沟通互动平台。电台的官方微信账户受到用户的广泛欢迎，仅短短一周的时间内，微信用户已达 1 300 多人，每日新增订阅人数稳定在 30 多人，并且接收到大量的用户互动消息。

另外，一些广播电台大胆尝试，通过微信开放接口，为电台或 DJ 的微信公众账号建立直接收听广播与互动的渠道，让电台的微信公众账号真正成为"微信电台"，吸引更多轻度用户与新听众加入。例如，"FMRadio"是浙江交通之声的官方体验电台，进入微信官方账号后，听众就能直接收听该频道实时的节目，此外还能通过该账号查看天气、点播歌曲。

总之，2013 年中国广播媒体经营应固本开源，首先从自身出发，深化品牌战略，辅以差异化创新战略和技术领先战略，同时也贯彻外延式扩张战略，进一步推进产业化进程，在新媒体的冲击下迎接挑战。笔者坚信，新的一年中国广播只要坚持这种积极面对新形势的态度，一定能在竞争越发激烈的媒介市场中立于不败之地。

（撰稿：陈　毅）

中国国际广播电台南海之声

【摘　要】2013 年 4 月 9 日，中国国际广播电台南海之声（FM101.0）正式开播，多语种网站同步上线。作为中国首个为南海海域及周边国家和地区服务的多语种广播，"南海之声"采用汉语、越南语、菲律宾语等 6 种语言，通过调频、中波和短波 3 种方式广播，节目覆盖越南、菲律宾等南海周边国家以及我国南海海域。在南海局势日趋紧张的背景下，覆盖整个南海海域的"南海之声"从开播起就受到广泛关注，被国际舆论视为中国对外广播的重要平台，标志着我国对外广播在国际传播能力建设、拓展方面向前迈进了一大步。

【关键词】中国国际广播电台；南海；对外广播

一、案例简介及背景阐述

2013 年 4 月 9 日，中国首个为南海海域及周边国家和地区服务的多语种广播——"中国国际广播电台南海之声"（FM101.0）正式开播。

"南海之声"旨在服务于中国将南海打造成"和平之海"、"合作之海"的外交努力，同时服务于世居南海的中国渔民，满足南海周边国家和地区民众、中外过往船只船员的文化资讯需求。"南海之声"采用普通话、英语、越南语、马来语、菲律宾语和印尼语等 6 种语言，通过调频、中波和短波 3 种方式广播，节目覆盖菲律宾、越南、印度尼西亚等南海周边国家、海南省本岛以及中国南海海域。"南海之声"开播当日，"南海之声"多语种网站也同步上线。

近年来，中央和省级对外广播电台通过合作或委托的形式，先后开办"北部湾之声"、"中亚之声"、"东北亚之声"等边境外宣广播，面向周边国家开展对外广播和对外宣传，传递中国声音，表明中国立场。虽然"南海之声"并不是第一个面向边境地区和周边国家的外宣广播，但其开播仍然引起了业界的关注。

中国国际广播电台台长王庚年在开播仪式上介绍，"南海之声"将致力于打造 3 个平台。一是打造传递中国政府致力于与周边国家友好共处、合作共赢、增进彼此情谊的沟通平台；二是打造为建设"平安南海"的灾害预警平台，为在南海海域作业的中外渔民有效传达新闻资讯、气象信息等重要资讯，提升海洋气象预警信息的触达率；三是打造为海洋气象、维权执法、灾难救援等海洋管理执法部门加强沟通与信息共享的平台。

"南海之声"多语种网站首页

众所周知，南海即南中国海，是联系中国与世界各地非常重要的海上通道，也是太平洋和印度洋之间的海上走廊。据统计，每年有 4 万多艘船只经过南海海域。作为世界第三大陆缘海，南海幅员辽阔，拥有 350 多万平方公里的浩瀚海域，其间更是点缀着数以千计的岛、礁、滩、沙等。南海地处低纬度热带、亚热带地区，不仅拥有着异常丰富的渔业资源、深海动植物资源，更为重要的是南海海底蕴藏着令人瞠目结舌的石油、天然气资源，据初步估算海底石油蕴藏量达 200 亿吨，有"第二个波斯湾"之美誉。

相较于丰富的自然资源，南海重要的战略地位更加不容小视。近年来，南海局势有几股"逆流"异常活跃。先是菲律宾屡屡抛出话题，炒热南海事态。紧接着越南频频用采油船、渔船侵入中国辖区海域，挑起矛盾。自 2013 年 4 月以来，南海局势持续升温。越南、菲律宾和马来西亚等国在南海争端上，动作接连不断，引起了国内外的广泛关注。

在南海局势日趋紧张的背景下，覆盖整个南海海域的"南海之声"从开播起就引起广泛关注，被国际舆论视为中国对外广播的重要平台，标志着我国对外广播在国际传播能力建设、拓展方面向前迈进了一大步。

一直以来，该海域多语种广播服务常年缺失，"南海之声"的开播有效填补了这一空白。近年来，国际舆论格局内容层面的一个重大变化是中国话题数量的急剧增加。对中国来说，国内和国际两大舆论场正在逐步贯通。包括"南海之声"在内的我国边境地区对外广播的开播，标志着我国开创了面向周边国家开展对外广播和对外宣传的新局面，传递中国声音，表明中国立场，提升对外广播的国际传播能力，使得我国具有和与国际地位相匹配的传播力、影响力和话语权，对于对外宣传工作意义重大。

二、案例过程记叙

过去，我国的对外广播主要通过短波广播实现对全球的覆盖传播。然而随着短波广播日渐衰落，取而代之的是通过卫星将广播信号传送到对象国落地，再通过当地的调频或中波广播进行传播。

为顺应国际广播发展变化的趋势，中国国际广播电台（简称国际台）提出"国际传播主战场在海外"的指导思想，通过自行建台、外援建台、委托建台、租赁办台等多种方式，在传播对象国整频率落地播出，增强中国对外广播的国际传播能力。另一方面，过去对外广播容易出现"自说自话"的现象，无法实现最佳传播效果。为此，在表达方式上，对外广播遵循"中国内容、国际表达"的原则，注重使用令国际听众接受的语言和传播方式。[①]

中国国际广播电台成立于 1941 年，是中国向全世界广播的国家电台，其宗旨是"向世界介绍中国，向中国介绍世界，向世界报道世界，增进中国人民与世界人民之间的了解和友谊"。国际台目前使用 63 种语言进行传播，已发展为集广播、电视、网络、报纸、刊物于一体的全媒体传媒集团，是国内媒体资质最全、全球语种最多的国家级传媒机构。

2013 年 4 月"南海之声"的开播，意味着中国国际广播电台多语种广播首次覆盖我国南海地区。"南海之声"采用 6 种语言、3 种方式广播，频道 FM101.0 第一档节目从早晨 6：00 解读历史的《非常记录·档案解密》开始，直到午夜 01：00 全英文畅聊文化差异的《轻松咖啡馆》结束，中

---

① 王庚年. 中国国际传播的现状和发展趋势. 人民日报, 2013 - 09 - 12.

间还包括《第一资讯》《环球军事报道》《直播中国》《经济纵贯线》《音乐先锋》等多种中英文广播节目。

在节目定位方面，"南海之声"各档时段节目均着力体现具有国际化特色、引领国际化生活方式的"南海风格"，重点打造早、中、晚三个黄金播出时段。除了同步播出中国国际广播电台品牌节目《第一资讯》、历史解读类节目《非常记录》外，还特别策划、制作了伴随式的轻松资讯节目《南海·优生活》与文化分享类节目《南海·轻阅读》等，形成具有人文特色的高端栏目，实现全天 24 小时循环播出。

中国国际广播电台"南海之声"节目时间表

时段	栏目
00：00—03：00	音乐先锋（重播）
03：00—06：00	音乐骄阳（重播）
06：00—07：00	音乐加油站
07：00—09：00	早安南海·第一资讯
09：00—12：00	音乐先锋（首播）
12：00—13：00	午间南海·第一资讯
13：00—14：00	南海·轻阅读（重播）
14：00—17：00	音乐骄阳（首播）
17：00—19：00	南海·优生活（直播）
19：00—20：00	南海·轻阅读（直播）
20：00—21：00	非常纪录
21：00—23：59	乐随心动

开播当天，"南海之声"多语种网站（http：//vscs. cri. cn/）也同步上线。与广播节目相同，"南海之声"网站同样拥有汉语、英语、越南语、马来语、菲律宾语和印尼语 6 种语言，除了可在网站上在线收听直播节目外，还用多语种提供包括"南海资讯"、"今日节目单"、"天气资讯"等实用信息以及"关于三沙"、"南海地理"、"南海历史"等权威文献资料。

据了解，"南海之声"将分三期建设而成，第一期在西沙永兴岛的调频节目已于 2013 年 4 月正式开播，6 种语言的节目对周边国家的广播也同步开播，目前西沙、永兴岛和周边国家的听众可以收听到。该台有关负责人表示："现在西沙周边海域 50 公里范围内都能收听到我们的节目，海上作业的渔民可以随时收听最新资讯，包括当天的气象和海浪信息，对过往船只的作业有很大的帮助。"第二期项目则于 2013 年下半年陆续落地海南本岛包括海口、三沙、东方、琼海等几个主要城市，落地后海南岛的听众可收听到"南海之声"，节目大大加强本土化，加大对海南国际旅游岛经济建设的宣传，通过媒体的桥梁促进海南省今后的经济建设发展，同时为当地受众带来更多兼具全球视野和本地服务的国际资讯和文化节目。而第三期的规划，节目除了覆盖南海和周边国家，还将把南海之声融入中国国际广播电台对周边外宣的整体规划中。

三、分析及评价

2013 年是全面深入贯彻落实党的十八大精神的开局之年，是实施"十二五"规划承前启后的关键一年，是为全面建成小康社会奠定坚实基础的重要一年。根据中央"以构建现代国际广播体系为目标，建成集无线广播、在线广播和多媒体传播于一体的新型媒体"的总要求，包括"南海之声"在内的中国对外广播，围绕"讲好中国故事、传播好中国声音"的目标，加强国际传播能力建设，打造国际一流媒体，在对外宣传上发挥更大的优势。

（一）促进对外宣传工作向"国际传播"转变

自党的十八大以来，中央提出了"中国梦"、"美丽中国"、"文化强国"等发展战略，对中国国家形象构建和对外宣传实践起了重要的引导作用。作为对外宣传工作的重要组成部分，对外广播贯彻中央的部署和要求，以改革创新精神加强和改进对外宣传工作，促使传统对外宣传方式符合国际传播规律，把一个客观真实、和平发展的中国介绍给世界，并努力营造客观友善的国际舆论环境。

如前所述，我国的对外广播以从过去通过短波广播实现对全球覆盖传播的方式，转为在传播对象国整频率落地播出，增强中国对外广播的国际传播能力。从传播学角度来看，贴近是有效性传播的重要手段，本土化、在地化运作成为国际传播的潮流。加快推进海外落地，增加对外广播语种，以国际通行的语言和海外受众易于接受的方式去讲述"中国故事"，是 2013 年我国对外广播事业的重要举措。

近年来，中央和省级对外广播电台通过合作或委托的形式，先后开办

"北部湾之声"、"中亚之声"、"东北亚之声"和"南海之声"等边境外宣广播，面向周边国家开展对外广播和对外宣传，传递中国声音，表明中国立场。对中国来说，国内和国际两大舆论场正在逐步贯通。提升对外广播的国际传播能力，使得我国具有和与国际地位相匹配的传播力、影响力和话语权，对于对外宣传工作意义重大。[①]

（二）打造国际合作品牌，提升文化软实力

随着国际传播能力的提升，对外广播"主战场在海外"已经成为共识。2013 年，各级对外广播单位在资金、政策、人才等方面均向海外事业倾斜，大力发展海外业务，努力实现由本土媒体向跨国媒体转变。在国际合作方面，一大批跨文化传播的合作项目进展顺利，不仅有效提升了我国对外广播品牌的影响力，而且促进了国家形象和文化软实力的提升。

在超越传统的对外宣传思想方面，国家品牌化策略传播是提升国家形象的有效途径。然而，当前我国的国家形象建构面临着两大现实困境：一是中国形象的塑造呈现出严重的"他塑"现象；二是在中国形象"自塑"的过程中，存在着主体性缺失和跨文化传播乏力甚至错位等诸多问题。为此，我国对外广播与一些国际知名的传媒机构联合，通过跨文化传播合作，以此在国际传播中提升中国的国家形象。[②]

2013 年 11 月，中国国际广播电台作为主办方之一，"南海之声"作为合作媒体之一，名为"新海上丝绸之路"的全媒体国际文化交流系列活动正式启动。该活动由中国国际广播电台联合海南省委宣传部、海南广播电视总台共同策划推出，循迹"海上丝绸之路"这条古老的贸易与友谊通道，描绘沿途国家的自然风情和社会生活，深入探寻其中的人文精神和文化印记。

作为本次系列活动的一项重要内容，"发现亚洲之美"全球影像大赛于 2013 年 11 月率先在海南启动。该活动邀请广大听众，通过影像的方式记录"海上丝绸之路"沿途国家和城市（包括中国、泰国、马来西亚、新加坡、印度尼西亚、菲律宾、缅甸、越南、柬埔寨、老挝、印度、斯里兰卡）的美丽画面和动人瞬间，展现亚洲的旖旎风光和多样人文。

这一在南海地区内的跨国文化活动，一方面有效提升了"南海之声"的媒体影响力，一方面作为文化软实力提升的有效方式，打造了一个良好的文化品牌，并在一定程度上提升了中国在该区域内的文化形象。

---

① 王云鹏. 从对外广播到国际传播的历史转变. 中国广播电视学刊，2013（5）：15～19.
② 潘一禾. 当代国际舆论环境与中国形象传播. 杭州师范大学学报，2013（1）：112～118.

（三）适应网络传播环境变化，加速新媒体融合

随着三网融合的进一步推进，如何适应三网融合的新形势，加快发展新媒体、新业态，推进传统媒体与新媒体、传统产业与新产业的融合发展，成为广电行业的重要发展战略。中央关于对外传播工作新媒体发展方面提出的要求是：要统筹国内、国际两个大局，创新网络对外传播的思想观念、体制机制、方式方法，不断提升新兴媒体在国际传播中的吸引力和影响力。近年来，我国各级对外广播媒体通过加强网站建设、拓展新媒体传播平台等方式，已成功从原来单一的广播媒体向多媒体发展。2013年，在移动互联网传播环境之下，中国对外广播的实践又在新的环境变化过程中不断进行着新的调整。①

随着近几年互联网狂飙突进式的发展，在以3G移动网络、移动智能终端、丰富的移动互联网应用为主要特征的移动互联网环境传播之下，包括对外广播在内的中国对外传播格局开始呈现出新的变化。传统的以"内容为王"的理念一再受到挑战，"平台为王"、"渠道为王"等新提法逐渐浮出水面。现在的互联网已经成为"内容平台＋社交平台＋工作生活平台"的综合，微博和手机正是这些"平台"观最直接的来源。

中国对外广播媒体2013年着重加强了微博、微信、社交网站等公共主页或群组以及手机客户端、APP等移动互联网新媒体平台的拓展，强化用户意识，主动推送信息并与用户互动，力求使对外广播在移动互联网平台上有力发出"中国声音"。以"南海之声"为例，"南海之声"除了开发多语种网站外，该台还结合网络视听特色，开通了官方微博、中文微信公众账号、英文微信公众账号、腾讯微视官方账号等新媒体互动传播形式，成为中国对外广播在移动互联网上的窗口。

目前，"南海之声"在新浪、腾讯均开设官方微博。其中，"CRI南海之声"新浪微博的粉丝数已经超过12万，与中国国际广播电台各频道、中心、栏目的官方微博相比，虽然粉丝数与老牌频道或王牌栏目的微博粉丝数差距明显，但其成长迅速、风格鲜明。"CRI南海之声"与其广播频道的"南海风格"一致，除转载"环球资讯广播"的新闻内容外，其原创微博以轻松、文艺内容为主，既有与广播内容相呼应的"优生活"、"轻阅读"，又有结合微博媒体传播特点设立的"早安，南海"、"深夜阅读"等特色话题。

---

① 付玉辉. 中国对外传播在移动互联网领域的新变化. 对外传播，2013（2）：10～12.

基于以上三个方面，中国国际广播电台"南海之声"的开播，是 2013 年中国对外广播极具标志意义的事件。从媒体传播规律上，"南海之声"顺应了全球媒体发展的趋势，补充了南海地区广播的空缺，有助于南海地区人民享受更优质的广播节目，满足南海周边国家和地区民众、中外过往船只船员的文化资讯需求；更重要的是从外交和外宣的角度，"南海之声"作为南海地区的"友谊之声"，有效促进中国与周边区域国家地区听众的交流和互动，面向上述地区开展对外广播和对外宣传，传递中国声音，表明中国立场。

（撰稿：罗　蓝）

第四部分　年度视觉

广州恒大征战 2013 亚冠系列
海报视觉传播效果分析

【摘 要】2013 年 11 月 9 日进行的 2013 亚洲足球俱乐部冠军联赛在我国各大频道的平均电视观众人数之和超过 3 000 万人，创下 2013 年国内体育赛事的收视率纪录，是继 2004 年亚洲杯决赛之后收视率最高的一次。在网络层面，新浪微博比赛当天关于"亚冠决赛"的实时讨论量超过 440 万条，"恒大是冠军"的实时讨论量接近 300 万条，分别占据当天热门话题的前两位。超高的收视率和话题讨论量不仅让我国持续低迷的足球市场为之一振，更让作为比赛队伍之一的广州恒大足球俱乐部名扬海外。恒大的成功不仅在于过硬的足球技术，其创新的宣传营销手段也是首屈一指。其中恒大比赛的宣传海报可谓是吸引观众眼球的功臣之一，本文将从符号学的角度来分析广州恒大征战 2013 亚冠系列海报的视觉传播效果，解密其制胜之道。

【关键词】广州恒大；亚冠；海报；宣传；符号学

一、开篇的话

2013 年 11 月 9 日是值得每一位中国足球迷狂欢的日子，广州恒大足球俱乐部夺得了 2013 亚洲足球俱乐部冠军联赛的冠军，欢呼声响彻整个广州天河体育场，一度低迷的中国足球也仿佛被注入了一剂强心针。据亚足联官网报道，有 1.2 亿中国电视观众观看了 2013 亚冠决赛，创下国内 2013 年体育赛事的收视率纪录，其中 CCTV－5 的总观众人数 6 819 万人，平均观众人数 2 368 万人；广东卫视总观众人数 3 600 万人，平均观众人数 211 万人；广东体育频道总观众人数 1 000 万人，平均观众人数 303 万人。

央视索福瑞媒介研究 Kantar Sport 总经理胡斯托说道："如果排除世界杯和奥运会的足球比赛，观看这次亚冠决赛第二回合的人数在 CCTV－5 近 10 年直播的足球赛事中创造了最高纪录。如果再排除 2008 北京奥运会、2010 南非世界杯、2012 伦敦奥运会在中国黄金时间播出的赛事，今年的亚冠决赛已经成为中国最近 10 年收视率最高的体育赛事之一。"

这场比赛在传统的电视媒体中收视率奇高。从网络层面搜集的数据来看，新浪微博比赛当天关于"亚冠决赛"的实时讨论量超过 440 万条，"恒大是冠军"的实时讨论量接近 300 万条，分别占据当天热门话题的前两位；通过央视体育微博频道观看的就有 6 819 万人；除此之外，百度贴吧等网络社区对于恒大夺冠的跟帖转帖量也是居高不下。[①]

如此巨大的收视率与传播效果不仅有赖于足球比赛自身的魅力，更与球队自身的宣传策略息息相关。足球赛事不同于音乐会或电影，受众群体较为单一，可以选用的宣传方式亦较为有限，宣传海报即为较常用的一种。然而，如果宣传方能够合理使用宣传海报，有的放矢，依然能够达到方式有限而效果无限的目的，广州恒大征战 2013 亚冠系列海报就是很好的例子。

二、案例分析

（一）案例背景

广州恒大足球俱乐部前身是成立于 1977 年的广州市足球运动队，1993 年，广州足球队通过和太阳神集团合作，成为中国第一家政府与企业合股的职业足球俱乐部。2010 年 3 月 1 日，恒大集团买断球队全部股权，俱乐部更名为广州恒大足球俱乐部。截至 2013 年 11 月，在国内赛场，广州恒大已连续三次获得中超联赛冠军，并获得一次超级杯冠军和足协杯冠军。在国际赛场，2012 年首次参加亚洲足球俱乐部冠军联赛并进入八强，2013 年获得亚洲足球俱乐部冠军联赛冠军，这也是中国足球俱乐部第一次问鼎该项赛事的冠军。

球队现任主教练是马塞洛·里皮，是意大利著名的足球冠军教练。2012 年 5 月，广州恒大队正式宣布聘请里皮为主教练。2013 年 11 月 9 日，里皮率领广州恒大队夺得亚洲冠军杯，成为首位同时夺得欧洲俱乐部冠军杯、亚洲俱乐部冠军杯、世界杯的传奇主帅。里皮指导的球队战术多变诡异，加之里皮有一头银发，故其亦被称为"银狐"。

球队时有队员 34 人，主要知名球员有郑智、郜林、孔卡（现已回原国）、张琳芃、路易斯·穆里奇、埃尔克森等。其中，队长郑智获得 2013 亚洲足球先生，路易斯·穆里奇获得 2013 亚足联最佳外援、亚冠联赛最有价值球员和亚冠联赛最佳射手，在中国广聚人气。

---

① 以上数据来源于 http：//sports. qq. com/a/20131114/008373. htm。

恒大足球俱乐部在 2013 年的大放异彩源于亚冠，那就不能不简单地说说亚冠了。亚洲足球俱乐部冠军联赛（AFC Champions League），简称亚冠，是由亚足联每年举行的亚洲足球俱乐部竞赛，参赛球队来自亚足联属下排名前 11 的联赛与澳大利亚 A 联赛球队，是亚洲俱乐部足球最高等级的赛事。赛事前身为亚洲俱乐部冠军杯，首届赛事于 1967 年举行，共有 8 支球队参加。但从 1971 年开始，赛事遭到停办。直到 1986 年复办赛事并改名为亚洲俱乐部锦标赛（Asian Champions Cup），只限定本土联赛冠军参加，杯赛冠军则参加亚洲杯赛冠军杯（Asian Cup Winners Cup）。亚冠联赛是由亚洲俱乐部锦标赛、亚洲杯赛冠军杯合并而来，第一届赛事举行于 2002/03 赛季，中国足球俱乐部从 2003 年起开始参加亚冠联赛。

如果说 2012 年恒大第一次参加亚冠取得的八强战绩称得上是初露锋芒，那么 2013 年的恒大就是利剑出鞘，自 2 月 26 日第一场以 3：0 战赢浦和红钻之后，共进行了 14 场比赛。凭借小组赛 3 胜 2 平 1 负提前一轮出线，淘汰赛先后以 5：1、6：1 和 8：1 的大比分连斩中央海岸水手、莱赫维亚和柏太阳神。10 月 26 日，在亚冠决赛的第一回合征战中，恒大客场 2：2 战平首尔；11 月 9 日，恒大以客场进球优势在广州天河体育中心以大比分 3：3 摘得亚冠桂冠，这不仅是恒大足球俱乐部第一次在亚冠取得胜利，也是中国俱乐部第一次问鼎该项赛事的冠军，是整个中国足球界的胜利。

足球被称为世界第一大运动，由古代的"蹴鞠"发展而来，追随者众多，魅力自是无法阻挡，但超高的收视效果难道只是因为足球本身吗？在这个商业经济时代，可以吸引人类眼球的东西太多了，再好的东西没有广告也走不进人们的购物框，再精彩的比赛没有宣传也闯不进观众的眼睛。但足球比赛不同于一般的影视娱乐活动，宣传方式较为有限，其中以海报最为常见。

海报是指用于戏剧、电影等演出或球赛等活动的招贴。这一名称最早起源于上海。以前，上海的人通常把职业性的戏剧演出称为"海"，而把从事职业性戏剧的表演称为"下海"。作为剧目演出信息的具有宣传性的招徕顾客性的张贴物，海报之名由此而来。[①]

"海报"一词演变至今，其范围已不仅仅是职业性戏剧演出的专用张贴物了，变为向广大群众报道或介绍有关戏剧、电影、体育比赛、文艺演出、报告会等消息的招贴，有的还加以美术设计，可以归属为平面设计的

---

①　百度百科，http：//baike.baidu.com/link？url = - OH99VfQCzPerxY1hXJLBWZMihH9Y7RmKZUtf0f1y0enk3BM - SM3tBrIJFI8MbEP。

类型。①

平面设计（graphic design），说到底还是一个比较年轻的门类，虽然它的历史并不算短，但是作为平面设计正式被国际社会认可却是在第二次世界大战之后。设计理论家王受之先生在其《世界平面设计史》中对平面设计的定义是大家普遍认可的，所谓平面设计，指的是在平面空间的设计活动，其涉及的内容主要是二维空间中的各个元素的设计和由这些元素组合的布局设计，其中包括字体设计、版面编排、插图、摄影的采用，而所有这些内容的核心在于传达信息、指导、劝说等，而它的表现方式则是以现代印刷技术达成的，因此平面设计与视觉传达设计、印刷设计具有极其密切的联系。②

最早的平面设计可以追溯到原始人的洞窟壁画，只是那时的洞窟壁画更加注重的是设计的功能性质，只有在人类社会进一步的发展过程中，平面设计的艺术审美性质才得以一步步体现。宣传海报这种起着传播交流作用的静态媒体，其性质也是平面设计的组成部分。它以独特的文字、色彩、图像通过不同的组成方式来传达不同的内涵，其浓缩性、瞬时性、约定俗成性以及象征性在不同的角度、不同的环境下传达着影视海报不同的或者共同的特征。随着受众欣赏水平的日益提高，对于海报这种静态媒体也不再仅仅限于其传播功能的实现，而是在很大程度上突出了海报的审美欣赏功能，这无疑也成为将符号理论应用于影视海报设计的绝好的契机。

2013年亚冠联赛随着恒大夺冠而结束。从中国到泰国，从澳大利亚到日本，恒大海报跟随球队一路走来，终于迎来了最终的冠军。一张张创意十足的海报是恒大一路过关斩将的见证。无可否认，足球赛事海报也是一种视觉表现符号，通过作品中图像、文字、色彩以及一些特殊符号的组合共同传达内容，使接受者通过"所看"与"所想"了解比赛时间、地点、球队等内容，感受球队士气，激发观看热情。由此可见，赛事海报是一种符号表现形式，我们可以利用符号学的相关知识对其进行研究。

（二）以符号学原理为基础解析恒大海报

符号学，看似神秘，其实随处可见，一个标点，一个文字都可以称作符号。若要追溯符号学的起源，大致可以将时间定位在古希腊时期，被称为符号学之父的希腊医学家希波克拉底在《论预后诊断》这部论著中提到医生是怎样能够读出符的。而现代西方符号学是20世纪西方发展比较迅

---

① 参见 http://didididadidi.com/design/201308/13777821329107.html。
② 王受之.世界平面设计史.北京：中国青年出版社，2002.203.

速的一门科学，主要有两大支流，一个是美国的皮尔斯符号学系统，另外
一个是欧洲的索绪尔语言符号学系统，两个系统无论是从研究角度还是研
究方法上都有巨大的差别。

索绪尔，全名费尔迪南·德·索绪尔，主要教授语言学，他的学生们
把其课程笔记汇编成书——《普通语言学教程》。索绪尔说："语言学上面
的学科是什么呢？是符号学（semiologie），这里有一个层次问题。语言学
是符号学的一部分，而符号学则是心理学、社会心理学的一部分。"索绪
尔从人类最特殊的一个工具——表达思想的语言入手来研究符号系统，将
语言作为整体，强调同时性和历时性。索绪尔对语言学的另一个贡献是他
将符号划分为能指和所指两个方面，即符征或意符与符指或意含两个方
面，前者指的是符号自身所带有的某种特征，后者指的是符号背后所隐含
的深层含义，而两者之间又具有一定的社会约定俗成性。

皮尔斯，即查尔斯·桑德斯·皮尔斯，在符号学的历史中也是一位极
其重要的人物。他所研究的符号学系统正好与索绪尔的相反，主张先研究
符号系统的本质规律再将其应用至语言符号系统。皮尔斯从"实用主义"
哲学出发，从逻辑的角度对符号学重新进行了阐释。如果说索绪尔是从语
言学入手并注重符号语言的社会功能，那么皮尔斯则是从符号的自身逻辑
结构入手，是一种三元化的符号系统（如图1所示）。

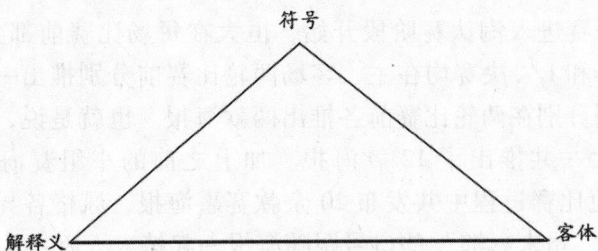

符号

解释义　　　　　　　　　　　　　　　　客体

图1　皮尔斯的符号理论模式

他将符号划分为三个层次，即媒介关联物、对象关联物和解释关联
物。在这个三元化符号系统中，客体即是实物或者是人类的想象物，符号
也指代表象，即是指意义或者是人类的思想，解释义即是指符号的意义。
与索绪尔符号系统的静态性不同的是皮尔斯符号学系统动态化，受众可以
随时用新的解释义不停地去替换之前的解释义，从而使整个符号系统处于
一个永恒的不断变化的过程中。

从以上的论述中可以看出符号是一个意义的传达体，而且是具有创新

性，符号客体解释义是在人类社会发展过程中逐步发展演化的，具有某种社会的约定俗成性。基于对这些理论的了解，笔者认为海报符号系统并非是一个单独的系统，符号是一种"有关系"的载体，是一种动态的过程。因此想要破解恒大赛事的海报密码不能单独从符号本身去研究，而是要从整体入手，这里的整体不仅包括符号的形成渊源，还包括在什么样的背景下形成的这种符号，以及基于此背景下符号的特定意义。

（三）海报实例浅析

在重要比赛之前发布海报渲染气氛，早已是恒大足球的惯用做法了。本赛季亚冠淘汰赛阶段的比赛，广州恒大每场比赛前都会适时推出赛事海报，从半决赛开始，设计巧妙的海报更是吸引了越来越多球迷的眼球。

赛事海报都具有商业价值和宣传的使命。如果将海报作为平面广告的一个类别的话，广告心理理论——AIDMA理论认为，广告的功能在于引起受众心理的变化，这种"心理变化"被视为受众"认知"与"行为"之间的中间环节，通过有目的的诉求，广告使受众产生未知—认识（attention）—兴趣（interest）—欲望（desire）—记忆（memory）—行动（action）等一系列的变化。从这个角度分析，恒大的赛事海报成功地引起了国内外足球人的注意，使观众产生了从未知到注意的心理变化，完成了作为赛事海报的使命。

从亚冠联赛进入淘汰赛阶段开始，恒大在每场比赛前都会推出海报，其中1/8决赛和1/4决赛均在主、客场两轮比赛前分别推出一款海报，半决赛和决赛则分别在两轮比赛前各推出两款海报。也就是说，在亚冠淘汰赛阶段，恒大一共推出了12款海报。加上之前的小组赛海报，恒大在2013年的亚冠比赛过程中共发布20余款赛事海报，风格各异，主题却统一而鲜明，"广州未赢够"的口号跟随海报一起植入人心。从"拍岸"系列，到"诛神之战"，再到"冠军终归这里"，恒大用一款款设计精美的海报催热了比赛气氛，也让"土豪"球队增添了几许高端大气的贵族气息，有了豪门的味道。

笔者根据其画面主体风格将其分为以下四类：人物版、概念版、中国风版、漫画版。

1. 人物版海报

在恒大发布的20余款海报中，大多数是人物版海报。所谓人物版海报，顾名思义即画面主体为人，通过球队人物来构建海报内容，而这些海报中有以队员团体为主体的，也有以灵魂人物为主体的，当然，出现率最高的当属球队的主力队员。

例如，2013 年 10 月 26 日与韩国首尔队的首轮冠军争夺赛，恒大发布的海报沿用"冠军终归这里"的口号，不过海报的背景变成了太空，这也彰显了恒大夺取亚冠冠军冲入世俱杯的决心。另外，在太空的背景中出现了 10 名球员，分别是穆里奇、埃尔克森、孔卡、郜林、郑智、赵旭日、孙祥、金英权、张琳芃与冯潇霆。实际上，除了门将曾诚外，这 10 人是恒大在本赛季的绝对主力，他们依次呈现射门的脚法，颇有怒发冲冠为进球的气势，见图 2。从这张海报也基本可以看出，恒大将靠这套首发击败首尔，希望最终获得亚冠冠军并冲入世俱杯。

图 2　"冠军终归这里"海报（一）

再如 2013 亚冠决赛系列的第三张海报，恒大霸气地将自己的主场称为亚洲第一主场，继续沿用"冠军终归这里"的口号，不过海报的背景变成了恒大主场的夜景图案，并且配上了穆里奇、郜林、埃尔克森和孔卡在之前亚冠比赛中的照片。整个海报效果宛若梦剧场一般，给人以极强的视觉效果，见图 3。

图3 "冠军终归这里"海报（二）

以上两张都是以球队主力队员团体为主体设计的海报，而众所周知，球队的灵魂人物非主教练莫属，海报设计中必然有主教练的位置，且会相当突出。2013 年 5 月 15 日，在 1/8 决赛首回合客场对阵澳大利亚中央海岸水手时，恒大发布的"惊涛拍岸"海报中（见图 4），"银狐"主帅里皮一舰（箭）当先，身后率领千军万马，大有一指定乾坤之意，寓意深远，画面冲击力极强，具有来自影视海报的灵感还兼顾了娱乐性。同时，因为对手是中央海岸队，"惊涛拍岸"一词在此刻的海报中又迸发着新的含义，透露出恒大致胜的决心与魄力。

图4 "惊涛拍岸"海报

2. 概念版海报

概念海报在学术上并没有精准的定义，笔者认为所谓的概念海报就是把一些看似与宣传内容无关的东西进行艺术加工，配合文字、图像，设计成海报，使海报变得神秘、有趣起来。例如，恒大俱乐部更新的亚冠决赛第二回合海报，海报主题是"11月9日我们共同解答冠军终归这里"（见图5）。海报上半部是恒大与首尔两队队徽，下半部则用两个数学公式来预测决赛次回合比分。上海交大数学系副主任李红泽告诉记者，左边是一个印度数学家发现的恒等式，叫拉马努金恒等式，右边是欧拉公式，也很有名，解析以后答案是3：0。[①] 此外，海报中书写两队比分的笔也布满玄机，恒大的笔被网友认出是一款名牌钢笔，而首尔的则是普通圆珠笔，似也在暗示恒大是豪门，而首尔不过是支平民球队。整个海报丝毫没有足球或胜利的身影，却通过各种符号的巧妙安排，结合当下背景重新解读，闪耀着必胜的光芒。

图5　"冠军终归这里"海报（三）

再如，恒大亚冠决赛的首发海报（见图6），其中的背景图是亚洲地图，在这片地图中，将恒大队2013赛季征战亚冠联赛所有比赛的地点一一标注了出来，并且写上了对阵球队和最终比分。而在海报的正中央，则苍劲有力地书写着"冠军终归这里"六个大字，显得霸气十足，另外海报中将中国广州的地区重点用红色标记了出来，因为2013亚冠的最后一场比赛

---

① 参见 http://sports.dzwww.com/rdjj/201311/t20131107_9098775.htm。

将在广州进行，这场比赛也将决定最终冠军的归属。

图6 "冠军终归这里"海报（四）

这种海报没有人物、没有明显的可以代表足球的符号，而是通过设计者将抽象符号进行别出心裁的选择和组合来传递讯息，虽然不能摄人心魄，却也可以夺人眼球。

3. 中国风版海报

恒大足球俱乐部是2013年亚冠中征战到冠军赛的中国球队，代表的不仅仅是恒大本身，而且理应是整个中国足球。因此，出征怎会不乘上中国风？在恒大发布的20余款海报中，很多款颇具中国特色，较为突出中国传统风格的海报要数以下两款（见图7、图8）。

图7 "穗穗开泰"海报（一）

这是亚冠小组赛对阵泰国蒙通联的赛事宣传海报，画面主体简洁而干脆，采用中国传统的窗花纹样，配以"穗穗开泰"的文字符号，暗含将泰国队击败的意义。同时，设计者将恒大队标、口号等恒大元素巧妙地融合在中国红中，大有恒大要红遍大地的意味，随处散发着中国味道。

图8 "穗穗开泰"海报（二）

4. 漫画版海报

在与日本的球队浦和红钻对抗时，介于日本的漫画文化，恒大特地发布了两张漫画性质的海报（见图9、图10），与普通动漫海报的特点类似，这两张漫画版海报背景鲜艳，画质细腻，比起一般海报更能在现代贫乏无聊的生活

图9 "争雄"海报

中凸显活力，无论是"争雄"或"冲线"都以穿着恒大队服的队员的胸膛为主体，配以简单文字告知受众比赛信息，而文字符号"争雄"和"冲线"也契合球队的当场诉求。

图10　"冲线"海报

（四）海报成功分析

海报自产生到现在，作为视觉传达设计的重要形式已经经历了长达一个多世纪的发展，它以视觉符号为主来阐述观念、传达信息，是最原始、最普遍的信息传达方式。海报设计以图案、文字、色彩作为主要视觉语言载体，设计师将这些主要的元素通过板式设计，追求一种个性的表达方式。海报设计的表现形式多样，效果明显，应用广泛，能引起大众的共鸣和钟爱，信息传达效率高，是视觉设计师最能体现艺术修养的直接方式。因此，对海报设计三大要素的研究是非常重要的，故而笔者将结合符号学的研究范畴，从文字符号、图像符号和色彩符号来剖析恒大海报的成功之处。

1. 色彩：红色主导

色彩是打开和吸引视觉的钥匙，色彩产生的视觉效果是海报作品引人注目的第一步，也是引起受众注意的关键。色彩表现是海报设计中的重要环节，也是加强其视觉传达功能的有效手段。通常设计师在创造海报作品的时候都先注重色彩对人的心理影响和情感反映，了解人们对色彩的感受，反复地总结色彩设计、色彩搭配运用的经验，并在实践中加以运用和表现，从而创造出精彩的作品。在文字符号、色彩符号和图像符号这三种海报的组成要素中，可以说色彩符号给人带来的视觉冲击力最为强烈，它直接影响观众对海报的整体感观。

优秀的海报设计离不开色彩的运用，画面中色彩的合理表现能突显海报的主题和风格，吸引人们的视线，加深记忆。色彩最特殊的一种性质是能引起人们心理上不同的反应，色彩不仅跟美学有关，还与心理学有关，不同的颜色和颜色与颜色之间的搭配都能影响人们的感知。因此，对于海报视觉语言中色彩的表现，设计师要对海报的主题有深刻的理解。在心理方面，在运用色彩这一视觉语言的时候应该站在科学的角度，掌握色彩构成的原理，作品中形成和谐的画面；在文化传统方面，色彩的运用应该考虑海报所传达对象的地域文化和民俗传统的不同而作出不同的改变。

　　中国历来将红色奉为座上宾，红色代表着喜庆、胜利，而恒大的队服主色亦为红色，所以不难预料，恒大此次发布的20余款海报内红色系占领了色彩高地。例如，"诛神之战"是在与日本太阳神队比赛期间发布的（见图11）。当时正值国庆，红色主导配以素黑，不仅暗合国庆的喜悦，更是有一股肃杀之感迎面扑来，同时加以向心力的构图，更体现了体育竞技的魅力。

　　再如决赛时发布的亚洲最强音版的"冠军终归这里"（见图12），紫黑色的类星空背景下，红色的音轨将众队员凝聚，或怒号或直指苍穹，散射着必胜的激情。红色音符在跳动，胜利似乎就在前方。再加上本文之前分析过的四类海报中，无论是中国风版还是漫画版，红色更是绝对的色彩领导者。

图11　"诛神之战"海报

图 12 "冠军终归这里"海报（五）

2. 图形与文字符号：画面为辅，文字显心机

海报中的图形我们一般指插画、照片和计算机图形等，是由设计师创造出来的与海报所要传达的信息有关的视觉符号，比起文字的阅读，图形的传达更加直接，更加吸引人们的注意和巩固人们的记忆，同时图形还不会像文字那样受到地域和民族的限制，更容易大范围引发围观。文字是用来记录语言的符号，是人类文明的产物，在文字发展初期，都是用图案来表意的，而在海报设计中，文字作为最基础、最重要的元素，它是比图案更直接、更准确的信息表达途径，而文字本身就是一种特殊的图案，不管是汉字还是字母都有自己的造型特点，在海报设计中如何运用好文字这个重要的视觉元素是设计师需要重点思考的方面。

好的海报作品一定是图文并茂，恒大的设计师可以说是深知其道。画面主体突出，恒大队员意气风发，以猛虎为喻；文字又暗藏心机，何以不夺人眼球。"拍岸"系列和"诛神"系列海报巧妙地运用文字游戏将对方球队的名字融合进去，"拍"与"诛"都有"灭"的含义；同时，"拍岸而起"更可解读为恒大将对手击退后而越发雄起。

三、结 语

海报作为平面设计领域最重要的视觉设计之一，由文字、图像、色彩三大元素通过板式构图形成具有一定艺术风格的视觉效果，从而传递讯息，是用来传递信息的宣传性艺术语言。从海报诞生之日起，它就肩负着宣传的使命，直到现在也依然是平面宣传的利器，然而随着当代高科技产物不断涌现，仅用海报传递讯息已不能满足挑剔的看客。文化的多元融合更是催促着这一视觉设计作品推陈出新，不仅要有信息，更要有看头。恒大足球俱乐部在其征战 2013 亚冠的道路上，一张张颇具视觉冲击效果的海报就是球队的先行军，替主帅摇旗，为队员呐喊。恒大海报的设计也许称不上极品，却也可以说是精品，无论是文字还是图像或色彩，搭配合理，独具新意，可谓是赛事海报的典型代表，值得肯定并加以研究。

（撰稿：丁　玲）

《咱们结婚吧》：大腕明星"回流"
风潮与我国植入广告第一案

【摘　要】2013 年 11 月 6 日，由国内一线明星高圆圆和黄海波联袂主演的都市情感喜剧《咱们结婚吧》在央视一套和湖南卫视黄金档播出后，不久便掀起收视狂澜，也成为社会持续热议的焦点，在各微博、门户网站的关注度也是节节攀升，引发了观众的强势追捧。该剧所创造的社会影响力非同凡响，它在"大龄黄金剩女"、"都市恐婚一族"现象下，引发社会对都市婚恋观问题的热烈讨论，而且它还带来了大腕明星"回归"小荧幕现象和我国植入广告第一案，引发业界和学界的深入思考，堪称是一个优秀的影视文化案例。本文将以《咱们结婚吧》为个案，从该剧明星回流现象和我国植入广告第一案出发，试预测和展望我国电视剧未来发展的两大趋势。

【关键词】咱们结婚吧；植入广告

一、案例介绍

（一）《咱们结婚吧》故事简介

《咱们结婚吧》（We Get Married），是由北京完美蓬瑞影视文化有限公司、北京华录百纳影视股份有限公司、完美世界（北京）影视文化有限公司联合出品，由高圆圆、黄海波等主演的都市情感剧。

该剧讲述的是一位 32 岁黄金剩女杨桃（高圆圆饰）与一位 35 岁恐婚男果然（黄海波饰）之间，如何克服层层障碍，消除彼此心中困惑，战胜双方家长的不满，最终有情人终成眷属的爱情故事。

图1　《咱们结婚吧》宣传海报

　　剧中，在朋友撮合下，桃子和果然不情愿地见了面，没想到第一次约会见面却因抢车位发生争执，以及随后引起了一系列误会。经过几次撮合不果后，双方家长开始继续帮孩子相亲之旅。没想到杨桃的母亲跟果然的母亲在相亲大会上也互不顺眼，矛盾加深。随后，杨桃的相亲举动刺激了果然，他使出浑身解数，成功地将杨桃的相亲一次次搅黄，自己却还是下不了结婚的决心。果然的父母知道了儿子恐婚的原因，开始反省他们自己的婚姻，由此果然也对婚姻有了新的认识；而杨桃经过跟果然的几番交道后对果然有了全面的了解，也重新树立起对婚姻的信心。

　　《咱们结婚吧》以男女主演历经各种磨难，最终收获爱情婚姻的感情戏为主线，而双方所经历的磨难充满着"闹剧"的成分。高圆圆扮演的杨桃是个心地善良的大龄女青年，从第一集开始就不断相亲，当遇到黄海波扮演的对婚姻心如死灰的"恐婚男"果然时，"恨嫁女"遇到"恐婚男"，犹如火星撞地球，从鸡毛蒜皮到鸡飞狗跳，笑料层出不穷。主线外更有多条辅线相配合，如拜金女撬闺密男友以及完美婚姻遭遇红杏出墙等，所涵盖的都是恐婚、相亲、剩女、婚姻危机等时下社会热点话题，在展示当代青年丰富而迥异的婚恋观的同时，无疑也能吸引到大量年轻观众的观赏。同时，凯丽、白志迪、徐松子等几位老戏骨的参与，出演了比儿女更着急儿女婚事的"极品"父母，除了"年轻人负责谈恋爱，长辈们负责闹别扭"这种都市情感剧常用套路外，还有一段小惊喜式的浪漫幽默黄昏恋，使得该剧又能吸引中老年观众群的关注。"桥段喜剧化，表演生活化，长辈极品化，爱情逻辑化"①，实现了"四化"的《咱们结婚吧》，无疑具备了男女老少都青睐的温暖和趣味。

图 2　《咱们结婚吧》中时尚幽默的剧情与台词颇受年轻观众青睐

（二）播映信息统计

1. 网台联动的视频播出平台

《咱们结婚吧》节目的播出平台分为传统电视媒体和网络视频网站两类。在 2013 年 11 月 6 日同时登陆央视综合频道、湖南卫视黄金档，创下了国内影视剧的一个新纪录，即该剧实现在定位和目标观众群都截然不同的国内影响力最大的两个电视平台的深度合作，掀起了收视狂潮。以下是两大电视台首轮播出该剧的具体情况（见表1）。

---

① 李星文.《咱们结婚吧》有何过人之处. 中国文化报，2013 – 11 – 07.

表1　《咱们结婚吧》电视台首轮播出信息统计

播出日期	播出平台	播出时间	剧场
2013 年 11 月 06 日	CCTV–1	20：05　两集连播	《黄金剧场》
2013 年 11 月 06 日	湖南卫视	20：05　两集连播	《金鹰独播剧场》

　　娱乐功能是互联网的一大特性。如今，45 岁以下、收入较高的群体从网络所得到的娱乐快感，已远超出传统娱乐的定义和范畴，网络娱乐几乎形成了独立于现实生活的平行空间。就电视剧而言，如今我们可以在互联网通过在线观看或者下载观看两种方式进行，这两种方式均不受电视台播出时间的限制，并且大部分都是免费观看。在未来网络带宽进一步加大，网速进一步提高之后，电视剧网络收看方式势必对传统媒体播出带来更大挑战。

　　而新媒体繁荣的今天，电视剧不一定只依赖于逐渐衰退的电视媒体单一渠道，应该积极寻找多样化的播出平台，例如，数字电视、网络电视、手机电视、移动电视等新媒体以及网络视频播放平台。在视频网站方面，优酷、土豆、腾讯、乐视网、爱奇艺、搜狐、风行网、迅雷看看等视频类播放器也是该电视剧的网络播放平台。该电视剧联合新旧两个播出平台创造了空前的效果，打响了电视、网络跨媒体播出的双响炮。

　　2. 网台双平台创造收视狂澜

　　由 CSM46 城市网数据（见表2）可以看出，在《咱们结婚吧》开播当天，央视一套以 1.69 点、湖南卫视以 1.71 点的收视率双双高开，随后快速攀升。直至 2013 年 11 月 17 日，亦即电视剧播出的第 15、16 集时，在 CSM46 城市网的收视率，已形成了中央一套第一，湖南卫视第二的局面，这一局面一直保持到电视剧完结。大结局当天达到最高收视率指数，以央视一套 4.01 点、湖南卫视 2.52 点高收视率收尾，央视一套遥遥领先于湖南卫视，并凭 4 点的数据稳获年度收视冠军。

表2　湖南卫视与中央电视台综合频道《咱们结婚吧》首播收视率

湖南卫视/中央电视台综合频道 首播收视率（CSM46）						
集数	播出日期	湖南卫视			中央电视台综合频道		
		收视率	收视份额	排名	收视率	收视份额	排名
01–02	2013 年 11 月 06 日	1.705	4.58	2	1.692	4.53	3
03–04	2013 年 11 月 07 日	1.568	4.22	3	1.904	5.11	2

（续上表）

集数	播出日期	湖南卫视			中央电视台综合频道		
		收视率	收视份额	排名	收视率	收视份额	排名
05－06	2013 年 11 月 10 日	1.772	4.59	3	1.857	4.80	2
07－08	2013 年 11 月 11 日	1.611	4.32	4	1.967	5.259	2
09－10	2013 年 11 月 12 日	1.756	4.67	4	2.067	5.5	2
11－12	2013 年 11 月 13 日	1.857	4.93	3	2.445	6.494	1
13－14	2013 年 11 月 14 日	1.976	5.31	3	2.555	6.849	1
15－16	2013 年 11 月 17 日	1.933	5.10	2	2.310	6.095	1
17－18	2013 年 11 月 18 日	2.115	5.762	2	2.902	7.885	1
19－20	2013 年 11 月 19 日	2.047	5.416	2	2.872	7.584	1
21－22	2013 年 11 月 20 日	2.186	6.0	2	3.228	8.851	1
23－24	2013 年 11 月 21 日	2.160	5.854	2	3.623	9.803	1
25－26	2013 年 11 月 24 日	2.393	6.112	2	3.364	8.573	1
27－28	2013 年 11 月 25 日	2.360	6.208	2	3.854	10.122	1
29－30	2013 年 11 月 26 日	2.172	5.783	2	3.762	10.001	1
31－32	2013 年 11 月 27 日	2.246	5.819	2	3.675	9.505	1
33－34	2013 年 11 月 28 日	2.170	5.704	2	3.493	9.167	1
35－36	2013 年 12 月 1 日	2.058	5.428	2	3.092	8.139	1
37－38	2013 年 12 月 2 日	2.163	5.731	2	3.148	8.328	1
39－40	2013 年 12 月 3 日	2.077	5.643	2	3.383	9.166	1
41－42	2013 年 12 月 4 日	2.189	5.959	2	3.470	9.382	1
43－44	2013 年 12 月 5 日	2.186	5.893	2	3.483	9.353	1
45－46	2013 年 12 月 8 日	2.332	5.993	2	3.390	8.687	1
47－48	2013 年 12 月 9 日	2.465	6.534	2	3.823	10.104	1
49－50	2013 年 12 月 10 日	2.519	6.705	2	4.014	10.651	1

注：数据由央视索福瑞提供，调查范围为四岁以上的观众。

根据央视索福瑞数据显示，全国网和 29 中心城市网的收视率都双双创新高：全国网两频道份额合计 14.46%，29 个城市中心网两频道收视份额合计达 12.40%，两频道日均观众规模之和 1.6 亿人次，近一个月总体累计观众规模达到了 6.7 亿人次——这意味着全国有一半的观众收看了这个剧。

中央电视台总编辑罗明表示，《咱们结婚吧》创下 2013 年央视一套黄金档收视率最高纪录；虽然是同步播出，但两个平台吸引的观众明显不同，两个频道所吸引的观众呈现明显的互补的态势，CCTV 综合频道和湖南卫视观众重叠度连 10% 都不到。[①]

《咱们结婚吧》自开播后在网络的视频点击量十分惊人，根据网络视频平台播放率统计，仅迅雷看看单平台上，该剧无删减版和湖南卫视版两个版本的总播放量超过 23 亿次，领跑整个网络视频平台。该剧在其他视频网站的点击率也相当可观，如优酷的点击量超过 12.6 亿次，搜狐的点击量达到 10 亿次，爱奇艺的播放量超过 8 亿次，土豆的点击量超过 1 亿次。

《咱们结婚吧》在中央一套和湖南卫视同步播出，也均取得了傲人的收视成绩，两大电视台联手创新播出模式，累积观众达 7 亿，在网络视频点击量更是突破了 50 亿大关。如此强劲的口碑与收视足以令业内人士叹为观止，该剧俨然成为 2013 年电视荧屏上的特色品牌。该剧在央视一套凭突破 4 点的收视率数据稳获年度收视冠军，自开播以来，在电视和网络的播放量一直保持着上升走势，连创台网观看纪录，成为 2013 年最优秀的电视剧之一的价值得到观众和媒体的广泛认可。

（三）热播现象

《咱们结婚吧》是一部直面社会热点话题的都市情感剧，剧中的女主角杨桃聪明独立，不抱着傍大款的心态走进结婚殿堂，对爱情和婚姻的要求甚高，因此成了"大龄黄金剩女"，最后通过重重难关收获爱情，无疑能引起当前社会中大量存在的剩女的"共鸣"与向往，此外剧中还有一众老戏骨饰演的"极品"父母，实际上是现实生活中为子女婚姻问题焦虑无比的父母的典型反映，因此该剧不仅吸引了大批年轻男女的追捧，也在中老年人之间产生极大的反响。从男女主角收获爱情的圆满结局来看，该剧更是寄托着年轻辈与父母辈对人生与爱情的期待。虽然观众对该剧的评价也许褒贬不一，但有一点可以肯定的是它引起了观众强烈的认同感，该剧为都市人提供消遣和娱乐，带来情绪上的体验，更好地满足了观众的"娱乐渴求心理"。

---

① 《咱们结婚吧》受众累计达 6.7 亿　获专家肯定，http://ent.163.com/13/1205/07/9FAJH44H00031GVS.html.

图 3　圆满结局满足了各年龄层观众的内心期望

《咱们结婚吧》不仅以贴合社会热点的题材以及跌宕起伏的剧情吸引着老、中、青三代人，剧中的明星阵容也不容忽视，再好的题材、剧本，也需要有出色演技的演员才能完美地展现出来。该剧男女主角都是国内影视界的当红明星，曾经和该剧导演刘江合作，为国内观众奉献出《媳妇的美好时代》的男主角黄海波，以其"接地气"的表演方式及剧中的角色塑造，被观众誉为"中国好男人"，此次再同刘江导演合作出演《咱们结婚吧》，势必吸引了大批忠实电视迷慕名而来。而女主角高圆圆此次参演该剧，更是成为该剧的一大亮点。阔别电视圈多年的"女神"首度从电影界回归，成为推动该剧收视率节节高升的强大推进力，而关于"女神"的回归将在下文进行更详尽的分析。

互联网技术的发展，不仅让观众通过电脑及手机终端更便捷地收看电视剧，也引发了互联网用户对电视剧的众多讨论。剩女、婚恋的热门题材在网络上引起了强烈共鸣，使得《咱们结婚吧》不仅在电视收视率上持续升温，同样带动了该剧在网络上所受关注与讨论的增多，可以说该剧在热播期间已经成为观众在线上线下社交讨论的主要内容之一。在腾讯微博，"咱们结婚吧"的微话题已有 1 586 万条评论，评论者除了对该剧剧情发展及人物角色发起讨论分析外，对于该剧中植入广告的问题也进行"吐槽"。另外，对于该剧植入广告的争议不仅存在于观众与影视界人士中，更引发该剧制片方与广告商对簿公堂，成为该剧的一大亮点。

从《咱们结婚吧》热播的发展过程来看，它在各大网站论坛区首先掀起了一阵"追剧潮"，网民在线上持续关注并进行热烈评论。例如，在新浪微博，"咱们结婚吧"话题持续成为网友们关注的热点话题，久居热门话题榜前三名；瑞丽女性网连续半个月推出剧中女主角高圆圆的清秀着装欣赏文章，引来广大女性的围观追捧。随后，一些主流媒体也纷纷介入话题，一些收视率高的老牌节目以访谈、综艺等形式，让观众进一步了解拍摄过程和演员心理等，例如，剧组演员参加湖南卫视的《快乐大本营》和优酷网的《大剧排行榜》节目。这些主流媒体的介入，迅速在受众中产生强烈反响。通过线上线下、传统媒体和网络媒体的互动宣传，最后掀起了《咱们结婚吧》的收视热潮，使其成为2013年度横扫电视收视率和网络点击量的王牌电视剧。

二、案例分析

（一）闪光点："女神"高圆圆的回归

作为一部都市言情剧，很多人说《咱们结婚吧》最具新意的部分就是高圆圆的加入，不少观众表示，他们被吸引而来就是为了看"女神"如何被拽入凡间。"女神"一词代表的不仅仅是高圆圆出众的外貌，同时还是其多年来在影视圈塑造的形象，而这一"女神"形象的塑造，大多离不开近些年高圆圆在几位著名导演的影片中所饰演的角色，如在由杜琪峰导演的《单身男女》中，被古天乐、吴彦祖两大型男竞相追慕的分析师程子欣，或是在由陈凯歌执导的电影《搜索》中让赵又廷爱恨交加的都市白领叶蓝秋，甚至是在《盲探》中饰演的打酱油般的舞蹈老师丁丁，也是片中男主角刘德华所暗中倾慕的女神。然而"女神"高圆圆竟然选择饰演大龄"恨嫁女"，选择了颠覆自我"女神"的形象，不得不让人感到意外与惊喜。

图4　"女神"回归不惜颠覆形象

此外，在国内影视界，存在着一个成功影星的"规则"，即通常从电视剧出道，随后若能以一部或数部电视剧作品赢得口碑与雄厚观众基础，便会一门心思挤进电影圈，往往再也不会接拍电视剧。无言中形成电影圈高于电视圈的心态，即便只能在大银幕上跑个龙套露露脸，也不愿放低身段回归电视剧。因此，高圆圆在进入电影界 6 年后重返电视荧屏，无疑让众多观众感到意外，而让"女神"放下身段，回归到电视圈的原因，与近年来国内电视剧的发展有着莫大关系。

1. 半红不紫的电影明星之困境

近年来，高圆圆在电影界的地位总是飘忽不定。从 2006 年参与由陈木胜导演，由成龙、古天乐领衔主演的《宝贝计划》，饰演片中护士淑芬的"花瓶"角色开始，高圆圆逐渐在大陆及港澳地区的电影界崭露头角。随后在电影界的地位开始得到提升，获得陆川、杜琪峰等著名导演的青睐，出演《南京！南京！》、《单身男女》等多种类型题材电影中的女主角，而其电影业的高峰，应该是 2012 年出演国内著名导演陈凯歌的作品《搜索》中女主角叶蓝秋，并在现实中与该片的男主角赵又廷相恋，获得媒体及大众的高度关注。但在 2013 年，高圆圆接拍的电影只有杜琪峰的《盲探》，在片中饰演的只是打酱油般的女配角，让人觉得高圆圆的电影事业似乎又回到了原点。

由于高圆圆在电影界半红不紫的状态，使得其新恋情的公开也被认为有炒作自身之嫌疑，但即便这是炒作，高圆圆因此所获得的关注与电影事业的发展，亦不见得有提升。事实上，与高圆圆有类似处境的演员，在国内电影界可谓俯拾皆是，毕竟要成为国内电影界的大腕，所必需的条件与机遇并不容易获得，特别是很难超越现有的电影大腕所获得的国内著名导演的青睐。有人说，电影明星的成功最重要的是实力，尤其是演技上的出众，然而现实情况是，一些演技不俗，甚至是获得国外电影节认可，收获各类实力奖项的明星，也不见得能在国内的电影界成为大腕级人物，以最近凭借《白日焰火》获得第 64 届柏林国际电影节最佳男演员奖，成为首位获得该奖项的华人男演员廖凡为例，在国内电影界也是一直处于在二三线徘徊，偶尔在大片里"打酱油"的半红不紫状态，即便此次获得国际大奖，廖凡在国内观众心中的形象一时也难以从大片《让子弹飞》《十二生肖》中的配角转变为男主角。

2. 明星回归电视剧之突破困境

2012 年由孙俪主演的《甄嬛传》大获成功，为这些游离于电影大腕地位边缘的明星点亮了前行的明灯。依靠主演电视剧《玉观音》，并凭借此剧获得第 22 届中国电视金鹰奖"最受观众喜爱的女演员"奖和"最具人气女演员"奖的孙俪，获得国内大量的观众基础后，亦选择在 2006 年转战电影界，出演了李连杰主演的《霍元甲》，凭此片获第 28 届大众电影百花奖最佳新人奖，可谓一时间星途闪耀，然而与获奖成对比的是，不少人观影后都觉得孙俪在该片中的角色实际上是可有可无的"花瓶"，在之后几年参演的电影作品中，孙俪所饰演的角色多半沦为"花瓶"，甚至是在香港喜剧电影怪才刘镇伟导演的多部作品中出演女主角，也多半没有给观众留下深刻的印象，受欢迎程度远不及当年拍电视剧时期。

图 5　《甄嬛传》让回归电视圈的孙俪一跃成为影视界当红明星

　　直到 2012 年，孙俪回归电视圈接拍清宫剧《甄嬛传》，在剧中饰演女主角甄嬛。随着该剧的热播，孙俪再次赢得国内观众的赞誉，更凭该剧获得第 1 届中国影视金牛奖最佳女演员、第 2 届搜狐视频电视剧盛典最佳女演员、2012 国剧盛典年度最佳女演员、首届电视剧导演工作委员会年度评选表彰大会最佳女演员等多项殊荣，更荣获第 41 届国际艾美奖最佳女主角提名，一时间成为国内娱乐圈炙手可热的明星，除了各大卫视轮番播放《甄嬛传》外，随之而来的如纳爱斯集团超能洗涤系列产品等广告代言的逐渐增多，让孙俪获得极高的曝光度。如此高的曝光度正是那些半红不紫的明星所急需的，而这应归因于电视剧在国内的超凡影响力。

　　3. 电影与电视剧之影响力对比

　　若将电影与电视剧在当下中国的影响力进行对比，不难发现，电视剧始终是比电影更大众的载体。中国的电视剧市场是世界上最大的电视剧市场，拥有全球最大的观众群体，而国内的绝大部分电视频道把黄金时段都交给了电视剧。因而，一部电视剧的观众动辄几亿，丝毫不逊色于大制作电影的票房，同时电影票房收入意味着观众需要付费才能进入电影院观赏。一般而言，电影的观众群体以年轻一代为主，动辄几十上百的电影票也会让非城市居民望而却步。相对于需要付费才能观赏的电影，打开电视就能免费收看的电视剧显然能获得更多的观众群体。从时间的覆盖度看，电视剧除了首轮在黄金时段播放外，还会有第二轮、第三轮的非黄金时段的播放。若该剧受热捧甚至被奉为经典，则播放的时段跨度会更长，且不讲两年前的《甄嬛传》《爱情公寓》以多集连播的形式在2014年春节期间占据部分卫视白天档，那些八九十年代的经典剧集如《新白娘子传奇》《还珠格格》等不仅一度占据十多年的暑期白天电视档，到近些年仍有电视台播放，足见其影响力之广。反观电影一旦过了公映时间，除了一些卖座片、经典片还有可能被电视台买下版权播放，或者自行制作影碟公开发售外，往往难以再次观赏，其在时间上的影响力远不及电视剧。

4. 电影与电视剧之受众分析

与家庭主妇及老年人群不同，随着城市生活节奏的加快，大部分上班族不能够长时间在家每天定时看剧、追剧。自76集的《甄嬛传》成功开启了电视荧屏长剧的全盛时代后，似乎让上班族更容易选择影片长度相对短的电影，特别是周末外出观看一场只有一两个小时的电影，远比守在电视机前看长剧来得轻松。然而网络技术的发展，尤其是智能手机带来的更便捷的观影技术，使得这种预测发生了转变。通过电脑或者手机的网络视频播放平台，人们可以随时随地观看，此时相对于电影，单集时长约为40分钟的电视剧反而更适合上班族在工作日的各种闲暇时间观看，例如，乘坐公车上班，一般不会超过一小时，一部电影看不完，一集电视剧则游刃有余。同时也不需像以往定时守在电视机前观看喜爱的电视剧，他们通过手机视频，可随时翻看任意剧集，不必担心错过播放而遗漏剧情，再加上大部分的电视剧在网络视频平台都是免费观影，因而相对于电影，电视剧借助电脑、手机亦能吸引不在电视荧屏前观影的人群。根据艾瑞咨询的调查结果显示，2013年12月，网络在线视频（含电视剧、电影、综艺）覆盖人数超过4亿人次，较11月环比增长0.8%，较2012年同期增长3.2%，处于稳定发展态势。其中网络电视剧集点播仍旧维持高位，覆盖人数达到3.4亿人次。电影和综艺分别收获2.2亿和2.5亿用户的关注（见图6）。

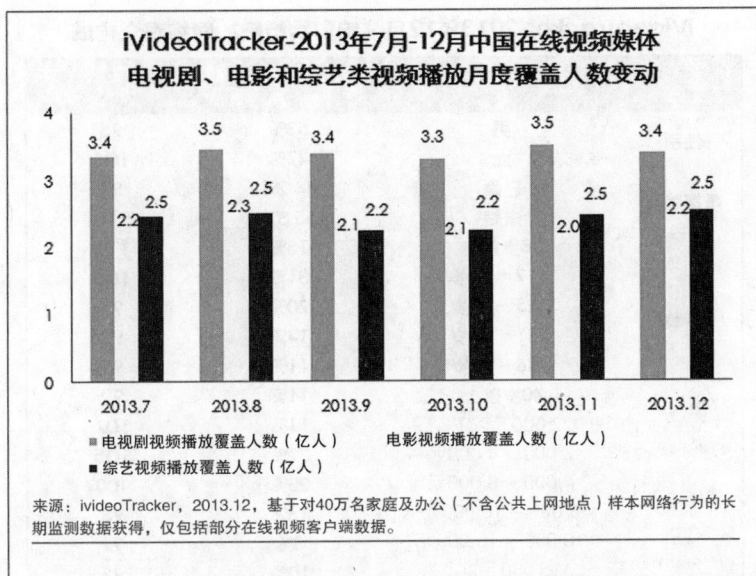

图6　2013 年 7 月—12 月中国在线视频媒体电视剧、电影和综艺类视频播放月覆盖人数变动

可以推测，高圆圆选择回归电视剧，与国内电视剧产业的强大影响力有着莫大关系，虽然国内电视剧市场内也不乏一些烂剧的存在，但一部制作精良的电视剧在时间和空间上都有不输于大制作电影的影响力，参与主演的演员更能借助电视剧有效地发展个人品牌影响力，吸引到更广泛群体成为其观众基础。在《咱们结婚吧》热播期间，"女神"高圆圆不仅吸收了男性观众的观看，还由于剩女、婚恋类题材的热门，使得该剧亦深受女性观众的喜爱。艾瑞咨询数据显示，在网络视频播放平台中，19～24 岁年轻的未婚女性对于《咱们结婚吧》的点播倾向最高，女性观众对于《咱们结婚吧》的兴趣并不低于男性观众（见图 7）。

iVideoTracker-2013年12月《咱们结婚吧》网络观众构成

属性		视频播放覆盖人数比例（%）	TGI
性别	男	53%	95
	女	47%	**106**
婚姻状况	已婚	44.2%	89
	未婚	55.8%	**110**
年龄	18岁以下	13%	**119**
	19～24岁	31%	**106**
	25～30岁	20%	95
	31～35岁	14%	92
	36～40岁	11%	92
	40岁以上	11%	92
家庭收入	2 000元以下	11%	**107**
	2 000～4 000元	32%	**105**
	4 000～6 000元	23%	100
	6 000～10 000元	16%	93
	10 000～15 000元	8%	91
	15 000元以上	10%	93

注释：TGI是目标群体指数，TGI指数=（目标群体中某一特征的群体所占比例/总体中相同特征的群体所占的比例）*标准数100。
来源：iVideoTracker，2013.12，基于对40万名家庭及办公（不含公共上网地点）样本网络行为的长期监测数据获得，仅包括部分在线视频客户端数据。

图 7　2013 年 12 月《咱们结婚吧》网络观众构成

5. 电影与电视剧之片酬对比

随着近年来国内电视剧市场的高速发展，中国的电视剧生产量稳居全球第一，国产电视剧以每年平均近千集的速度持续增长，增长势头持续了13 年之久，每年有 2 万集左右的电视剧生产，以 2013 年度"中国电视剧秋季节目推介会"为例，参展的电视剧精品作 490 多部，共 1.77 万余集。与电视剧产量同步增长的还有电视剧演员片酬，甚至可谓是"疯涨"，一般来说，拿到千万元片酬的往往是出演大制作的个别电影大腕，普通电影明星只是几百万元，然而如今部分一线电视剧明星的全剧总收入竟能超过部分电影大腕的收入。目前在电视剧圈里，演员的片酬一般是以单集计算，个别大牌已经涨到了 100 万元，普通明星单集片酬收入七八十万元的也不少。在 2013 年 10 月 14 日，微博网友"烂片通缉令"曝光了一份国内男女明星演员的出演电影及电视剧的片酬表，其中男演员片酬最高的是李连杰，电影片酬是 6 000 万元，女演员则是章子怡排在第一位，电影片酬在 1 000 万元～1 200 万元之间，其中也列出了高圆圆的片酬收入，电影片酬为 250 万元，电视剧单集片酬为 30 万元～40 万元。先且不论该片酬表的真实性如何，可以明显得知，高圆圆出演 50 集的《咱们结婚吧》获得的总片酬为 1 500 万元，远高于自身的电影片酬，甚至已经高过排在第一位的章子怡的电影片酬，更何况两者的拍摄周期差不了多少，电影是一到两个月，电视剧也不过就是 3 个月左右，可见高圆圆选择回归电视剧，片酬收益并不逊色于电影，甚至远超过电影片酬。

（二）关注点：《咱们结婚吧》植入广告的争议

在《咱们结婚吧》受热捧而不断升温，众多观众追逐"女神"的同时，该剧还展现了另一大亮点：充满吐槽与争议的植入广告。植入广告对于中国观众而言并非新鲜事物，大至国际电影大制作，小至网络视频小短片，大多伴随着植入广告的存在，然而《咱们结婚吧》在植入广告问题上引起的风波，甚至引发了国内"植入广告第一案"的诉讼，似乎比电视剧本身更充满戏剧性。

1. 剧中植入广告状况

在该剧片尾字幕的最后，约一分钟的时间属于"鸣谢单位"，有细心的网友以网站视频截图的方式将之记录下来，结果为我们展示了 7 张图片，近 80 家被鸣谢的单位里不乏是该剧中植入广告的品牌。在该剧播出第一、二集时，就有网友统计出在剧中出现近十个品牌的植入广告，播出至 30 集时，有网友更是统计出多达 49 处的广告植入。

该剧中的植入广告内容小到饮料、药品、化妆品，大到汽车、网站、保险，门类众多的广告要如何植入剧中？为此该剧使用了三种植入形式，首先是常见的道具与场景植入，如在剧中高圆圆一口渴就掏出某品牌的奶茶，还有摆在桌上、印在日历和购物袋上等的广告道具，场景则如站在某品牌巨幅 Logo 下交谈，或者剧中的家里也不时放着一大堆某品牌的奶茶。

图 8　某品牌饮料与纯净水是主角家中的"常置"物品

其次是剧情植入，如高圆圆的妈妈和黄海波的妈妈就纷纷在某相亲网站上为孩子征婚，而高圆圆和某男士在停车时发生交通事故，双方说出自己在使用某同一保险公司的车险。

图9　路人甲以使用同一保险公司车险与女主角搭讪

还有一种是台词植入，无论是主角、配角还是临时演员，凡是剧中演员都能借其之口说出内含着品牌宣传意味的台词。比如第5集，桃子跟妈妈说家里的洗衣液用完了，桃子妈一定要使用某牌的洗衣液，强调"这个不伤手"，或者在剧中主角被问及喝什么时都会说"××奶茶"，甚至还有安排演员大谈××常润茶的好处。

图10　无论主角配角都能随口说出广告台词

上述的三种植入方式并不一定都是单独使用的，如男女主角的母亲第一次吵架，起因是在超市抢洗衣液，此时画面背景里更是摆满洗衣液的货架，可谓是场景与剧情的复合式植入，还有黄海波第一次与丈母娘见面时选择送某品牌的羽绒被，并向丈母娘推荐所送礼品的优点，则是道具与台词的复合植入。

2. 植入广告引发争议：吐槽与官司

《咱们结婚吧》中使用了多种植入广告方式，然而植入广告的频率让许多观众"吐槽"不已。总有一款商品广告会在观众看得正起劲儿的时候出现，导致不少观众吐槽："他俩的恋爱插播在广告中间。"发展到后来，该剧的观众对吐槽剧中植入广告的兴趣都可能超过了观剧本身。例如以下一些被媒体引用过的观众吐槽："半集我就记住洗衣粉了！你们成功了，但我不打算看下去了！""拿结婚当噱头，实际演相亲，给相亲网站做广告。""植入泛滥，连台词都有广告。""比起演员本身的演出，还是广告更具有存在感。""这货不是电视剧吗？这么多广告到底是要闹哪样？"甚至有网友直言，《咱们结婚吧》堪称史上最长的广告片，数量、密度都超出了观众忍受极限，足以载入国产剧史册："满世界的丰田汽车，再加上高圆圆那句'我也上的是平安的'，让人感觉这是一部广告片呢，还是一部电视片呢！"

除了植入的频率导致的吐槽外，更让观众难以忍受的是具体操作技巧的"蹩脚"，剧中出现不少生硬且缺乏逻辑的植入，"但当不管与剧情有无关联，演员都要硬生生加上一段广告词时，大热天的非要送第一次见面的丈母娘一床羽绒被，还要几次三番夸奖这被子特暖和，价格昂贵，打折还要3 000多元，我真觉得要吐了"①。网友"董芳"甚至直斥剧中简单粗暴的植入广告对该剧的破坏："我特别想知道，那些著名、非著名演员们在极不自然、极其生硬、极度刻意地说出一大堆品牌时内心是什么感受？这就是传说中的为艺术而献身吗？植入广告不新鲜，但植入得这么多，这么频繁，这么没技巧，这么赤裸裸的戏还头回见。据说这部超长广告剧共有50集"。

植入广告数量多，植入技巧不纯熟，不仅惹得大量的观众吐槽，也引发了部分广告商的不满，导致制片方与广告商直接对簿公堂。2013年11月20日，华西都市报率先报道了该案件，并称此案为中国"植入广告第一案"，向公众披露了案件的缘由：因认为植入广告没有按照合同做到应有的效果，四川黄老五食品有限公司拒绝向该片制片方北京华录百纳影视股份有限公司支付剩余的植入广告费用。该片制片方因此提起诉讼，石景山法院于2014年1月2日开庭审理此案，制片方称对方并未按照合约支付全额报酬，认为黄老五公司应承担违约责任，支付剩余的广告植入费20万元。黄老五公司则以制片方没有在约定的期限内提供"可供修改的植入广

---

①　王晋. 告别"咱们广告吧". 经济日报，2013 – 12 – 24.

告的视频素材"，没有履行合同义务导致合同不能继续，给黄老五造成品牌损害，当庭反诉制片方，拒付剩余费用，要求华录百纳公司须支付违约金 8 万元、解除双方的商务合作协议、返还首付广告款项 20 万元及其利息。法庭上双方各执一词，情节的高潮起伏堪比电视剧。导致黄老五公司不满广告的植入问题首先是植入台词的缺漏，"我们花了 40 万，就只换来女主角的一句台词'黄老五都堵不住你的嘴啊'，连'黄老五花生酥'都没说全"①。其次是剧中出现的黄老五产品，由于未经黄老五公司确认，包装和标志都是错误的内容："这严重损害了黄老五品牌形象传播和合法权益。"该案件没有当庭宣判，直到目前也没有审判结果出现。

3. 争议之源：植入广告成为成本控制的必要与无奈

《咱们结婚吧》剧中植入广告引起的争议，让这部口碑和收视皆不俗的电视剧遭遇了滑铁卢，从刚开始热播时的演员、剧情零争议的好评，到后来的观众吐槽和官司缠身，《咱们结婚吧》虽然已经成为全国观众乃至业内媒体人的焦点话题，然而成为这种"荣辱并存"的焦点对于电视剧本身并没有好处。既然问题出在植入广告身上，那么是否能够放弃剧中的广告植入？该剧导演刘江给出的答复显然是否定的，刘江曾在接受媒体访问时无奈地表示，植入广告并不是为了盈利，而是要填补该剧的制作费用。该剧预算为 7 000 万元，为了制作高品质的电视剧，多达几十款的产品广告植入费用都已经用于制作，否则根本就无法完成拍摄。

对于一部讲述都市情感的生活类电视剧，7 000 万元的制作费用已经远超过同类型的其他电视剧，而相比该剧导演 2010 年的作品《媳妇的美好时代》，其制作费用仅为 2 000 万元，出现如此惊人的增幅，除了排除近年来的各种物价上浮导致的成本上升，以及导演所提及的因剧情需要使用某些特殊场景道具，如在酒店的喷水池下淋水，而被酒店方故意抬价至 2万块一次的喷头使用费之类的人为干扰外，导致制作费用大幅上升还有一个重要的因素，就是演员的片酬。虽然该剧导演表示剧中主要演员是友情价出演，否则该剧成本可能超过 7 000 万，但仍可推断即使是友情价，应该也占据了该剧拍摄成本的大部分。

---

① 李欣忆.《咱们结婚吧》VS "黄老五" "植入广告第一案" 打响. 华西都市报，2013 – 11 – 20.

图 11　《咱们结婚吧》剧中每次花费两万元的喷水场景

　　再回顾之前所说的由网友爆出的片酬表，按照表中所述，参与该剧主演的黄海波，电视剧片酬为 50 万元～60 万元一集，那么主演 50 集的《咱们结婚吧》所获得的片酬至少为 2 500 万元，加上高圆圆出演 50 集的最低片酬为 1 500 万元，假设该片酬表是真实的，则男女主角的片酬就已经超过制作费用的一半；若再考虑导演所说的友情价，主角片酬估计也要花费掉三分之一的费用，然而片中还有一些配角，或电视剧常见的老戏骨，或非一线的小明星，这一部分的演员片酬也不容忽视，如出演该剧的柳岩，在网友爆出的片酬表所示电视剧片酬为 10 万元一集，出演 50 集的配角，片酬估计也得上百万元，而该剧的主角虽只有两个，配角的数量却不在少数，几个百万元叠加后必定破千万，可以想象整部剧集仅是支付演员片酬，势必要花费一半以上的制作费用。

　　上述关于演员片酬的假设，并不是纯粹的按照网友所爆出的片酬表而凭空捏造。目前国内当红的演员，无论是出演电影还是电视剧，其片酬都呈现飞涨的趋势，这些现象都曾得到国内导演的证实。如国内著名导演陆川曾坦言："演员片酬非常可怕，现在一个演员拿走一两千万元已经是很常见的事情。如果使用全明星阵容，有可能一下拿走三分之一的制作成本。"① 由陆川导演的电影《王的盛宴》，在超过一亿元的投资额中，有一

---

　　① 韩平. 关注影视圈"全行业都在为演员打工"的怪现象——演员高片酬的背后. 中国电视报，2013 - 12 - 13.

半要作为片酬为片中的一线演员如吴彦祖、刘烨、黄秋生等占去，这样从一个侧面又证实了网友爆出的片酬表具备一定的真实性。事实上也有部分影视圈中颇有名气的影视演员经纪人亦曾透露过，在她职业生涯里合作过的 10 多位知名演员的片酬，和爆出的片酬表相差无几。假设投资仅为几百万到千万元不等的中小成本影片，请大牌明星所需支付的片酬就要占据制作费用的绝大部分。与电影上映后通过票房收入来支付和分红的情况不同，现今国内出演电视剧的大多数演员与影视公司是以打包价为基础的合作，即演员在一部电视剧出演多少集就可直接获得相应集数的片酬，这部分成本从剧集的拍摄开始就基本固定，因此实际上电视剧制作中用于拍摄的成本很有限。

显然，电视剧中的植入广告并非为了盈利，更多的是为了收回拍摄成本，或者是提高预算中用于拍摄制作的部分，为片酬之外电视剧生产的其他环节提供更多资源，即使明知道植入广告可能会对剧集产生不良影响，亦只能无奈地妥协接受。事实上，《咱们结婚吧》在拍摄开始之前的筹备阶段，前来与剧组商谈希望进行广告植入的广告商有很多，最终被导演统一植入的，都是导演及其团队认为符合该剧的广告，如剧中高圆圆失业后，通过中介网站找工作，这是符合现在年轻人的想法的，因此认为应允这类广告的植入是顺理成章。可见该剧并不是完全忽略作品本身的品质而胡乱地允许广告植入，但最终还是因为植入广告引发争议，其原因除了技术经验不足，表现出植入的生硬与缺少逻辑外，更重要的原因是与植入广告商合同的拟定过于草率。导演刘江在回应观众质疑该剧植入广告问题曾直言："对不住大家，有很多合同都是提前签好的，没法更改。"与黄老五公司的诉讼案件，就是牵涉到合约问题。"吸取了这次的教训，今后拍戏一定先把品牌数量减下来，提高精度，跟商家的约定也千万别说死，比如口播品牌名称几次什么的，搞得非常被动，都在台词里，后期制作不好删，我也怕观众反感。"[1] 如此看来，植入广告在该剧中的无孔不入与如影随形，那些演员口中频繁出现的广告台词，以及一些明显是为某一产品做广告而专门设定的情节，都很可能是受植入广告合约限制而不得不出现。

① 韩平. 刘江导演回应差评不多广告多. 中国电视报，2013 – 11 – 22.

三、从《咱们结婚吧》试探中国电视剧未来发展两大趋势

（一）趋势一：电影大腕明星"回流"电视剧

1. 大腕明星"回流"现象的趋势

"女神"高圆圆"屈尊下地"回归电视剧，除了其自身对外宣称对剧本的喜好之外，背后对于回归电视荧屏后所获得收益的期待也不容忽视。在《咱们结婚吧》大获成功，收获央视综合频道黄金档最高收视率后，作为女主角的高圆圆不仅在娱乐圈沉寂一时后，凭借此电视剧再一次成为国内观众争相追捧的闪耀明星与娱乐界人士的话题焦点，更是引领了电影界明星"回流"电视圈的潮流。

如果说孙俪与《甄嬛传》是为明星"回流"电视圈开了一个小窗口，那么高圆圆和《咱们结婚吧》则是为众明星敞开了"回流"的大门。2014年1月1日，孙红雷阔别电视界3年后再次回归，以最新力作《一代枭雄》强势登陆四大卫视开年档，随后回归登场的还有由周迅主演、郑晓龙导演的《红高粱》，由杨颖主演、于正编剧的《云中歌》，由范冰冰主演、刘江导演的《武媚娘传奇》等，2014年的电视剧市场，回归荧屏电视界的明星大腕比比皆是。

从孙俪到高圆圆，电视剧能够将电影界回流明星的影响力成倍地扩大，从电影界的半红不紫的状态中脱离出来，已经是不争的事实。面对如此具有吸引力的电视圈，电影大腕的回归并不显得盲目。高圆圆不惜颠覆自我形象，放下身段出演电视喜剧，与其说是被《咱们结婚吧》剧本内容吸引，更可能是出于对该剧背后强大的制作团队的信任。《咱们结婚吧》的导演刘江，曾经一手打造《媳妇的美好时代》等众多口碑优秀、收视率高的电视剧，并将国产生活剧的影响力从国内延伸到国门之外，海清、黄海波等参与主演其电视剧的演员都以这些作品为代表作红遍国内大江南北，甚至在国外都受到热捧。在拍摄了各种类型的电视剧，如《黎明之前》《风语》《誓言今生》等取得成功之后，刘江导演首次强势回归生活剧，拍摄前更与创作团队进行调研，分析当下社会热点话题，最终确定以剩女、恐婚为主题的《咱们结婚吧》，并提出要将之做成《媳妇的美好时代》的"升级版"。

有如此成功的导演，以及准备充分的创作团队，再加上切中社会热点话题的剧本，高圆圆选择参与此剧的演出可谓是相当明智。上述其他电影

大腕的回归，也并非趁一时回流之风的头脑发热。据报道，周迅以打包价4 000万元出演《红高粱》，看似仅为高片酬而来，仔细分析，《红高粱》背后还有国内著名电视剧导演郑晓龙，以其创作团队的《甄嬛传》的成功为先例；由杨颖主演的《云中歌》，背后亦有制作出影响力超凡的系列清宫穿越剧及传奇故事改编剧的编剧于正；由范冰冰主演的《武媚娘传奇》则是刘江导演的新作。

2. 大腕明星"回流"现象的喜与忧

电影大腕的回归，会吸引大量大腕粉丝对其主演的电视剧的关注，可以预见未来电视剧集的收视率再创新一轮的高峰，与收视率同样上升的可能还有国内演员的片酬。接演《红高粱》的周迅据报道为4 000万元片酬，被媒体称为电视剧片酬的"天价"，还有出演《武媚娘传奇》的范冰冰，目前单集片酬达到80万元～90万元，同时由于投资制片的身份，范冰冰还将参与该电视剧项目日后盈利的分红。且不说这些当红电影大腕回归电视剧的高额片酬，若看回流电视剧的先驱者孙俪，其片酬从《甄嬛传》时期的单集片酬30万元，到2013年出演《辣妈正传》时已经翻一番，升至每集60万元，目前据估计孙俪片酬将达到每集80万元。

电影大腕回归电视，成为电视剧一线红星，作为电视剧主角收获高额片酬，又将可能形成带动整个电视圈演员片酬集体上涨的趋势。除此之外，虽然国内电视剧年产量近5年都在直线上升，但在电视圈内真正被投资方和电视台看好的、拥有较高观众基础的电视剧演员，在数量上的上升幅度却并不同步，于是就难免出现"僧多粥少"的局面，再加上电视台普遍采取预购方式，即电视剧制作方在开机前先向电视台征集订单，电视台在看不到成品的情况下，根据剧本、创作团队、演员等内容进行评估，然后选择是否预购。但预购时剧本往往并未最终完善，所以电视台考量的最重要的因素还是创作团队的历史成绩以及演员的阵容，因而投资制作方要邀请这些能够被电视台认可与青睐的演员参与到剧中，自然就要比竞争对手开出更高的片酬价码，部分当红演员坐地起价也不是在意料之外。

演员片酬的高涨，对于整个影视业的发展终究是弊大于利。目前，电视剧演员的报酬一般都是电视剧制作完成之后，甚至还在拍摄阶段就全部支付，而此时电视剧往往并未播出，也未收回投资。由于不需要关心作品的收视质量就已经获得了该剧报酬，就很可能出现一些演员工作不投入，得过且过，演好演坏也不在乎的心态，更不用说对作品后期的制作和宣传推广的关心与尽责。对于一些急于获得片酬收益的演员，与其个人利益没有太大的关系的问题都可以不用考虑，甚至是作品的质量，只需要能够在档期内增加更多的剧集拍摄。

近年来一直流传着电视剧市场存在巨大泡沫，甚至有人预言影视行业即将崩盘，很大原因在于演员片酬不断上涨所引起的电视剧制作费用的不断攀升，很可能导致电视剧制作的质量下降，出现被广告资本"绑架"电视剧的情况。如上所述，植入广告商以合同的方式对电视剧的创作与后期制作进行干预，《咱们结婚吧》虽然声称雇用了专业团队负责植入广告，以尽量降低对观众观看剧集的影响，但最终还是因为开拍前对于植入广告合同的把关不够严密，最终不得不加入那些让观众反感的内容而引发争议。

此外，电视剧的购买者的购买力并没有相应地大幅度提升，即使勉强预购那些单集超过百万元的电视剧，一旦该剧播出效果不理想，收视率不如预期，使得电视台收益减少，将来预购电视剧的能力亦大打折扣，如此恶性循环，影视业的崩盘也不无可能。

3. 制约演员片酬需完善机制

由于目前还缺乏合理的演员片酬支付的机制，演员片酬的合理调节似乎还需要演员及其经纪公司的自律。2013 年 9 月 24 日，中国广播电视协会下属制片、导演、编剧、演员四个工作委员会对全体会员发出倡议书，针对电视剧行业内部演员、主创片酬过高的现象提出倡议。演员委员会会长唐国强及会员王宝强、刘佩琦、闫妮等 80 多人都表示要从自身做起，自降片酬以表示支持。但从长远来看，与其依靠这种很可能沦为空谈的自律与支持，制定出合理的演员片酬支付机制显得更加可靠，随着电影界明星大腕回流电视圈，演员片酬的新一轮上涨之日已经越来越近，这一合理机制的建设刻不容缓。

眼下比较可取的国外经验，如在美国电影界，演员的片酬往往由其主演的上一部电影的票房作为参考，假如上一部电影的票房非常可观，未来的片酬将会提高，反之若成为票房"毒药"，片酬则会下降，实际上就等于是将片酬和电影的票房挂钩。以明星偶像电视剧为代表的韩国，其电视剧市场也曾经饱受明星高额片酬的困扰，最后韩国电视剧制作公司协会决议通过，自 2009 年起，对出演电视剧的演员的片酬进行限额，主要演员的片酬每集不得超过 1 500 万韩元，配角片酬不得超过 500 万韩元；而在电影方面，韩国实行最低片酬制度，就是先支付给演员最低演出费用，再在电影公映之后根据票房情况进行分红。然而，照搬这些国外经验，并不一定适合国内目前电视剧市场的实际情况，最终还是要因地制宜，建设合理而又适合国内电视剧市场发展的良好片酬制度。

（二）趋势二：电视剧植入广告更注重观赏性

1. 电视剧植入广告的现状与问题

当众多观众吐槽《咱们结婚吧》植入广告过多时，导演刘江除了向观众道歉之余，还期盼"希望下一次的植入痕迹不那么重"。换言之，在刘江导演的后续电视剧作品中，依然还会有植入广告的存在，而刘江也表示电视剧植入广告将是今后的大趋势。

自从 1991 年《编辑部的故事》中"摆设"在编辑部桌上，以及多次出现在演员台词中的某矿泉壶，成为我国最早的电视剧植入广告，至今已经将近 23 年。在这期间，植入广告出现的频率不断提升，如今的植入广告早已为国内观众所熟知。2013 年 8 月 8 日，媒体在国内某植入广告营销公司的上市发布会上得知，2013 年国内影视植入广告体量将突破 10.2 亿元人民币，该公司董事长更直言：植入广告或许将成为电视剧制作业的"救命稻草"。① 如此看来，植入广告在中国电视剧中的地位实在是不容小觑。正如上文所言，中国电视剧的持续活跃，产量连年上升，同时还面临着演员片酬飞涨导致的电视剧制作成本的增加，植入广告量也势必将水涨船高，成为影视剧制作公司收回制作成本的重要环节。

作为并不新鲜的事物，近几年没有植入广告的电视剧几乎可以说是绝迹了，曾经让人觉得难以植入现代商品的古代剧，例如《甄嬛传》，也成功地将某保健品植入其中，所以实际上观众大多对植入广告采取了默认态度。在大多数植入广告的电视剧都得到观众宽容谅解的情况下，被观众评价为剧情"零争议"的《咱们结婚吧》，反而因为剧中的植入广告引起观众如此剧烈的吐槽与反感，实在是值得深思，除了在数量及频率上显得过多之外，最不能让观众接受的，是植入广告手法的拙劣，缺乏技巧，甚至是专门为植入广告作剧情铺垫，导致剧中的广告反而比角色和故事本身更突出。中国视协理论研究部主任赵彤说："电视剧需要观众认同角色，但是在这部电视剧里植入广告被凸现出来，而且凸现得很强烈。每到这时候，我就会从剧情中跳出来，对作品产生游离和排斥。"

然而，那些被观众所默认宽容的电视剧，其植入广告也不见得做得好到无可挑剔的程度，也曾引起部分观众的反感，如 2013 年初的《北京青年》《爱情公寓 3》等电视剧，观众都曾提出对其中植入广告问题的意见。可见，目前电视剧植入广告普遍存在问题，植入广告虽然已经存在多年，

---

① 2013 植入广告将破 10.2 亿成电视剧业救命草，http://ent.sina.com.cn/v/m/2013-08-08/18183983483.shtml.

但植入的水准与技巧却并未同步提升。事实上，据部分业内人士透露，目前作为制片方，要在电视剧内接受什么样的商品、能以什么样的方式进行植入，基本上是依靠以往经验。《咱们结婚吧》的导演刘江就曾坦言："开拍前，产品蜂拥而至，都想搭车，我也是经验不足，摸着石头过河。"作为国内著名电视剧导演，面对植入广告问题也不见得是驾轻就熟，也就可以解释为何剧中植入广告缺乏高明手法与技巧。

2. 电视剧植入广告的双赢与争议

植入广告能够有效减轻电视剧制作的成本压力，因此制片商都不愿意轻易放弃植入广告的机会，反而容易被广告商因为植入广告的问题干扰甚至控制电视剧的创作，《咱们结婚吧》中出现了一些游离于主线之外的情节，例如，高圆圆在超市里推着小车，毫不犹豫地拿起货架上的某品牌酒，显然是专门为该品牌酒所设计，再如前所述的大热天却硬要送床羽绒被、说要用花生酥堵住对方的嘴等不合理剧情甚至不合生活逻辑的情节，这种植入广告与一些毫无技术含量的电视广告相比，似乎差别不大，显然已经远离了对品质与艺术的追求，因此很可能都是出于广告商的要求而制作。

据曾经参与过《咱们结婚吧》《小爸爸》等电视剧植入广告的某植入传媒杨经理透露，想要在《咱们结婚吧》这类以相对强大的创作团队与较高级的演员阵容组成的电视剧中深度植入，即为所植入商品定制情节，所需植入费用在 200 万元～300 万元。若是浅度植入，即以简单的道具或场景的方式植入，植入费在 100 万元左右，"如果遇到几个品牌竞争一部剧的时候，价格会更高"①。立白洗衣液在《咱们结婚吧》的植入费用都超过了 300 万元。他透露，以目前的行情来说，在创作团队与演员阵容较好的电视剧中投入 100 万元～300 万元的植入费用，植入效果一般为 3～5 个剧情、5～10 分钟的总出镜时长；100 万以下的植入，制片方一般不会为品牌特别更改或添加剧本与情节，大多以配合剧本为前提进行植入安排。

电视剧中的植入广告动辄需要几十上百万元的费用，为何还能吸引如此多广告商？答案是高性价比。如今，请明星代言产品，或出席一次品牌宣传，代言费出场费等至少都要几十万，一线明星的代言费高达千万也不足为奇，但代言之后还需要拍摄制作广告等内容，又需要另外一笔费用，而在电视剧中进行广告植入的费用相对低，效果可能更加显著，尤其是像《咱们结婚吧》这种获得观众高度关注，而且在国内两家顶级电视台黄金

---

① 揭秘影视剧广告植入：投二三百万可以定制情节，http://www.chinanews.com/yl/2013/11–29/5563979.shtml.

档播出的电视剧。同样是在电视播出，观众可能根本不会关注明星代言的电视广告，观众基本上一到广告时间就暂时停止关注电视播出的内容，要么转台要么忙其他的事打发广告时间，很少有人认真地观看电视广告，但一般都会认真观看电视剧，这样就使得植入广告远比明星代言电视广告获得更高的曝光率，再加上还有网站视频同步播出，足见其性价比之高。

换言之，只要广告商投入足够多的植入费用，就可以左右制片方的创作，获得高性价比的品牌曝光。于是，各种广告商粉墨登场，随之而来的还有各种千奇百怪的植入要求，很少有广告商认真考虑品牌形象与美誉度，此时制片方往往是无奈地被迫妥协、让步。当然，也存在一些以盈利为目的的制片方，故意迎合广告商，进行各种无底线的广告植入，此时制片方可能在电视剧制作阶段就已经盈利，获得超过成本的植入费用，显然电视剧的品质已经不是第一位的。

3. 电视剧植入广告的发展与改进

从《咱们结婚吧》中的植入广告争议可以看出，虽然经过多年的发展，我国电视剧的植入广告仍然处于起步阶段，难免出现上述各种问题。在目前看来，即使植入广告的技巧不足，制片方也能暂时以其高性价比获得广告商的青睐，但是对于电视剧的长久发展终究是不利的，后果很严重。

（1）改进技巧与品质。

通过分析以往成功的经验，我们应该看到，大多数成功的植入案例都采用了软性植入的方式，其特点是贴合剧本，随戏而入，能够有效地与剧情、演员甚至观众进行互动，而不显得突兀与生硬。以2013年由宁财神导演的《龙门镖局》为例，作为一部古装剧，却能够在剧集中融入大量的现代化的商业品牌信息，看似不符合古代剧的设定，却体现出了两方面的完美融合，成为中国电视剧植入广告的典型成功案例。根据统计，《龙门镖局》中一共植入广告95次，平均每集2.4次，植入的品牌为8个，覆盖了金融业、食品日化业等多个行业。剧中除了使用常用的植入方式，还出现了整集为某品牌定制的剧集，配合品牌的特性，以故事的方式植入，可谓极其巧妙。从植入效果来看，观众并没有显示出对剧中植入广告的明显排斥和厌恶，最终以零差评创造了优秀的口碑。在对观众进行的一项调查中，85.9%的观众对广告持有中立及正面的看法，等于是大部分观众都接受了该剧的植入广告，其中更有53%的观众对植入的品牌和产品广告表示有好感。《龙门镖局》这种为所植入的品牌特性定位，通过创意性的设定进行植入的方式，无疑将成为未来植入广告的新趋势：要求制片方以更加细腻的技巧，更加专业的精神，更加新颖的创意，将品牌的特征与剧情相融合，使植入广告成为剧情的一部分，实现两者的无缝对接，做到含蓄而又引人注目、艺术性和商业性同时兼顾的最佳效果。

图12　《龙门镖局》中被网友称为"神一样的植入广告"

（2）筛选植入广告。

导演刘江在回应《咱们结婚吧》植入广告过多时，表示剧中共植入23个产品的广告，并非坊间盛传的80个，虽然刘江导演表示，为了坚持电视剧质量已经拒绝了很多植入广告，然而这一数字也超出了一般认为的电视剧植入广告不超过10个品牌的最佳数量。出现如此多种类和级别各不相同的品牌混杂在一起的情况，要将其很好地植入到剧中并不容易，而事实证明，该剧并不具备多种品牌同时植入的能力。因此，前期对植入品牌的把关筛选尤为关键。以电影《变形金刚》为例，其植入品牌数量之多实在让人惊叹，甚至中国的品牌牛奶也以非常趣味的形式出现在影片中。但观众们对于广告品牌植入并不在意，除了由于电影本身的紧张刺激的节奏与引人入胜的情节外，更重要的是对植入品牌的严格筛选，对植入品牌的较高要求，若没有一定的品牌特性、知名度以及推广实力，很难被考虑植入该片中。具体流程是，影工场作为筛选的第一关，会先对品牌作深入调查和严格审核，只有符合条件的品牌，才能以这一品牌的资料制作成报告，提交给制片方。制片方会根据报告中的信息，对这个品牌的美誉度、知名度等做进一步全面的了解，确定该品牌是否和故事契合。若满足以上要求，制片方才会与该品牌开始反复地洽谈植入广告及细节等问题。某中国企业在《变形金刚3》中植入运作的整个过程是一年半，双方来往邮件就有1 768封。最终《变形金刚3》的票房，足以证明对植入广告进行严格的把关筛选的必要性。

（3）加强法律规范。

目前，我国对于植入广告的管理还缺乏法律上的依据，尽管国家相关部门有法规规定禁止电视剧播出期间插播广告，但现在没有法规禁止或者规范植入广告。与播放电视广告不同，各电视台和管理部门都有专门人员按照《广告法》对其进行审查和监督，但电视剧中的植入广告似乎还没有专人进行审查和监督，因此，植入行为愈演愈烈。由《咱们结婚吧》引发的"中国植入广告第一案"，说明植入广告行为应该得到进一步的规范，也应推动国内植入广告的相关法律法规的建设与完善。而当下对于电视剧植入广告立法管理规范，还可以借鉴香港与韩国的相关经验。

就在《咱们结婚吧》因植入广告影响到观众的观赏而饱受吐槽时，香港无线电视翡翠台（TVB）热播剧《冲上云霄2》因为给剧中可见商标的商品一些特写镜头，干扰观众观赏趣味，破坏了电视剧的完整性。在该剧热播期间，香港通讯事务管理局收到5名公众人士对节目提出的9宗投诉，指出《冲上云霄2》内无故出现某品牌的饮品及相机品牌，令人觉得牵强，这并没有编辑上的需要，等同于为有关产品作间接宣传。根据香港现行的《电视通用业务守则—节目标准》（《电视节目守则》）规定，禁止在节目中无意间或蓄意地做出间接宣传（即在电视节目中把节目材料与广告材料混合或加插广告材料）。至于节目内的产品或服务赞助方面，有关法规要求以保存电视节目的完整性为核心原则，因此不得基于商业原因改变节目的流程，而在节目中展示或使用赞助商的产品或服务，要明显配合节目的编辑需要，不会干扰观赏趣味或令人觉得牵强。通讯局在经过调查后指出,《冲上云霄2》在不同集数中,多次出现"干扰观赏趣味"的品牌及其产品,最终被香港通讯事务管理局判定因植入广告违规而罚款,罚款金额为10万港元。通讯局发言人强调,通讯局非常重视这类违规个案,"考虑到无线重复违反同类性质的规定,以及本个案中不同集数的频密违规,决定就无线违反《电视节目守则》及《电视广告守则》中的相关条文,向无线罚款10万港元"。① 可见,香港地区的《电视通用业务守则—节目标准》对于植入广告并没有硬性的指标要求,而以是否"干扰观赏趣味"及"破坏了电视剧的完整性"为衡量标准,具有一定的灵活性。相比香港地区,韩国关于电视剧集植入广告的要求与规范显得更为严格,虽然在一定程度上允许电视节目中出现植入广告,但是对植入广告的播出长度及占总体画面的百分比进行了严格限制。在2013年初,当红韩剧《那年冬天,风在吹》由于植入广告频繁,受到韩国广播通信审议委员会的警告,并被要求支付罚金。

从这两个以制作电视剧闻名的东南亚地区的植入广告规范,可以得知,对于植入广告可以允许以适当的形式与数量存在于电视剧之中,并不一定要完全取缔,特别是在我国,植入广告已经存在多年,对于整个电视圈都有一定的影响,一味禁止可能适得其反。因此,在未来建立健全的电视剧植入广告法律法规中,应该优先考虑该广告植入后对作品的质量与艺术性和观众观赏性等的影响,以作为衡量该植入广告是否合法合规的重要依据。

四、结　语

《咱们结婚吧》以"女神"回归作为闪亮点,以植入广告争议作为关注点,不仅成为2013年末最受热议的电视剧,而且其对国内电视圈的影响力显然已经持续到2014年,甚至更为长久。眼看一部分半红不紫的电影界明星,打开了回归电视剧的大门,又向成功迈进了一步,获得更高的个人影响力,随之而来的还有更多的收入,包括飞涨的片酬和广告代言等。更多的电影界明星、大腕将以谨慎的态度考虑回流至电视圈,然而这一趋势已经无法遏制。随之而来的还有高涨的片酬,这使得植入广告更易进一步侵入电视剧制作当中,成为制片方对付高额片酬的重要方式。这种侵入的加强不仅可能体现在数量上的提升,还可能出现对情节剧情或明或暗的影

---

① 何薇. 港严惩 TVB 植入广告《冲上云霄2》被罚10万. 南方都市报,2013 - 12 - 04.

响，甚至已经出现了为植入广告的"量身定做"，其后透视出的是制片方对电视剧的制作将可能受限于广告商，无奈妥协的结果最终将可能影响电视剧的品质。面对这些环环相扣的问题，除了寄希望于演员、制片商及广告商对其相关行为的自控自律之外，还应该从制度上进行规范，包括合理的电视剧演员片酬制度、电视台购剧制度以及专门的电视剧植入广告法律法规。

国内电视剧中明星的回归，以及植入广告的侵入，两者所引发的问题，从根本上说，是艺术与市场的较量。这是一对恒久存在的矛盾，从眼下国内影视界看来，艺术性高的作品往往并不受市场青睐，反之亦然，两者未来如何才能获得平衡？如何才是制片方、广告方及观众都能皆大欢喜的结局？显然只分析《咱们结婚吧》还不能完全解决好这些问题。

（撰稿：钟文慧）